Das Buch

Als Madame de Staël 1804 Deutschland bereiste, quittierte sie das gesellschaftliche Leben in weiten Teilen des Landes mit Geringschätzung. Einzig Berlin bildete in ihren Augen eine rühmliche Ausnahme. Ihr gefiel die bunte Gesellschaft, die sich in den Salons wohlhabender Jüdinnen tummelte. Insgesamt neun jüdische Salons gab es im Berlin der damaligen Zeit, geführt von so berühmten und einflußreichen Salondamen wie Rahel Levin-Varnhagen, Henriette Herz und Amalie Beer. Karl Heinz Krüger schrieb über diese erste umfassende Geschichte der Berliner Salons im ›Spiegel‹: »Die jungen Frauen vollbrachten gleich ein mehrfaches Kunststück. Sie emanzipierten sich von ihren patriarchalischen Familienverhältnissen und trugen gleichzeitig zur Emanzipation der Juden bei. Zudem gerieten ihre Salons zu Bastionen geistiger und gesellschaftlicher Emanzipationsbewegungen, sie stellten den neutralen Boden, auf dem sich die Gebildeten aller Schichten treffen konnten – wenn auch nur in einem vorübergehend geglückten historischen Augenblick.«

Die Autorin

Deborah Hertz, geboren in Saint Paul, Minnesota, promovierte in deutscher Geschichte und ist Assistenzprofessorin an der New York State University in Binghampton. Sie ist Herausgeberin der von ihr wiederentdeckten ›Briefe an eine Freundin. Rahel Varnhagen an Rebecca Friedländer‹ (1988).

Deborah Hertz:
Die jüdischen Salons
im alten Berlin
1780–1806

Mit 8 Schwarzweißabbildungen
Aus dem Amerikanischen von
Gabriele Neumann-Kloth

Deutscher
Taschenbuch
Verlag

dtv

Ungekürzte Ausgabe
Januar 1995
Deutscher Taschenbuch Verlag GmbH & Co. KG,
München

Titel der amerikanischen Originalausgabe:
Jewish High Society in Old Regime Berlin

Umschlaggestaltung: Helmut Gebhardt, Simone Fischer
Satz: IBV Satz- und Datentechnik, Berlin
Druck und Bindung: C. H. Beck'sche Buchdruckerei,
Nördlingen
Printed in Germany · ISBN 3-423-30446-4

Inhalt

Vorwort 7

1 Einleitung: Warum Salons? 11
2 Gesellschaftsstruktur 37
3 Die männlichen Intellektuellen 69
4 Freizeitbeschäftigungen, Kulturangebote
und die Entstehung der Salons 91
5 Die Männer der Salons 135
6 Die Frauen der Salons 169
7 Taufe und Mischehe 209
8 Der Niedergang der Salons 245

Anhang
Graphiken und Tabellen 279
Anmerkungen 299
Bibliographisches Nachwort 304
Literaturverzeichnis 309
Namenregister 315

Vorwort zur deutschen Ausgabe

Es ist mir eine Freude, dem deutschen Leser dieses Buch vorzustellen.

Für die deutsche Ausgabe habe ich es eigens überarbeitet und, um der besseren Lesbarkeit willen, vor allem auf den ausführlichen Anmerkungsapparat verzichtet. Mein Dank geht an Gisela Brinker-Gabler, Suzanne Zantorp und Carola Stern für ihre großzügige Unterstützung. Für im Text noch vorhandene Irrtümer trage ich die alleinige Verantwortung.

Ganz besonders zu Dank verpflichtet bin ich Martin – für alles.

Princeton, New Jersey, im August 1990 D. H.

Vorwort zur amerikanischen Ausgabe

Als ich vor Jahren, noch während meines Studiums, G. P. Goochs Essay über die Berliner Salonières (in seinem Buch ›Germany during the French Revolution‹) las, öffneten sich mir die Jüdischen Salons von Berlin um 1800 als intellektuelle Heimstätte. Schon vertraut war ich mit Hannah Arendts Biographie über Rahel Varnhagen, und so kam mir die Idee zu diesem Buch.

Im Jahre 1972 war es noch ein etwas heikles Unterfangen, sich mit Frauenstudien und der Erforschung der weiblichen Geschichte zu beschäftigen. Doch mein damaliger Lehrer, Otto Pflanze, ermutigte mich dazu. Allmählich entfaltete dieses Unternehmen eine verführerische Kraft. Ich gelangte zu der Überzeugung, daß die Rekonstruktion des Berliner Salonlebens eine ideale Projektionsfläche für drei mich besonders beschäftigende historische Themenkomplexe bot: Die Berliner Salons waren eine intellektuelle Institution mit einem besonderen, wenngleich sozialgeschichtlich noch nicht eindeutig bestimmten Profil; ihre Protagonisten waren Angehörige der jüdischen Randgruppe im Zeitalter der Emanzipation; und es waren Frauen, die in ihnen eine herausragende Rolle spielten. Mich überkam der – vielleicht etwas prätentiöse – Gedanke, daß die Salons gerade meiner bedurften.

In den dreizehn Jahren, die seither vergingen, habe ich die Unterstützung zahlreicher Personen und Institutionen genossen. Otto Pflanze stand mir stets ermutigend und berichtigend zur Seite. Die Germanistic Society of America, die Fulbright Commission, die National Foundation for Jewish Culture und die Memorial Foundation for Jewish Culture ermöglichten mir zwischen 1975 und 1977 den Aufenthalt an der Freien Universität Berlin. Das Goethe-Schiller-Archiv in Weimar, die Manuskriptsammlung der Schiller-Universität in Jena und das Evangelische Zentralarchiv Berlin-West öffneten mir großzügigerweise ihre Sammlungen. Ab 1977 unterstützten mich das New Yorker Leo Baeck Institut und seine Mitarbeiter auf vielfältige Weise. Mit Hilfe des Deutschen Akademischen Austauschdienstes konnte ich 1979 statistische Auswertungen am Evangelischen Zentralarchiv in Berlin vornehmen. Meine Kollegen an den historischen Instituten der University of Minnesota, der Pittsburgh State University in Kansas und der State University of New York in Binghampton halfen mir mit Rat, Tat und ihren hohen Erwartungen.

Vor allem letztgenannte Universität, an der ich seit 1980 lehre, gewährte mir alle nur denkbare materielle, bibliographische und technische Unterstützung. Charles Grench von der Yale University Press sorgte dafür, daß aus dem Manuskript ein Buch wurde. Viele Freunde und

Kollegen sprachen mit mir darüber und lasen geduldig Kapitel für Kapitel. Eine unerschöpfliche intellektuelle Quelle waren mir meine Geschlechtsgenossinnen der German Women's History Study Group in New York. Doch vor allem war es meine Familie, insbesondere Martin, die mich durchhalten ließ.

Monrose, Pennsylvania, im September 1986 D. H.

1.

Einleitung: Warum Salons?

Amalie Beer

Begriff war, sich als Literaturkritiker einen Namen zu machen. Dorothea verliebte sich in ihn, verließ ihren Mann und verbrachte mit Schlegel den Rest ihres nicht ganz einfachen Lebens.

Henriette de Lemos, eine weitere ehemalige Spielgefährtin im Haus der Mendelssohns, war die Tochter eines in Berlin lebenden reichen portugiesischen Arztes. Mit zwölf Jahren wurde sie mit Markus Herz, einem jüdischen Arzt, verlobt. Von 1780 an lud das Ehepaar Herz in seinen großen Doppelsalon ein, der als Institution aus den von Markus Herz gehaltenen naturwissenschaftlichen Abendvorlesungen hervorgegangen war. Während er in dem einen Raum physikalische Experimente vorführte, leitete Henriette in dem anderen Diskussionen über die neuesten romantischen Gedichte, Theaterstücke und Romane.

Unter Europas Intellektuellen galten Rahel Levin, Dorothea Mendelssohn und Henriette Herz als die berühmtesten jüdischen Frauen ihrer Zeit, bekannt für ihren kultivierten Geschmack und ihre engen Freundschaften mit prominenten Nichtjuden. Einer Reihe anderer Berliner Jüdinnen gelang ebenfalls der gesellschaftliche und kulturelle Durchbruch. Amalie Beer, die häufig nach Italien reiste, fühlte sich in Berlin am wohlsten, wenn sich von morgens bis abends Gäste in ihrem palastartigen Haus aufhielten. Philippine Cohens Gäste pflegten die Nachmittage im Garten der Gastgeberin zu verbringen, wobei sie Charakterskizzen voneinander entwarfen, die sie sich gegenseitig vorlasen. Die Geschwister Marianne und Sara Meyer wurden früh an jüdische Geschäftsmänner verheiratet, konvertierten jedoch später, um sich in zweiter Ehe mit Adligen zu vermählen. Sara Levy, eine Tochter aus der einflußreichen Familie Itzig, blieb mit einem angesehenen jüdischen Bankier verheiratet und lud Diplomaten und französische Intellektuelle in ihr Haus im besten Viertel der Stadt. Rebecca Solomon, die mit neunzehn Jahren in die berühmte Friedländer-Familie einheiratete und sich vier Jahre später scheiden ließ, schrieb Romane und lange Briefe und sah sich derweil nach einem neuen Gatten adliger Herkunft um.

Der gesellschaftliche Erfolg dieser jüdischen Frauen prägte die kulturelle Lebendigkeit der Rahelzeit. In dem Vierteljahrhundert zwischen 1780 und 1806 erfuhren die Berliner Salons im In- und Ausland große Beachtung. Berlin-Besucher aus ganz Europa waren insbesondere von der raschen Assimilation der jüdischen Salonières angetan, welche ihr gesellschaftliches Ansehen zu einer Zeit erlangten, als die meisten Juden Mittel- und Osteuropas noch arme Händler und Hausierer waren, auf dem Lande und in Dörfern wohnten, Jiddisch sprachen und ihrer traditionellen Lebensweise anhingen. Hier jedoch, in den Gesellschaftsräumen reicher und kultivierter Berliner Jüdinnen, schien der durch aufgeklärte Intellektuelle soeben antizipierte Traum von der jüdischen Emanzipation seiner Verwirklichung nahe zu sein.

Im Zuge der Revolution in Frankreich errang die dortige jüdische Gemeinde erstmals ihre volle politische Gleichberechtigung. Aber es war in Deutschland und insbesondere in Berlin, wo die jüdische Gemeinde ein derart hohes gesellschaftliches Ansehen erlangte, daß die Crème der nichtjüdischen Gesellschaft in jüdischen Häusern ein und aus ging oder sogar dort einheiratete. Die Beobachter des Berliner Gesellschaftslebens waren jedoch nicht nur von der Tatsache beeindruckt, daß ausgerechnet Frauen die jüdische Emanzipation vorantrieben, sondern zugleich davon, daß die neuen Gäste sich ebensosehr aus Bürgerlichen wie Adligen zusammensetzten. Man pries dies als eine außerordentliche Errungenschaft eines Landes, das ansonsten von einer starren sozialen Hierarchie geprägt war. Als Madame de Staël, die berühmte französische Salonière, 1804 Berlin besuchte, empfand sie es dort bei weitem leichter als anderswo in Deutschland, Fürsten gemeinsam mit einfachen Schriftstellern einzuladen.

Die heitere Öffentlichkeit der jüdischen Salons beruhte auf der Ablehnung traditioneller Schranken, welche den

Edelmann vom Bürger, den Christen vom Juden, den Mann von der Frau trennten. So verkörperten die Salons genau das zu dieser Zeit heftig diskutierte universale Bildungsideal. Bildung schloß Erziehung, Verfeinerung der Umgangsformen und charakterliche Entwicklung ein. Bildung war das Vehikel, womit Menschen von bürgerlicher Herkunft geistigen Adel erlangen konnten; das Instrument, womit Juden den Christen ähnlicher werden konnten. Doch sollte dieser neuen, in den Salons kultivierten Öffentlichkeit ein nur kurzes Leben beschieden sein. Obgleich einige Salons noch nach 1806, dem Jahr des Einmarsches Napoleons in Preußen, fortbestanden, vermochten jüdische Frauen ihre exponierte Stellung innerhalb der Salonkultur nicht mehr länger zu halten, wie überhaupt die Bedeutung der Salons als Institution im Schwinden begriffen war.

Im nachfolgenden Jahrzehnt stand Berlin entweder unter direkter oder indirekter Fremdherrschaft. Die Opposition gegen die französische Besatzung wuchs, und so stellte die patriotisch gewordene städtische Intelligenz auch die Werte in Frage, die für die Entstehung der Salons entscheidend gewesen waren: die Nachahmung der französischen Adelskultur, die sexuelle Libertinage, die Freundschaften zwischen Bürgerlichen und Adligen und die öffentlichen Darstellungen jüdischen Reichtums und jüdischer Kultur. Voller Trauer erinnerte sich Rahel Levin später jener verlorenen Jahre: »Wo ist unsere Zeit! Wo wir alle zusammen waren. Sie ist Anno 6 untergegangen. Untergegangen wie ein Schiff: mit den schönsten Lebensgütern, den schönsten Genuß enthaltend.«

Die epochale wie lokale Besonderheit der Berliner Salons wird im historischen Überblick deutlich. Die Chronisten des 19. Jahrhunderts hoben Berlin als die einzige deutsche Stadt hervor, in der während der letzten Jahrzehnte des 18. Jahrhunderts Salons entstanden waren. Zwar räumten die Historiker ein, daß intellektuelle Gesellschaftszirkel auch schon anderswo in Deutschland, vor allem in den Universitätsstädten Göttingen und Jena, von Frauen geleitet wurden, doch sah man die Berliner Salondamen als kulturell kreativer und ihre Salons im Verhältnis zu anderen literarischen Zirkeln als in sozialer Hinsicht weitaus vielfältiger an. So wurde zum Beispiel die außergewöhnliche Heterogenität der Berliner Salonbesucher hervorgehoben. Angehörige aller gesellschaftlichen Kreise sollen sich in den Salons zusammengefunden haben, und diese soziale und religiöse Integration scheint in der deutschen Geschichte ohne Beispiel zu sein. Auch wurde festgestellt, daß ein solches Salonmodell ohne Nachfolge blieb, die Berliner Salons also historisch einzigartig blieben. Einzigartig waren sie auch im Hinblick auf die Stellung der Frauen, denen sich hier die seltene Gelegenheit bot, öffentlichen Einfluß auszuüben. Ingeborg Drewitz erklärte die Berliner Salons zur ersten Hochzeit deutscher Frauenemanzipation, während sie für G. P. Gooch sogar die einzige blieben, weil den Frauen in der deutschen Geschichte fortan nie wieder gestattet wurde, die öffentliche Meinung mitzugestalten. Doch erfreuten sich die Salonières nicht uneingeschränkter Bewunderung. Historiker, die den Errungenschaften der Damen eher kritisch gegenüberstanden, wiesen beispielsweise darauf hin, daß sie keine eigenständige Literatur geschaffen, sondern lediglich als Musen der Männer fungiert hätten.

Die jüdische Identität der Salonières stellte die Geschichtsschreibung ebenfalls vor Probleme. Obwohl sich das Image der Jüdinnen als Salongastgeberinnen rapide verschlechterte, hielt ihr kultureller Einfluß weit ins 19. Jahrhundert hinein an und wirkte auch noch darüber hinaus. Der Übertritt zum Christentum, das Eingehen von Mischehen und die Teilnahme an Avantgarde-Kulturen blieben bis zum Holocaust Bestandteile jüdisch-deutscher Tradition. Berliner Salonières, die zu den ersten ihrer Generation gehörten, die sich auf diese Weise assimilierten, stießen – je nach Standpunkt des Betrachters – auf Zustimmung oder Ablehnung. Diejenigen, welche sie priesen, waren hauptsächlich nichtjüdische Literaturkritiker des 19. Jahrhunderts, die sie, wie zum Beispiel Karl August Varnhagen von Ense – Rahel Levins späterer Ehemann –, dafür bewunderten, daß sie die Intellektuellen ihrer Zeit anzuziehen vermochten. Diese Kritiker waren von der jüdischen Assimilation meist derart begeistert, daß sie die jüdische Herkunft der Salonières zu erwähnen vergaßen – zweifellos aus Furcht, deren Ansehen bei solchen Lesern zu mindern, die längst nicht so »philosemitisch« waren wie sie.

Andererseits haben gerade jüdische Historiker, die einem jüdischen Nationalismus anhingen, die Salonières eher herabgesetzt als gewürdigt, selbst dann, wenn sie ihre Bedeutung für die jüdische Geschichte nicht vollends bestreiten konnten. So wurde die Auffassung vertreten, daß die Salons einen geschlossenen jüdischen Sektor bildeten, der erstmals wirkliche Bindungen mit der deutschen Gesellschaft einging – Bindungen, die Juden und Christen einander weitaus näher brachten als in irgendeinem anderen europäischen Land des 18. Jahrhunderts. Was viele jüdische Historiker jedoch irritierte, war ausgerechnet die erfolgreich vollzogene Assimilation der Frauen. Die über die Salons erfolgte Integration wurde als »dekadent« und »schädlich« beurteilt, und Heinrich Graetz mißbilligte die Haltung der Salonières so sehr, daß er meinte, die Frauen hätten mit ihrer Konvertierung dem Judentum in der Tat einen Dienst erwiesen. Vorgeworfen wurde ihnen nicht nur, daß sie konvertierten, vielmehr wurden sie auch für die vermeintlichen Auswirkungen ihrer Konvertierung auf Juden außerhalb der Salongesellschaft verantwortlich gemacht. Mehrere jüdische Historiker beschuldigten die kleine Gruppe von Salonières, eine »Welle« von Religionsübertritten in Berlin ausgelöst zu haben, und deren vermeintliche Realität wurde als »Manie«, als eine »Flut« oder gar als eine »Epidemie« beschrieben, welche die jüdische Gemeinde Berlins an den Rand ihrer Auflösung gebracht hätte. Um das Ausmaß der Konversionen zu dramatisieren, wurden Zeitgenossen zitiert, die beklagten, daß in Berlin nur wenige jüdische Familien von dieser Epidemie verschont geblieben wären, welche zwanzig Jahre zuvor, um 1780, ausgebrochen sei.

Der Stolz der jüdischen Historiker auf die gesellschaftlichen Errungenschaften der Salonières im Kampf um Emanzipation wurde somit durch ihre Bestürzung über die Neigung der Frauen, aus dem Judentum auszutreten, beeinträchtigt. Das Experiment wurde deswegen als gefährlich angesehen, weil es assimilatorische Kräfte freigesetzt habe, die im 19. und 20. Jahrhundert mit unverminderter Intensität anhielten. Und selbst für einen neueren jüdischen Historiker, Walter Laqueur, taugen die Salonières nur wenig als Modell, weil »in ihren exaltierten Konversationen und Briefen eine beträchtliche Affektiertheit, eine künstliche Begeisterung und eine nicht immer wahrhafte Sensibilität zum Ausdruck kamen«. Laqueur kommt zu dem Schluß, daß der »Libertinismus« der Salonières »den Zeitgenossen und der nachfolgenden Generation zwar zügellos vorkam..., heute jedoch als naiv und langweilig erscheint«.

Die Ablehnung der Salonières durch die jüdischen Historiker wurde auch weitgehend von nichtjüdischen deutschsprachigen Historikern geteilt, die jedoch die negativen Auswirkungen des Salonlebens vorwiegend auf die christliche Gemeinschaft bezogen. So fand Heinrich von

Treitschke barsche Worte für den Einfluß der jüdischen literarischen Intelligenz im allgemeinen und für Rahel Levin im besonderen: »Die schnellfertigen jüdischen Talente…, welche in der Tagespresse das Wort führten, trugen ihre jüdische Sonderart hochmüthig zur Schau und verlangten gleichwohl als Wortführer der deutschen öffentlichen Meinung geachtet zu werden. Dies vaterlandlose Judenthum, das sich als Nation innerhalb der Nation gebärdet, wirkte auf das noch unfertige nationale Selbstgefühl der Deutschen ebenso zerstörend und zersetzend, wie vormals auf die versinkenden Völker des römischen Kaiserreichs.«

Und über Rahel: »Aus ihrem Wesen redete der ruhelose Weltschmerz eines edlen, aber tief unbefriedigten Frauenherzens. Mit dialektischer Kühnheit übersprang sie alle Schranken, welche Natur und Geschichte der Menschheit gesetzt haben; Vaterland und Kirche, Ehe und Eigenthum, alles erlag ihrer zersetzenden Kritik.« In einem paranoiden Ton verdammten die Nazi-Historiker die Salonières: »Gelehrte, Künstler und Schriftsteller mußten bei den Juden verkehren, wenn sie Anschluß an das geistige Leben der Nation haben wollten«; und »so gelangten die jüdischen Berliner Salons denn auch bald zu jener späteren Entwicklungsstufe, auf der sie praktisch schon eine nahezu unumschränkte Herrschaft auf kulturellem Gebiet und einen im steten Wachsen begriffenen Einfluß auf politischem Gebiet ausüben können«.

Voller Eifer lobten oder tadelten die Historiker die Salons und ihre Trägerinnen, doch fehlte ihnen die notwendige Ernsthaftigkeit zur Erklärung des Phänomens, warum diese Salons an ihrem Ort und zu ihrer Zeit entstanden und wieder verschwunden waren. Im 19. Jahrhundert war der Salon ein beliebtes Thema für weitschweifige und oberflächliche Abhandlungen, deren Autoren zum Wiederholen bekannter Anekdoten neigten und sich kaum um das Ausfindigmachen neuer Quellen bemühten. Erklärungen, die besagen, daß sich die Salons den gesellschaftlichen Gegebenheiten der Zeit verdankten, oder daß sie lediglich »das Produkt der zufälligen Konstellation in einer gesellschaftlichen Übergangsepoche waren«, sind zu vage, um weiterhelfen zu können. Der Zufall spielt durchaus eine Rolle in der Geschichte, doch als einzige Erklärung für das Aufkommen und Verschwinden einer so komplexen Institution wie die des Salons reicht er nicht aus.

Sämtliche plausiblen Erklärungen für die Frage, warum das Salonleben in den letzten Jahren des 1806 zu Ende gehenden preußischen Ancien régime aufblühte, beruhen auf der Annahme, daß die Salons den Bedürfnissen des städtischen Adels, der jüdischen Gemeinde oder der Intelligenz entgegenkamen. Historiker haben entsprechend besonderes Augenmerk auf die in Berlin lebenden preußischen Adligen gerichtet, von denen man annahm, daß sie in den jüdischen Häusern Luxus, Eleganz, kosmopolitischen Lebensstil und intellektuelle Anregung suchten, die sie an keinem anderen Ort der Stadt finden konnten. In einer Untersuchung heißt es, daß Adlige und Bürgerliche zwangsläufig den Umgang miteinander suchten, daran aber gehindert wurden, weil die feudale Standesordnung Adligen untersagte, Personen niederer Herkunft zu besuchen oder zu empfangen. Reiche Juden standen jedoch so weit außerhalb der christlichen Gesellschaft, daß es für Adlige eine eher exotische als deklassierende Erfahrung war, mit ihnen zu verkehren. Folglich fanden Adlige auf dem neutralen Territorium der wohlhabenden jüdischen Häuser gleichermaßen intellektuellen Anreiz und Kontakt zu Bürgerlichen.

Daß die Sonderrolle der Juden außerhalb der herrschenden Standesordnung nicht der einzige Grund für den Salonbesuch war, wird von anderen Forschern in einem zweiten Erklärungsversuch dargelegt.

Ein Nazi-Historiker fand dabei eine besonders simple Deutung, derzufolge der Reichtum der »Kulturjuden«, wie er sie nennt, für ihren kulturellen Erfolg verantwortlich war, der wiederum geradezu »verschwörerisch« dahingehend eingesetzt wurde, Besucher in die Salons zu ziehen, um von dieser »neuen kulturellen Bastion dann endlich auch mit voller Wirksamkeit in das politische und staatliche Leben zumindest auf dem Weg der geistigen Beeinflussung vordringen« zu können. Seriöser ist eine andere Interpretation, die sich auf die »jüdische Marginalität« als Ursache für die Aufnahme progressiver Ideen konzentriert. Aus dieser Sicht hatte die Randexistenz der Juden ihren Ursprung im Ausschluß von allen anderen gesellschaftlichen Einbindungen. Die Kluft zwischen der verbalen Beteuerung, daß Juden »gleich« sein sollten, und ihrer tatsächlichen Unterdrückung ließ diese erst recht zu Außenseitern werden, während der jüdische Kampf um politische Emanzipation andererseits zur Freisetzung besonderer Fähigkeiten führte.

Da die Salons von Jüdinnen getragen wurden, konzentrierten sich Historiker naturgemäß auch auf die besonderen Eigenschaften der in Berlin lebenden jüdischen Frauen. Doch damit machten sie es sich zumeist allzu leicht. Die Berliner Jüdinnen sollen »kultivierter« und »gebildeter« als ihre christlichen Zeitgenossinnen hier und anderswo gewesen sein, doch fehlt jeglicher Hinweis auf die möglichen Ursachen wie auch der Beweis an sich.

Ein dritter Erklärungsversuch hebt die besonderen Bedürfnisse der Intelligenz hervor. Die aufgeklärten Intellektuellen sollen von einer Leidenschaft für Ideen erfüllt gewesen sein, und mit ihren Besuchen in jüdischen Häusern konnten sie ihr emanzipiertes Denken öffentlich kundtun. Andere Historiker weisen auf die materiellen Nöte der Intellektuellen hin. Nachdem die Höfe sich von ihrer Mäzenatenrolle zurückgezogen und bevor das Verlagswesen seine Blüte entfaltet hatte, habe in den europäischen Städten ein »Vakuum« an intellektuell ausgerichteten Institutionen bestanden. Indem nun Verleger, Mäzene und Leser sich am Salonleben beteiligten, förderten sie die Autoren und trugen zur Entstehung und Verbreitung ihrer Werke bei. Im ausgehenden 18. Jahrhundert war in

Berlin der Zustand dieser Institutionen beklagenswert, fehlten der Stadt doch ebenso eine Universität wie ein Parlament, eine großzügige höfische Patronage wie ein bedeutendes Verlagswesen. Demnach tauchten die Salons deshalb auf, weil sie als Institution für die Berliner Intelligenz erforderlich waren.

Auf den ersten Blick scheinen diese drei Erklärungen sich zu ergänzen. Intellektuelle waren darauf angewiesen, Leser, Mäzene und Verleger zu finden, während die städtischen Adligen die kultivierte Unterhaltung mit den Deklassierten suchten. Intellektuelle und Adlige gingen deshalb in die Häuser reicher Juden, deren Frauen gesellschaftlich neutral und intellektuell avanciert zugleich waren. Doch Zweifel an der Stimmigkeit dieses Erklärungsmodells sind angebracht. Denn wie so oft in der deutschen Geschichte wurden auch hier die Gründe, warum Adlige und Intellektuelle jüdische Salons aufsuchten, idealisiert.

Sollten beide Gruppierungen sich wirklich nur deshalb zum Besuch jüdischer Salons herabgelassen haben, um sich dort angeregt zu unterhalten oder um ihre Fortschrittlichkeit unter Beweis zu stellen, wo doch solch ein Verhalten unter ihren Vorgängern in Deutschland und nach wie vor auch anderswo in Europa höchst selten anzutreffen war? Zugegeben, Berlin war ein wichtiges Zentrum für die Entstehung und Verbreitung der Aufklärungsideen, doch ihre Blütezeit erlebten die Salons am Ende der Aufklärungsepoche. Und diese fiel in den neunziger Jahren des 18. Jahrhunderts mit dem Beginn der Frühromantik zusammen. Viele romantische Intellektuelle, selbst die unter ihnen, die Salonbesucher waren, nahmen gegenüber dem Judentum späterhin eine problematische, wenn nicht offen antisemitische Haltung ein. Die Avanciertheit des Denkens war mithin nicht der ausschlaggebende Grund für den Salonbesuch – gab es also vielleicht handfestere Motive? Da Besuche in jüdischen Häusern dem Ansehen der Nichtjuden in den Augen mancher ganz offensichtlich geschadet haben, stellt sich die Frage, ob diese Gäste sich womöglich finanzielle Vorteile davon versprachen.

Je länger ich darüber nachdachte, warum in Berlin Salons aufgetaucht waren, desto schwerer fiel es mir, mit den geläufigen Erklärungsmodellen für diese faszinierende Epoche zurechtzukommen. Die jüdischen Salonières standen dort einer in sozialer wie religiöser Hinsicht buntgemischten Gesellschaft beiderlei Geschlechts vor, die in Deutschland einzigartig war und blieb. Alle Untersuchungen zur Geschichte der Salons gehen davon aus, daß jene Frauen ein mehrfaches Kunststück zustande brachten: Indem sie sich von ihren traditionellen, patriarchalischen Familienverhältnissen emanzipierten, trugen sie in einer ebenso entscheidenden wie kreativen Zeit zur Entstehung einer gehobenen Geisteskultur bei und knüpften im gleichen Zuge neue Verbindungen zwischen den Klassen, Religionen und Geschlechtern. Dieses Kunststück ist deshalb so bemerkenswert, weil die Existenz der Salons auf drei Gebieten der allgemeinen historischen Entwicklung widerspricht:

Zum einen sind die Salons eine Ausnahmeerscheinung der deutschen Sozialgeschichte. Die Gesellschaftsstruktur war hier bis ins 20. Jahrhundert hinein weitaus rigider und geschlossener als im übrigen Europa. Wenn es in Deutschland jemals zu klassenüberschreitenden Verbindungen gekommen sein soll, warum ausgerechnet zu einem solch frühen Zeitpunkt, wo die sozialen Gruppierungen noch starr innerhalb der ihnen zugewiesenen Standesgrenzen verharrten?

Zum zweiten blieben die Berliner Salons auch im Hinblick auf die deutsch-jüdische Geschichte eine Ausnahmeerscheinung. Die Juden erhielten in Deutschland erst 1871 die vollen Staatsbürgerrechte, und bis ins 20. Jahrhundert hinein gelang es nicht einmal den reichsten Juden, mit Nichtjuden gleichen Besitzstandes einen selbstverständlichen Umgang zu pflegen. So boten die Berliner Salons die Erfüllung des Traums von der Assimilation im kleinen. Wie aber soll man den Zeitpunkt ihres Erscheinens auf der historischen Bühne erklären? Warum entstehen sie gleich zu Beginn der sich so langsam entwickelnden jüdischen Emanzipationsbewegung?

Und drittens stellten die Salons zudem eine Ausnahmeerscheinung in der Geschichte der jüdischen Frau dar. Über die gesamte neuzeitliche Epoche hinweg blieben die jüdischen Frauen in Ost- wie in Westeuropa gewöhnlich ihrem Glauben und ihrer Familie treu und wurden keineswegs, wie man von den Berliner Salonières behauptete, zu »Glaubensdeserteuren«.

Die Stellung der Berliner Salons in diesem vielschichtigen historischen Kontext blieb nicht das einzige Problem. Noch immer lag die Geschichte der Salons als Institution teilweise im dunkeln. Der Begriff »Salon« ging in den Sprachgebrauch ein als Bezeichnung eines besonderen öffentlichen Raumes, der zwischen dem 16. und 18. Jahrhundert in reichen europäischen Häusern entstanden war. Die »große Halle«, die das Zentrum des mittelalterlichen Familienlebens der Wohlhabenden bildete, hatte ihren privaten Charakter verloren, und die Schlafstätten waren aus ihr entfernt worden. Was fortan Salon genannt wurde, war ein reich ausstaffierter halböffentlicher Raum, wo man Klavier spielte, das Essen servierte und Gäste empfing.

Die zweite Bedeutung des Wortes »Salon« galt dem besonderen gesellschaftlichen Ereignis, das regelmäßig in einigen dieser Empfangszimmer stattfand und von der Dame des Hauses organisiert wurde, die auch den für das Salonleben so charakteristischen intellektuellen Diskurs leitete.

Salontreffen lassen sich am sinnvollsten als eine besondere Art des »gesellschaftlichen« Ereignisses verstehen. In vergangenen Jahrhunderten bezog sich der Terminus »Gesellschaft« nicht, wie im heutigen Sprachgebrauch üblich, auf die Gesamtheit aller Mitglieder einer Gemeinschaft, sondern nur auf eine ganz bestimmte Gruppe innerhalb einer solchen Gemeinschaft, nämlich auf die Vornehmen und Reichen. Wenn Mitglieder dieser »Gesellschaft« untereinander verkehrten, war das von so universaler Bedeutung, daß beispielsweise jene, die in Frankreich »dazugehörten«, sich selbst als »le monde« bezeichneten. Und weil bei solcherart gesellschaftlichen Begegnungen gewöhnlicherweise Familienmitglieder aus verschiedenen Ständen und Berufen aufeinandertrafen – beispielsweise Großgrundbesitzer, hohe Beamte und Finanziers, jeweils mit ihren Frauen und Töchtern –, waren diese Ereignisse sowohl für die Öffentlichkeit als auch für die glücklichen Teilnehmer von entscheidender Bedeutung. Status, Reichtum, Ämter und sogar Töchter wurden bei diesen Anlässen gehandelt, und dies zu einer Zeit, in der jeglicher soziale Aufstieg für Männer durch eine starre Ständeordnung blockiert war. Sofern Gesellschaftstreffen auch Intellektuellen offenstanden und zudem von einer Frau mit intellektuellen Talenten und Ambitionen geleitet wurden, nannte man sie Salons.

Während gewisser Perioden der abendländischen Vergangenheit müssen offenbar bestimmte gesellschaftliche Bedingungen zusammengekommen sein, welche die Entstehung von Salons begünstigt haben. Frieden, Wohlstand, urbane Lebensart, Luxus und das Interesse der Mächtigen an Kultur stehen anscheinend mit den Salons in Verbindung.

Salonartige gesellschaftliche Zusammenkünfte gab es schon im klassischen Griechenland und an den französischen Höfen des 12. Jahrhunderts. Ihren episodischen Charakter verloren sie erst im 15. Jahrhundert mit dem Beginn der Renaissance an den italienischen und französischen Höfen. Im 17. und 18. Jahrhundert wurde Paris zur Hauptstadt der Salons. In keiner anderen europäischen Stadt fanden sie einen günstigeren Boden als hier. Die Gesellschaftsfunktionen, die von den besonders »feinen« Pariser Salons des ausgehenden 17. Jahrhunderts, den précieuses, wahrgenommen wurden, hat Carolyn Lougee genauestens rekonstruiert. Sie stellt dabei die Frage, warum Molière und andere männliche Intellektuelle den Frauen dieser Salons Affektiertheit, Anmaßung und Ignoranz vorgeworfen haben. Ihre Untersuchung des sozialen Aufstiegs, der den Salonteilnehmerinnen durch Einheirat in höhere Kreise gelang, zeigt, daß die Aversionen seitens männlicher Intellektueller eher von sozialen als von geschlechtsspezifischen Konflikten herrührten. Die Aufgabe dieser eher überfeinerten Salons bestand darin, Töchtern aus dem reichen Amtsadel, die in Familien des statushöheren Schwertadels eingeheiratet hatten, Glanz und Ansehen zu verleihen.

Zu Beginn des folgenden Jahrhunderts sahen sich die Pariser Salons in ihrer kulturellen Macht bedroht, weil Ludwig XIV. den Adel und das Gesellschaftsleben an den Hof von Versailles band. Doch schon in der zweiten Hälfte des 18. Jahrhunderts hatten sich die kulturelle Patronage und das geistige Leben wieder auf Paris konzentriert. Das Zeitalter der Aufklärung war die Blütezeit der Pariser Salons, die unterdessen vielfältige Formen angenommen hatten. Manche Salongesellschaften kamen sogar in Klöstern zusammen, und wenigstens zwei Salons wurden von Männern geführt. In einem Haus blieb der Montag literarischen Berühmtheiten vorbehalten und der Mittwoch den politisch Einflußreichen. Wohlhabende Frauen konkurrierten miteinander im Eröffnen neuer Salons und waren darin so eifrig, daß ein Mißerfolg auf diesem Feld sie mehr als der Verlust eines Liebhabers getroffen haben soll. Die nicht nur gesellschaftliche, sondern auch geistige Funktion der Salons bereitete indes einigen männlichen Intellektuellen, wie Jean-Jacques Rousseau, gewisse Sorgen. Er griff Molières Spöttelei über die Salondamen auf und tadelte sie wegen ihrer Anmaßung und wegen mangelnden intellektuellen Ernstes. Gleichwohl hat Rousseau, der selbst in Salons verkehrte und dort aus seinen Werken vortrug, durch sein praktisches Verhalten die unentbehrliche öffentliche Rolle der Pariser Salons für das intellektuelle und künstlerische Leben der Aufklärungsepoche bestätigt.

Gegen Ende des 18. Jahrhunderts entstanden bedeutende Salons auch in London und in einigen mitteleuropäischen Städten. Die Londoner Zusammenkünfte wurden wegen des dort herrschenden intellektuellen Ernstes Bluestocking-Salons genannt. (Blaue Strümpfe gehörten zur Alltagskleidung der Frauen.) Wenn die Gastgeberin an Sinn und Zweck der Zusammenkunft mahnend erinnerte, so hieß das, daß harte Diskussionen auf der Tagesordnung standen. Die Londoner »Blaustrümpfe« waren gebildeter als die Pariser Salondamen und auch eher bereit, ihre literarischen Erzeugnisse zu veröffentlichen; ihre Salons blieben zudem Männern häufig verschlossen.

Salons tauchten auch – zum ersten Mal – in den wichtigsten deutschen Städten auf, zum Beispiel Berlin. Zusammenkünfte, die als Salons bezeichnet wurden, gab es auch in Potsdam, Jena, Heidelberg, Darmstadt, Leipzig und Weimar. In Wien kamen während des Wiener Kongresses von 1814/15 zu drei bekannten Salons weitere hinzu. In der Regel waren die mitteleuropäischen Salons dieser Zeit an den Fürstenhöfen zu finden, was den Schluß nahelegt, daß sie sich in einem Stadium befanden, das die französischen und englischen Salons bereits überwunden hatten.

Schon dieser kurze Überblick zeigt uns die Salons als eine Institution, die sich in unterschiedlicher Umgebung entwickelte und dabei eine Vielfalt von sozialen und intellektuellen Funktionen erfüllte. Diese Zusammenkünfte wurden von Zeitgenossen oder späteren Historikern als Salons bezeichnet. Salons fanden fast stets zu Hause statt, wobei das Zuhause manchmal der Hof einer herrschenden Dynastie war.

Salons wurden gewöhnlich von reichen, verheirateten Frauen geführt, doch manchmal war auch ein Mann der Gastgeber. So haben beispielsweise Goethe in Weimar und Baron d'Holbach in Paris zu informellen intellektuellen Zusammenkünften geladen, die denen glichen, welche anderswo Salons genannt wurden. Natürlich gab es auch unverheiratete Salondamen und solche, die zu arm waren, um etwas anderes als Tee und Gebäck reichen zu können.

Es ist schwierig, eine genaue Definition des Salons zu finden, nicht nur, weil sich die Art der Zusammenkünfte und die Gastgeber erheblich voneinander unterschieden, sondern auch, weil es sich zugleich um gesellschaftliche und intellektuelle Ereignisse handelte. In einigen Salons herrschte eine rege Arbeitsatmosphäre, in der Manuskripte laut vorgelesen und der Kritik ausgesetzt wurden sowie Urteile über neue Theateraufführungen und Bücher gefällt wurden. Andere Salons waren berühmt für ihre brillanten Konversationen, üppigen Soupers und musikalischen Darbietungen. Die Schwierigkeit einer Definition gilt dabei in jeder Beziehung: War der Salon eher eine öffentliche oder eine private Einrichtung? Zweifellos fanden die meisten Salonzusammenkünfte in Privathäusern statt, doch wurde das, was sich dort ereignete, zugleich einer größeren Öffentlichkeit bekannt. Diese halb öffentliche und halb private Atmosphäre fand ihr Pendant darin, daß die Salons in der Regel von Frauen organisiert wurden. Die Vereinigung von Öffentlichem und Privatem zeigt sich auch daran, wie Gäste ihren Weg dorthin fanden. Salons waren exklusive Treffen, für die es aber keiner gesonderten Einladung bedurfte. Die Salonbesucher waren häufig berühmte Menschen und die Verbindungen, die man dort anknüpfte, überaus nützlich. Uns erscheint das heute in der Tat verwirrend: Wie konnte ein gesellschaftliches Ereignis spontan und offen sein und dennoch exklusiv und elitär bleiben?

Je länger ich über die Vielfalt der Erscheinungen nachdachte, die sich unter dem Etikett Salons verbargen, um so dringender stellte sich mir die Frage, weshalb Salons überhaupt entstehen konnten. Daß derartige gesellschaftliche Institutionen im vorindustriellen Europa auftauchten, hat etwas Merkwürdiges an sich. Merkwürdig war, daß private Wohnzimmer als öffentliche Orte fungierten; daß

Frauen zu einer Zeit, in der sie von Bildungsstätten und anderen bürgerlichen Institutionen ausgeschlossen waren, intellektuelle Diskurse zwischen den gelehrtesten Männern der Stadt vermittelt und geleitet haben sollen; daß Männer und Frauen in einer Zeit, in der die beiden Geschlechter sich gewöhnlich sehr wenig zu sagen hatten und es kaum öffentliche Orte gab, wo sie miteinander Umgang pflegen konnten, einem regen gedanklichen Austausch nachgingen. Merkwürdig war die Zusammensetzung der männlichen Gäste. Manche waren einflußreiche Staatsbeamte, Finanziers oder Grundbesitzer, andere besaßen nur ihren Esprit, ihren Ruhm als Schriftsteller und den Willen, der Welt ihren Stempel aufzudrücken. Daß die Reichen und Mächtigen sich dazu herabgelassen haben sollen, in kleinen intimen Zirkeln mit verarmten Autoren zu verkehren, bedarf einer Erklärung. Auch die These vom institutionellen Vakuum reicht nicht aus, um dieses Bündel von Fragen zu beantworten.

Dem Vakuum, das dem Niedergang der fürstlichen Patronage folgte und einem funktionierenden Verlagswesen voranging, hätte auch ohne die Hilfe von Frauen, die in ihren Wohnzimmern gelehrte Diskussionen führten, abgeholfen werden können. Dies zeigt ein Vergleich zwischen englischen und französischen intellektuellen Institutionen im 18. Jahrhundert. London war geradezu überschwemmt mit Kaffeehäusern, Dinnerclubs und Lesegesellschaften, die hauptsächlich Männern offenstanden; in Paris dagegen gab es verhältnismäßig viele Salons. Hier wie dort wurde das Vakuum durch eine Vielzahl intellektueller Übergangsinstitutionen geschlossen, aber nur eine davon, der Salon, stand unter weiblicher Führung.

Hierzu kam, daß die Salons die etablierten Vorstellungen von Kontinuität und Fortschritt in der deutschen Geschichte in Frage stellten. Für lange Zeit herrschte die Auffassung vor, daß weder Juden noch Frauen jemals in der deutschen Geschichte autonom und einflußreich gewesen seien. Die Vorstellung zu begründen, daß in Deutschland frühzeitig eine miniaturhafte Bastion weiblichen und jüdischen Einflusses auf kulturellem Gebiet bestanden hat, erwies sich als eine ebenso schwierige wie reizvolle Aufgabe.

Dieses Buch ist das Ergebnis meiner Bemühungen, die Salons im allgemeinen und die Berliner Salons im besonderen zu verstehen. Als Phänomene einer Übergangszeit waren diese gesellschaftlichen Gebilde bislang nicht als sonderlich bemerkenswerte Rätsel angesehen worden, was sie für mich indes immer mehr wurden. Wie ich ihnen jedoch die Informationen entlocken sollte, die meine Fragen beantworten konnten, war mir anfangs noch höchst unklar. Gleich zahlreichen anderen Rätseln der Sozialgeschichte entsprachen die Salons eher dem, was man heute einen Prozeß nennt, als gewöhnlich gut dokumentierten Ereignissen, denen so lange das Hauptinteresse der traditionellen Geschichtswissenschaft galt. Wenn man den Unterschied zwischen Ereignis und Prozeß in den Kontext der Geistesgeschichte übersetzt, so handelt es sich bei den Salons um kulturelle Vorgänge, während die Veröffentlichung von Büchern oder die Immatrikulation an einer Universität intellektuelle Ereignisse darstellen. Kulturelle Vorgänge sind jedoch schwerer faßbar als jene Prozesse, die von Sozialhistorikern in allgemeiner Weise rekonstruiert werden. Für bestimmte Abschnitte der Bevölkerungs- und Wirtschaftsgeschichte lassen sich in den Archiven noch Quellen aufspüren. Brauchbare Primärquellen zur Salongesellschaft sind hingegen sehr viel schwerer zu entdecken und auszuwerten, weil vieles über die Salons als Institution und erst recht über bestimmte Salons unter der Oberfläche unserer historiographisch erfaßten Vergangenheit verborgen liegt. Keine örtliche Polizei, keine Universität und kein Verlag hatte es sich damals zur Aufgabe gemacht, das Salonleben zu dokumentieren. Und trotz der Geschwätzigkeit der Briefkultur des 18. Jahrhunderts wurden in den Korrespondenzen der Salonteilnehmer die Einzelheiten des Salonalltags eher vorausgesetzt als zum Briefinhalt gemacht.

Den Mangel an Salonberichten aus erster Hand habe ich durch die besondere Anlage dieses Buches zu kompensieren versucht. Mein Ziel, eine Sozialgeschichte der Berliner Salons zu schreiben, bedurfte so einer gewissen Systematisierung in der Darstellung, zumal ich mich nicht mit der Wiedergabe der Porträts einer Reihe berühmter Salonières zufriedengeben wollte.

Auch konnte ich mich nicht auf dem Allgemeinplatz ausruhen, wonach sich Menschen aller Klassen in den Salons vereinigt hätten. Die wesentliche Frage dieses Buches lautet daher: Wer besuchte die Berliner Salons und warum? Um sie beantworten und im gleichen Zug die Auswirkungen der Berliner Sozialstruktur auf den Salonbesuch rekonstruieren zu können, mußte ich – wie alle Historiker – bei weitem mehr und auch anderes über das Leben der Salonteilnehmer in Erfahrung bringen, als diese selbst zu ihrer Zeit zu wissen vermochten. Darum machte ich aus der Not – dem Mangel an zeitgenössischen Zeugnissen – eine Tugend und verlieh dem Projekt eine Außen- und Fremdperspektive. Mit ihrer Hilfe hoffte ich, auch die Rätsel und Mysterien um den Salon als Institution lösen zu können. Als wichtigste Quelle für die Beantwortung der Frage, wer in die Salons ging und warum, dienten mir die Biographien von vierhundertsiebzehn Intellektuellen, die zwischen 1780 und 1806 in Berlin lebten und die nötigen Voraussetzungen zur Teilnahme an der Salongesellschaft mitbrachten. Hundert von ihnen besuchten in diesen sechsundzwanzig Jahren mindestens einen Salon. Ich möchte daher zeigen, inwiefern die soziale Herkunft, der Beruf, die Freundschaften, die Liebesaffären und die geistige Arbeit diese einhundert Intellektuellen in die Salons führten, die verbleibenden dreihundertsiebzehn dagegen nicht.

Vorab einige Überlegungen zur städtischen Sozialstruktur: In der zweiten Hälfte des 18. Jahrhunderts vollzogen sich tiefgreifende Veränderungen innerhalb der Berliner Gesellschaft, und es entstanden neuartige Verbindungen zwischen sozialen Gruppierungen, die über wechselnde Ressourcen an Geld, Macht und Status verfügten. Ein bestimmtes Grundmuster des sozialen Auf- und Abstiegs brachte dabei einen neuen Menschentypus hervor, dessen besondere Bedürfnisse in den Salons befriedigt werden konnten. Gesellschaftsklassen, die sich auf gemeinsame ökonomische und berufliche Interessen gründeten, hatten am Ausgang des Jahrhunderts praktisch noch keine Gestalt angenommen. Steigende Grundstückspreise, hohe landwirtschaftliche Erträge, die Verstädterung und ein unzureichendes Erziehungswesen polarisierten den preußischen Adel und führten zu dem Ergebnis, daß manche Adlige zwar reich an sozialem Ansehen, aber knapp an Bargeld waren. Währenddessen hielt der Thron an seinem rigiden Merkantilismus fest, weigerte sich, hohe Staats- und Verwaltungsämter an Bürgerliche zu vergeben, und versuchte eine Industrie aufzubauen, ohne dabei dem Bürgertum den Zugang zum gesellschaftlichen Reichtum zu ermöglichen. Die Politik verhinderte die Entstehung einer einheimischen Bourgeoisie, die fähig gewesen wäre, mit einem bereits geschwächten Adel um die gesellschaftliche Vormachtstellung zu konkurrieren. Die Rolle einer Stellvertreterbourgeoisie fiel im 18. Jahrhundert statt dessen an die soziale Elite der kleinen jüdischen Gemeinde.

Während viele Adlige ärmer und manche Bürgerliche reicher wurden, entwickelten Angehörige beider Stände dennoch vergleichbare geistige Interessen, die sie gemeinsame intellektuelle Projekte aufnehmen ließen. Und auch ohne Universität und ohne führende Verlagshäuser gelang es Berlin, Geistesgrößen und aufstrebende Intellektuelle anzuziehen. Sie fanden Anstellungen als Hofmeister, als Lehrer an Gymnasien und den Ritterakademien, als Privatdozenten und insbesondere als Staatsbeamte. Dank ihrer Ausbildung und ihres beruflichen Werdegangs gelang so einer nicht unerheblichen Anzahl bürgerlicher Intellektueller, die manchmal den ärmsten Verhältnissen entstammten, der soziale Aufstieg.

Zunächst müssen wir herausfinden, warum aus so vielen Adligen plötzlich ernsthafte Intellektuelle wurden, und uns anschließend die Frage stellen, weshalb ihre geistigen Interessen sie ausgerechnet in die Salons führten. Begaben sich Adlige, wenn sie Salons besuchten, ihrem eigenen Standesdünkel nach in gesellschaftliche Niederungen, so verband sich für Menschen von niedriger Herkunft damit umgekehrt ein beachtlicher Gewinn.

Nicht minder entscheidend für die Entstehung der Salongesellschaft waren die Freundschaften der jüdischen Frauen, zu deren engsten Freundinnen Adlige und Schauspielerinnen sowie Jüdinnen zählten, die auch den Sprung aus den Fesseln ihrer Gemeinde und Traditionen wagen wollten. Im Gegensatz zur vorherrschenden Auffassung war die Assimilation der jüdischen Salonfrauen nämlich kein bloßer individualistischer Akt. Vielmehr unternahmen die Frauen diese »Reise« gemeinsam, als eine kleine Gruppe, deren Mitglieder durch ihre familiären Bedingungen, durch ein selbstgewähltes und dennoch schmerzlich empfundenes Außenseitertum sowie durch die Leidenschaft für das literarische Leben miteinander verbunden waren.

Die meisten Salonteilnehmer waren zwischen zwanzig und vierzig Jahre alt und verfügten über ein recht unterschiedliches Einkommen; Adlige waren eher ärmer, Juden dagegen eher reicher. Zudem spielte in der Salonkultur die Nachahmung der lockeren Sitten des französischen Adels eine besondere Rolle. So wurden Salons zur Bühne für exotische und romantische Liaisons, die nicht selten in Ehen mündeten, an denen auf weiblicher Seite beinahe stets geschiedene und konvertierte Jüdinnen beteiligt waren. Um zu erfahren, wie es dazu kam, daß jüdische Ehemänner von ihren Frauen verlassen wurden, und was andererseits die neuen Verbindungen begünstigte, müssen wir die Rolle der ökonomischen Nöte auf der nichtjüdischen Seite sowie jene des Reichtums auf der jüdischen Seite näher beleuchten.

In den Hauptabschnitten dieses Buches möchte ich die Vielfalt der Verbindungen aufzeigen, welche die Salongesellschaft zusammenhielt, und mich im Schlußkapitel dem Auseinanderbrechen der jüdisch-deutschen Salongesellschaft zuwenden, welches in der Tat schon während ihres kulturellen Höhepunkts einsetzte. Merkwürdigerweise hatten viele der angesehenen christlichen Salongäste ein höchst zwiespältiges Verhältnis zu ihren jüdischen Gastgeberinnen, auch wenn sie ihnen mit ihren Besuchen schmeicheln wollten. Zudem lassen gerade die seit 1803 in Berlin vermehrt auftauchenden judenfeindlichen Schriften erkennen, daß nicht zuletzt der Erfolg der jüdischen Salonières mit zu dem neuen Antisemitismus beitrug, der sich gerade auch unter der lokalen Intelligenz auszubreiten begann. Dieser richtete sich gegen die mit dem Salonleben verbundene Assimilationspraxis und schwächte allmählich die Position der jüdischen Salonières.

Die gesellschaftlichen und institutionellen Bedürfnisse, denen die Berliner Salons nachgekommen sind, sollten in der dort gegebenen Konstellation in keiner anderen deutschen Stadt mehr auftauchen und künftig auch nicht mehr in Berlin. In diesem Sinn trifft die bisherige historiographische Überzeugung von der geographischen wie geschichtlichen Einzigartigkeit der Berliner Salons des ausgehenden 18. Jahrhunderts in der Tat zu. Indem ich zu rekonstruieren versuche, warum Salons dann und dort entstanden, will ich das Einzigartige vom Zufälligen trennen und davon erzählen, wie ein Augenblick in der deutschen Geschichte vollkommen logisch sein konnte – auch wenn er allzu flüchtig war.

2

Gesellschaftsstruktur

Rahel Levin

Berlinbesucher, die vor zwei Jahrhunderten ihre Reiseeindrücke publik machten, schildern die städtische Szenerie meist in enthusiastischen Farben. Die Fremden waren besonders beeindruckt von den stattlichen Palais, dem neuen Opernhaus und den geschmackvoll gekleideten Spaziergängern auf der großzügig angelegten Allee Unter den Linden oder im Tiergarten. Ihre Beobachtungen galten ihnen als hinreichende Beweise für das Wohlergehen der ganzen Stadt. Viele ihrer in Berlin lebenden Zeitgenossen stimmten mit ein in die Lobeshymnen, und Lokalberichterstatter, die sich mehr mit den sozialen Beziehungen als mit der äußeren Gestalt der Stadt beschäftigten, entwarfen ein Bild gesellschaftlicher Harmonie, demzufolge dem Adel gemeinhin mit unterwürfiger »Hochachtung und Liebe« begegnet wurde und Adlige und Bürgerliche denselben Vergnügungen nachgingen. Von den Wohlhabenden heißt es, daß sie ihre Garderobe weniger als anderswo zur Schau stellten, und selbst wenn die Existenz einer »Classe reicher Müßiggänger« eingeräumt wurde, so betonte man doch sogleich, daß deren Zahl eher »unbedeutend« gewesen sei. Besonders überschwenglich wurde die angebliche soziale Gleichheit gelobt; das Gesellschaftsleben habe buchstäblich jedem, gleich welchen Standes, offengestanden. Und in Abgrenzung von den deutschen Handelsstädten heißt es: »Berlin unterscheidet sich auch von den Städten, wo nur der Gelehrte, der Künstler, der betitelte... Mann gesucht, alle andern hingegen vergessen, vernachlässigt oder herabgesetzt werden. Man weiß von keinem Vorzuge als von dem, welchen Tugend, Rechtschaffenheit und große und erhabene Einsichten gewähren. Des tugendhaften und rechtschaffenden Mannes Gesellschaft wird gesucht, er mag Jude oder Christ, Rat, Doktor, reich oder arm sein.«

Aber nicht alle Beobachter gaben sich damit zufrieden, daß die Stadt einen äußerlich guten Eindruck machte und das gesellschaftliche Leben oberflächlich intakt schien. Lakonisch urteilte ein Besucher: »Wo man hinblickt, ist Armuth und Noth, aber mit einem glänzenden Firniß überzogen.« Und Georg Forster fand nach seinem Besuch 1779 bittere Worte: »Ich hatte mich in meinen mitgebrachten Begriffen von dieser großen Stadt sehr geirrt. Ich fand das Äußerliche viel schöner, das Innerliche viel schwärzer, als ich mir gedacht hatte. Berlin ist gewiß eine der schönsten Städte in Europa. Aber die Einwohner!« Gutaussehende Häuser waren bei näherer Betrachtung oft heillos überfüllt, die breiten Straßen vor den imposanten Palais waren nachts schlecht beleuchtet und vor allem im Frühjahr mit Schlamm bedeckt, und kein schöner Anblick bot sich dem, der sich in die neuen Vorstädte begab, die zusammen mit Kasernen und Militärbaracken außerhalb der Stadtmauern aus dem Boden gestampft worden waren.

Daß sich die Verhaltensweisen der Menschen über Standesgrenzen hinweg einander annäherten, wurde, je nach Standpunkt des Beobachters, begrüßt oder bedauert. Schon 1760 klagte der Kammerherr der Königin, Graf von Lehndorff, darüber, daß der Konsum von Genußmitteln längst nicht mehr das alleinige Privileg der Aristokratie sei. Einen Stein des Anstoßes boten auch die Tiergartenpromenaden, die gerade jüdischen Frauen die Gelegenheit zur Begegnung mit nichtjüdischen Männern boten: Dieser »Lustgarten«, vormals der »Sammelplatz der sogenannten schönen und vornehmen Gesellschaft«, diene nunmehr den »galanten Jüdinnen... denen zu gefallen mancher junge Stutzer hingeht«. Jüdische Frauen waren jedoch keineswegs die einzigen Berliner, die durch ihr Verhalten die traditionelle gesellschaftliche Rangordnung verletzten und deshalb angegriffen wurden. Bürgerliche Frauen, die durch luxuriöse Anschaffungen den Lebensstil der Oberschicht nachzuahmen suchten, wurden beschuldigt, ihre Familien zu ruinieren. Nicht mehr als achthundert Taler im Jahr verdienende Ehemänner beklagten sich über die von ihren Frauen gewünschten Reifröcke, Seidenkleider und Empfangszimmer. Von einfachen Perückenmachern und Schneidern hieß es, daß sie sich »in gestickten und betreßten Kleidern«, die einst nur ihren vornehmen Kunden vorbehalten waren, »unter Leute von Stand mischten«.

In solchen Kommentaren aus den letzten beiden Jahrzehnten des 18. Jahrhunderts, die das Undeutlichwerden der sozialen Schranken entweder feierten oder denunzierten, spiegelten sich die Resultate einer zutiefst widersprüchlichen Politik des Staates. Im 17. und 18. Jahrhundert bestand das Hauptziel der preußischen Regenten darin, das Land in eine europäische Großmacht zu verwandeln – eine gewaltige Aufgabe, wenn man die begrenzten geographischen und gesellschaftlichen Ressourcen bedenkt, die dem Staat zunächst zur Verfügung standen. Um dieses Ziel zu erreichen, führte Friedrich der Große (1740–1786) zahlreiche Eroberungskriege und baute eine riesige Armee und einen funktionierenden Verwaltungsapparat auf. Die religiöse Toleranz der Könige ermöglichte eine flexible Einwanderungspolitik, die mit zum Aufstieg Preußens beitrug. Um die industrielle Entwicklung zu fördern, hatte das Land im Jahre 1685 aus Frankreich vertriebene hugenottische Handwerker aufgenommen. Gleichfalls wurden reiche Juden, die 1671 aus Wien vertrieben worden waren, nach dem kapitalbedürftigen Preußen gerufen, um sich dort als Händler niederzulassen. Doch waren dieselben tatkräftigen Monarchen, die Preußen zur Großmacht ausbauten, zugleich leidenschaftliche Anhänger und Bewahrer einer überkommenen Gesellschaftsordnung, deren Leitprinzip das uneingeschränkte Privileg des Adels auf Grundbesitz bildete.

Dieses Spannungsverhältnis zwischen aktiver Erneuerung und sozialer Unbeweglichkeit gehörte wesentlich zur preußischen Politik in diesen beiden Jahrhunderten. Ironischerweise war es dieser Widerspruch zwischen Reform und Festhalten an Althergebrachtem, der jene geographische und soziale Mobilität hervorbrachte, welche eine wichtige Voraussetzung für die Entstehung der Salons war. Bot die Zusammensetzung der Salongäste ein miniaturhaftes Abbild der außergewöhnlichen Heterogenität der Berliner sozialen und kulturellen Elite, so war dieselbe Heterogenität nicht zuletzt ein Ergebnis der Widersprüche preußischer Staatsräson.

Wäre Berlin nämlich nicht der Sitz des Hofes dieser tatkräftigen Monarchie gewesen, so hätten hier kaum so viele fremde und einheimische Staatsbeamte ihre neue Heimat gefunden. Hätte die Monarchie den Armee- und Staatsdienst für den Adel nicht attraktiver gemacht, so wären die preußischen Junker kaum aus der Provinz nach Berlin gezogen. Ohne die vom Großen Kurfürsten in Preußen aufgenommenen Hugenotten hätten sich die französische Sprache und die verschiedenen französischen Moden, französisches Gedankengut und französische Bildungsideale nicht so leicht in Berlin ausbreiten können. Ohne die in Preußen angesiedelten jüdischen Familien hätten deren Nachkommen – die gebildeten jüdischen Salonières – nicht die Initiative zur Gründung von Salons ergreifen können. Und ohne die Aktivitäten des Königs und des Adels auf geistigem und kulturellem Gebiet wären nicht so viele aufstrebende Intellektuelle in die Stadt gekommen, um sich dort als Hofmeister oder Schreiber, als Hilfsprediger oder freie Schriftsteller, als Buchhändler oder Verleger niederzulassen.

Adlige und Hugenotten, Juden und Intellektuelle zogen nach Berlin. Die Stadt und Preußen insgesamt erlebten einen rapiden Bevölkerungszuwachs. Zu Beginn des 18. Jahrhunderts schien die winzige Hauptstadt des armen und obskuren Kurfürstentums Brandenburg noch keines besonderen öffentlichen Kommentars für würdig befunden. Preußen erholte sich von den Schrecken des Dreißigjährigen Krieges; Berlin hatte im Jahr 1700 nicht mehr als 24000 Einwohner. Doch mit dem Zugewinn an politischer Macht wuchsen die Gebiete und die Bevölkerung. Das

Kurfürstentum Brandenburg wurde zum Königreich erhoben, und durch Kriege und Annexionen dehnte der neue Staat sein Territorium beträchtlich aus. Mit dem Sieg über die österreichische Kaiserin Maria Theresia gewann Friedrich der Große 1740 Schlesien hinzu, und Preußen sicherte sich bei allen drei polnischen Teilungen einen gewichtigen Anteil. Als Ergebnis preußischer Einwanderungs- und Annexionspolitik stieg die Zahl der Einwohner von 2,5 Millionen im Jahre 1740 auf 5,5 Millionen im Jahre 1786. Noch gravierender war das Bevölkerungswachstum in Berlin, das sich zwischen 1700 und 1800 versechsfachte. In einer Zeit, in der auch viele zweitrangige Städte rapide anwuchsen und die Bevölkerungszahlen dort die 100000 überschritten, wuchs Berlin schneller als jede andere mitteleuropäische Stadt. Am Ende des Jahrhunderts brachte es Berlin auf 172000 Einwohner und war damit die größte Stadt Deutschlands.

Warum wuchs Berlin so rasend schnell? Hohe Geburtenraten waren in den Städten des 18. Jahrhunderts insofern keine entscheidenden Wachstumsfaktoren, als die Sterberaten gewöhnlich weitaus höher lagen. Schneller als durch die Zunahme der Geburten wurden diejenigen, die an den Mißständen städtischer Lebensweise – Hygienemangel, Infektionen und Überbevölkerung – starben, durch Zuzügler aus ländlichen Regionen ersetzt. Mit Maßnahmen zur Verbesserung der städtischen Lebensqualität versuchten die Preußenkönige die hohe Sterblichkeit einzudämmen. Die lokalen Verwaltungen wachten über die Einhaltung der Verordnungen zur Reinhaltung der Stadt, welche das Halten von Schweinen vor den Häusern, das Müllabladen in Marktvierteln sowie das Ausleeren von Nachttöpfen auf die Straße untersagten. Um 1770 hatten sich die staatlichen Anstrengungen, die Berliner von solchen Gewohnheiten abzubringen, offenbar bezahlt gemacht, denn endlich übertraf die Geburtenrate der Stadt ihre Sterblichkeitsrate. 1786, im Todesjahr Friedrichs des Großen, war die Bevölkerung so stark angewachsen, daß eine gravierende Wohnungsnot eintrat. Vielen zwei- und dreistöckigen Häusern wurde deshalb eine Etage hinzugefügt, während andere gleich durch viergeschossige Häuser ersetzt wurden.

Berlin wuchs auch deswegen, weil es eine Hofstadt war. Ähnlich der Entwicklung in anderen deutschen Fürstentümern gelang es auch der preußischen Hohenzollern-Dynastie, die Macht der Zunft- und Handelsstädte zu brechen. Die Blüte der Hofstädte war mit dem Niedergang der freien Handelsstädte verbunden. Die Hofstädte Wien, Berlin, Dresden, München und Mannheim verzeichneten im 18. Jahrhundert viel höhere Wachstumsraten als die Handelsstädte, von denen manche sogar schrumpften. Stieg die Bevölkerungszahl in den genannten Hofstädten um durchschnittlich 340 Prozent, so wuchs sie in Hamburg, Frankfurt am Main und Leipzig im selben Zeitraum nur um durchschnittlich 52 Prozent, während sie in Nürnberg sogar um 33 Prozent sank.

Die administrativen Aufgaben des Staates und die Selbstdarstellungsbedürfnisse des Hofes zogen Beamte und Hofaspiranten an. Schreiber, Sekretäre, Hofmeister, Hausangestellte, Ladenbesitzer und Handwerker gingen in die Hofstädte, um in den Dienst von Regierungsbeamten und Höflingen zu treten. Aber warum wuchs Berlin so viel schneller als die übrigen mitteleuropäischen Hofstädte? Ein Grund dafür war, daß hier die Hauptgarnison der zahlenmäßig ungeheuer großen preußischen Armee stand, ein weiterer, daß Berlin sich zu einem Manufaktur- und Bildungszentrum entwickelte und sich somit als Magnet für manuelle wie für intellektuelle Arbeitskräfte erwies. Andere wichtige deutsche Städte konzentrierten sich zumeist auf eine einzige ökonomische Funktion und brachten deshalb nur eine relativ homogene Führungsschicht hervor. Lübeck, Hamburg und Bremen waren auf den Überseehandel spezialisiert, Frankfurt am Main, Nürnberg und Augsburg auf die Herstellung und den Verkauf von handwerklichen Produkten, und Städte wie Göttingen oder Leipzig waren vor allem für ihre Universitäten oder Verlage berühmt. In den Hofstädten München, Dresden und Mannheim setzte sich die lokale Elite vorrangig aus Regierungsbeamten zusammen. Berlin nahm eine Sonderstellung ein, weil die Stadt, neben Beamten und Finanziers, noch eine breite Intellektuellenschicht besaß.

Vor 1780 war die Bevölkerung Berlins nicht heterogen durchmischt. Jeder Stand, jede religiöse Minderheit und jede Berufsgruppe arbeitete, lebte und heiratete fast nur innerhalb des engeren Umkreises familiärer Bindungen. Die Heiratspraxis, derzufolge Ehen nur innerhalb einer ethnisch, religiös oder sozial homogenen Gruppe oder Kaste geschlossen wurden – Endogamie genannt –, entsprach der Staatsräson. Christen und nichtkonvertierte Juden konnten keine Ehen miteinander eingehen, weil es keine standesamtlichen Trauungen gab. Unter Beamten führten gemeinsame Bildungswege und gleiche Einkommensstufen zu kastenartigen Verhaltensweisen.

Das endogame Muster zeigt, daß der Thron die überkommene Gesellschaftsordnung mit Erfolg aufrechtzuerhalten vermochte. Eine kleine importierte jüdische Bourgeoisie beherrschte den merkantilen Sektor, sorgte für Verbesserungen im Bankwesen, im Handel und in der Manufaktur, ohne daß dadurch der Wohlstand des einheimischen Bürgertums wuchs. Während es der preußischen Monarchie so einerseits gelang, die ökonomische Entwicklung voranzutreiben, versuchte sie zugleich, jeglichen Wettbewerb innerhalb der nichtjüdischen Gesellschaft zu verhindern, weil dieser die Vormachtstellung des Adels gefährdet hätte. Solange der Grundbesitz die gewinnbringendste Einkommensquelle war und weiterhin ausschließlich dem Adel vorbehalten blieb, beruhte dessen privilegierter Status auf einer soliden finanziellen Basis. Und solange die Juden – die einzige verhältnismäßig reiche soziale Gruppierung neben dem Adel – gesellschaftlich verachtet, politisch entrechtet und dazu noch einer starren Kastenordnung unterworfen waren, gerieten ökonomische Entwicklung und gesellschaftliche Stabilität nicht miteinander in Widerstreit.

Dies änderte sich gegen Ende des 18. Jahrhunderts. Fortschritt und Reaktion – das monarchische Doppelziel – ließen sich immer weniger miteinander vereinbaren. Eine neuartige soziale Mobilität sorgte allmählich für die Auflösung der überkommenen Standesgrenzen. Der Adel stand vor schwerwiegenden Problemen, die sein ständisches Überleben in Frage stellten.

Der Adel

Über die Jahrhunderte hinweg bewies der preußische Adel einen erstaunlichen Überlebensinstinkt und genoß bis zum Zusammenbruch der Monarchie im Jahre 1918 deren Rückendeckung. Vom 16. Jahrhundert an hatten die Junker gelernt, die Getreideproduktion zu organisieren und vom Verkauf des Getreides auf dem Weltmarkt zu profitieren. Die Junker hatten die Vorherrschaft über den florierenden Agrarsektor und besaßen starken Einfluß auf den Thron, der sie bei der Besetzung hochdotierter Armee- und Staatsfunktionen bevorzugte. Und selbst nach 1807, als die gravierendsten Formen der Leibeigenschaft beseitigt worden waren, behielten die Junker das uneingeschränkte Verwendungsrecht über die landlosen bäuerlichen Arbeitskräfte.

Gewiß waren die Junker längst nicht so reich wie manche englischen Großgrundbesitzer, und sie besaßen ein geringeres kulturelles Niveau als ihre französischen Standesgenossen. Doch auf lange Sicht waren weder Reichtum noch kultureller Glanz entscheidend; im Gegenteil ließ gerade die verhältnismäßige Bescheidenheit ihrer Situation die Junker mächtiger werden. Anders als der von seinen Gütern gewöhnlich abwesende französische Adel, verwalteten die meisten Junker ihre Besitztümer selber. Die Vormachtstellung des Adels über die Bauern wurde durch seine Rechtshoheit und militärische Autoriät verstärkt. Auch im 19. Jahrhundert bedrohten weder die Bauern noch der Thron die wichtigsten Privilegien der Junker. Solange deren Getreide billiger war als das Getreide aus anderen Ländern, blieb die ostpreußische Landwirtschaft ein entscheidender Wachstumsfaktor, der jedoch die Industrialisierung des Landes hinauszögerte. Das war damals noch nicht so deutlich absehbar, und die Preußenkönige und ihre Bürokratie folgten der Devise, derzufolge all das, was dem Adel nützlich war, auch der ökonomischen Entwicklung des Landes zugute kommen würde.

Dennoch war die Machtstellung der Junker keineswegs immer gefestigt gewesen. Die entscheidende gesellschaftliche Veränderung des Junkerstandes vollzog sich mit dem Übergang der feudalistischen zur kapitalistischen Ordnung in den Jahren zwischen 1775 und 1825. Dies war die Zeit, in der einige junge Adlige die Töchter und Frauen jüdischer Finanziers besuchten, ihnen den Hof machten und zuweilen sogar heirateten. Um zu verstehen, warum sie dies taten, müssen wir die Krise des preußischen Adels etwas genauer betrachten.

Das Dilemma des Adels war zum Teil die Folge demographischer Veränderungen. Der rapide Bevölkerungszuwachs trieb den Nahrungsmittelbedarf in die Höhe. Die Nachfrage übertraf das Angebot, und zum ersten Mal seit dem Dreißigjährigen Krieg überstiegen in Deutschland die Getreidepreise die Gewerbepreise. Die Preisexplosion hing zudem mit dem Niedergang der Landwirtschaft in England zusammen, wo der Abschluß des Einhegungsprozesses und die Verlagerung der Textilproduktion aus der dörflichen Heimarbeit in die Fabriken dazu führten, daß England von der Einfuhr preußischen Roggens und preußischer Gerste abhängig wurde. In Preußen wiederum führten die steigenden Getreidepreise zu einem Anstieg der Grundstückspreise, verstärkt noch durch den Wunsch vieler wohlhabender, vor allem in Berlin lebender Bürger, ihr Kapital vorzugsweise in Land anstatt in Manufakturen anzulegen. Da Landerwerb den Bürgerlichen jedoch gesetzlich verboten war, wurden entsprechende Geschäfte zunehmend illegal abgewickelt. Land wurde in Preußen so zum profitablen Spekulationsobjekt.

Trotz dieser für die Junker vorteilhaften ökonomischen Entwicklung war es durchaus nicht ausgemacht, ob die Politik des Staates, die Erbschaftsregelungen sowie die Geburtsziffern ihnen die dauerhafte Sicherung ihrer Vorteile erlauben würden. Um ihre Exportgewinne zu erhöhen, waren die Junker auf eine Herabsetzung der Zwischenhandelszölle für Getreide angewiesen, was sie 1790 unter Friedrich Wilhelm II., als der Merkantilismus keine so gewichtige Rolle mehr spielte, auch erreichten. Um jedoch die für einen profitablen Getreideexport notwendigen Produktionsverbesserungen durchzuführen, bedurfte der Adel entsprechend großer Ländereien und Geldmengen. Hier stießen die Junker auf ein gravierendes Problem; denn in zunehmendem Maße besaßen ihre Familien weder das eine noch das andere. Da es in Preußen kein Erstgeburtsrecht gab, wurden die Länder häufig zu gleichen Teilen unter den Söhnen aufgeteilt. Andererseits verstärkte der Kapitalmangel den äußeren Druck dahingehend, die parzellierten Ländereien an den Meistbietenden zu verkaufen. Infolge des Geburtenzuwachses und der Abnahme kriegs- und epidemiebedingter Sterblichkeit wurden die Adelsfamilien größer, und damit wuchs entsprechend die Zahl derer, die Erbansprüche stellten. Um unverheiratete Töchter mit Mitgiftansprüchen vom Heiratsmarkt fernhalten zu können, fehlte es dem protestantischen Preußen an Klöstern. Die Versuchung, benötigtes Bargeld im Austausch für teuer gewordenes Land zu erwerben, wurde folglich immer größer.

Die Entfremdung des Adels vom Land wurde noch dadurch beschleunigt, daß die Junker ihre Söhne in den Heeres- und Staatsdienst schickten. Diese zwischen Krone und Adel übliche Praxis zielte nicht zuletzt darauf, den Druck der Erben auf Land oder Geld zu mildern. Doch war dieses System nicht ohne Widerhaken: Immer mehr junge Adlige, deren Existenzsicherung in den ländlichen Provinzen zunehmend schwieriger wurde, zogen in die Stadt und konkurrierten dort um Stellungen in der Verwaltung oder der Armee. Doch nahm gerade zu jenem Zeitpunkt die Zahl der qualifizierten bürgerlichen Mitbewerber rapide zu. Selbst wenn der Adel über das notwendige flüssige Kapital verfügt hätte, wäre er nicht imstande gewesen, diese Entwicklung rückgängig zu machen. Die preußische Bürokratie war von jeher standesbewußt: Ein Offizier war nicht käuflich. Adlige Offiziere verdienten selten genug, um heiraten und ein standesgemäßes Leben führen zu können. Gelang es ihnen doch, so hatten ihre Töchter erneut Schwierigkeiten, die für einen noblen Lebensstil erforderliche Mitgift zu erhalten.

Friedrich der Große, der ein offenes Ohr für die Probleme des Adels besaß, machte die Praxis seines Vaters, Bürgerliche mit hohen Ämtern zu betrauen, rückgängig und reservierte sie für Adlige. Doch gab es nicht genügend Ämter und Posten. Immerhin lebte gegen Ende des 18. Jahrhunderts rund ein Drittel aller brandenburgischen Adelsfamilien ausschließlich von städtischer Erwerbstätigkeit. Wie ihre auf dem Land zurückgebliebenen Verwandten, die Berlin regelmäßig besuchten, entwickelten sie einen aufwendigen höfischen Lebensstil, der ein Grund mehr dafür war, Ländereien teilweise oder ganz zu verkaufen. Damit begann ein Teufelskreis, der die ökonomische Situation der Junker ernsthaft gefährdete. Nur ein Drittel der Adelsfamilien lebte ausschließlich von den Erträgen seiner Ländereien; mehr als ein Zehntel der Ländereien gehörte bereits Bürgerlichen, und selbst der offiziell in adligen Händen befindliche Grundbesitz war etwa zur

Hälfte an Bürgerliche verschuldet. Die aus der Landparzellierung und dem Verkauf auf dem preisexplosiven Grundstücksmarkt gezogenen schnellen Gewinne machten die Mitglieder jenes »glücklichen Standes« blind für die langfristigen Folgen solcher Praxis.

Friedrich der Große war bis zu seinem Tod 1786 um Abhilfe bemüht, selbst auf das Risiko hin, wegen der wachsenden adligen Majorisierung der Armee und der Verwaltung Publizisten und Beamte gegen sich aufzubringen. Doch reichte die Bevorzugung des Adels bei der Ämtervergabe zur Lösung seiner ländlichen Probleme nicht aus.

Zwei Lösungsversuche, die Friedrich der Große und seine unmittelbaren Nachfolger initiierten, waren nicht sofort von Erfolg gekrönt. Zum einen wurden Familientreuhandgesellschaften eingerichtet, die eine weitere Parzellierung der Ländereien durch nachfolgende Generationen verhindern sollten, sich aber nur langsam durchsetzten, weil es verführerisch blieb, die Schulden, die man in der Stadt gemacht hatte, durch den Verkauf von kleinen Landstücken zu hohen Preisen zu begleichen. Zum anderen sollten die Schlupflöcher, welche es Bürgern de facto erlaubten, adligen Grundbesitz zu erwerben, geschlossen werden. Berücksichtigt man jedoch die strukturelle Schwäche des industriellen Sektors, so waren die Bürger nur schwer von solchen Ambitionen abzubringen: Deutschland war eben nicht England. Weder Heimindustrien noch Luxusgütermanufakturen boten dem überschüssigen bürgerlichen Kapital sichere Investitionsmöglichkeiten. Wäre es den Bürgern im anbrechenden 19. Jahrhundert jedoch möglich gewesen, im selben Maße wie in den Jahrzehnten zuvor Grundbesitz zu erwerben, so hätte dies mit Sicherheit das Bodenmonopol des Adels gebrochen.

Um Bürgerliche vom Zugriff auf Land abzuhalten, ihnen aber Investitionen in die Getreideproduktion zu ermöglichen, wurde 1793 eine Landwirtschaftsbank gegründet. Der Adel war dazu angehalten, seine Besitzstände auf genossenschaftlicher Grundlage zu organisieren, und erhielt dafür im wesentlichen »bürgerliche« Anleihen auf seine verschuldeten Ländereien. Im Gegenzug wurden den Bürgerlichen für ihre Kredite hohe Zinsen bewilligt, so daß zusätzliches Geld in Umlauf kam, das in die landwirtschaftliche Produktion investiert werden konnte. Kein Bürgerlicher konnte fortan jedoch mehr Grundbesitzer werden, nicht einmal inoffiziell. Aus Angst davor, sein Land als Sicherheit anbieten zu müssen, dauerte es zwar lange, bis der Adel imstande war, die Vorteile dieser staatlichen Initiative zu nutzen. Doch blieb ihm auf Dauer keine andere Wahl, wenn er nicht als Gruppe untergehen wollte.

Als Gruppe untergehen bedeutet im wesentlichen den drohenden Verlust der engen Verflechtungen, wie sie zwischen Geburts- und Dienstadel bestanden. Ob Gutsbesitzer oder Staatsdiener – die männlichen Mitglieder des Adelsstandes bildeten einst eine exklusive Einkommensschicht auf höchstem Niveau. Die enge Verflechtung entsprach der Ständegesellschaft. Jeder Stand – Adlige, Bürgerliche und Bauern – hatte eine bestimmte gesellschaftliche Funktion zu erfüllen, der ein bestimmter Grad des Wohlstands (oder der Armut) entsprach. Im Laufe des Jahrhunderts ließ die Einbindung des Adels in die höchsten Einkommensgruppen nach, und eben darin bestand das Problem. Die Krise der Agrarwirtschaft führte dazu, daß die Besitzer kleiner Ländereien verarmten, während Bürgerliche das Monopol des Adels auf Grundbesitz durchbrachen und mit Adligen um die Ämter im Staatsdienst konkurrierten. Befördert auch durch den Ausbau des Bildungswesens und die Entstehung einer kaufmännischen Elite, waren die höchsten Einkommensgruppen nicht mehr allein vom Land- und Dienstadel besetzt. Die Geburt bot keine hinreichende Voraussetzung mehr dafür, daß Adlige so zu leben vermochten, wie es ihrem Stande entsprach.

Dennoch starb der Adel nicht aus. Nach den zwischen 1807 und 1813 erfolgten Reformen überlebte ein kleinerer, konsolidierter Adelsstand und gelangte im Laufe des 19. Jahrhunderts sogar zu neuer Blüte. Trotz des Verlustes einiger Standesrechte gegenüber der Bauernschaft blieb den Junkern die Kontrolle über die ländlichen Arbeitskräfte mehr als erhalten. Daran änderte auch die Abschaffung der Leibeigenschaft nichts, zumal eine mobile und lohnabhängige Bauernschaft, die im Anschluß an die Ernte wieder entlassen werden konnte, billiger als Leibeigene war, für deren Unterhalt ganzjährig gesorgt werden mußte. Durch den Aufkauf der Güter von verarmten Adligen, den sogenannten Kohljunkern, verfügte der Landadel des 19. Jahrhunderts auch häufig über mehr Land als zuvor. Der Kapitalmangel unter der kleinen Gruppe von Großgrundbesitzern ging auch dadurch zurück, daß die ehemaligen Leibeigenen nun, da sie ihre Arbeitskraft für Geld verkauften, bei den Gutsbesitzern einkaufen konnten. Schließlich beseitigten die Reformen ein weiteres Hindernis für das Überleben des Adels: Dessen männlicher, bislang häufig beschäftigungsloser Nachkommenschaft wurde fortan gestattet, bürgerliche Berufe auszuüben. Darüber hinaus hielt sich der Thron mit dem Verkauf neuer Adelstitel zurück. Um die Liquidität des Staates zu sichern, gaben die Hohenzollern, anders als die Habsburger, der Besteuerung des Volkes gegenüber dem Verkauf von Titeln den Vorzug.

Gleichzeitig stieg dank des neuerlichen und diesmal legalen Zustroms bürgerlichen Kapitals in die Landwirtschaft die Effizienz der Getreideproduktion. 1820 begann für die preußischen Großgrundbesitzer eine Ära des Wohlstandes, die ein halbes Jahrhundert andauern sollte. Als preußisches Getreide sich im letzten Drittel des 19. Jahrhunderts einer starken auswärtigen Konkurrenz gegenübersah, verlangten die Gutsbesitzer protektionistische Hilfsmaßnahmen von seiten des Staates, die sie nach Überwindung einiger Schwierigkeiten erhielten. Die ökonomischen und politischen Kosten ihres Sieges zu Lasten der modernen deutschen Entwicklung gehören zu einer Geschichte, die anderswo erzählt wird.

Für die Geschichte, die wir erzählen wollen, bleibt festzuhalten, daß das Vierteljahrhundert vor 1806 für den preußischen Adel eine höchst bewegte und entscheidende Zeit war. Zunehmend mehr Adlige strömten während dieser Zeit in die Stadt und sahen sich dort mit neuen Werten, neuen Ideen und neuen Freunden konfrontiert. Die geistigen und gesellschaftlichen Umwälzungen in der Stadt erhöhten die Wahrscheinlichkeit, zur jüdischen Salongesellschaft vorzudringen. Und auf eine verwickelte Art und Weise ebneten die finanziellen Sorgen der Adligen ihnen den Weg in die Salons, wo sie Gelegenheit hatten, heiratswillige jüdische Frauen zu treffen.

Die jüdische Gemeinde

Im letzten Viertel des 18. Jahrhunderts ähnelten sich die Gemeinschaft der Adligen und der Juden in Größe, luxuriösem Lebensstil und Heiratsmuster, was enge, persönliche Bindungen zwischen Adligen und Juden begünstigte. In Europa wurde die glänzende gesellschaftliche Stellung des Berliner Judentums mit Erstaunen registriert. 1801 schrieb Rahel Levin aus Paris an ihre Familie: »... ich versichere dich, ordentlich eine Art contenance giebt's einem auch hier, aus Berlin zu sein und Jude, wenigstens mir...«

Die Ähnlichkeiten zwischen den beiden Ständen, die sich im Laufe des Jahrhunderts herausbildeten, ermöglichten Freundschaften zwischen einzelnen Adligen und Juden, die sich später allerdings wieder auflösten. Beide

Gruppen waren sehr klein. Zwischen 1770 und 1800 lebten in Berlin rund 3500 Juden, das waren zwei Prozent der städtischen Gesamtbevölkerung. Der Anteil der Adligen lag ebenfalls bei ungefähr zwei Prozent. Daran änderte sich lange Zeit wenig, weil die Grenzen beider Gruppen dicht geschlossen waren. Die Nachfrage nach Adelstiteln war zwar groß, doch vergab Friedrich der Große Titel nur für besondere Verdienste oder als Gegenleistung für Einzahlungen in die königliche Schatzkammer. Anreize, den Adelsstand zu verlassen, fanden sich kaum, da die in Frage kommenden Berufe nur geringes gesellschaftliches Ansehen genossen oder wenig finanziellen Gewinn einbrachten. Es wollten also mehr Menschen in den Adelsstand eintreten als ihn verlassen.

Anders bei der jüdischen Gemeinde. Außer einigen Rückkonversionen von reumütigen Juden gab es damals nur wenige, die zum jüdischen Glauben übertraten. Statt dessen gab es Austritte aus der jüdischen Gemeinde. Diese Austritte häuften sich ziemlich plötzlich in den letzten drei Jahrzehnten des 18. Jahrhunderts, und zwar in den Kerngruppen der jüdischen Gemeinde, bei den Jungen, den Reichen und den Frauen. Doch vor dem 19. Jahrhundert verließen nur wenige Adlige und Juden ihre Gemeinschaften, um in eine andere einzutreten.

Beide Gruppen ähnelten sich auch darin, daß sie einen Großteil des Land- und Geldbesitzes in ihren Händen hielten. Zudem war bei reichen Juden und Adligen die Ansicht verbreitet, daß sie ökonomische und gesellschaftliche Vorteile davon hätten, wenn sie ihren Reichtum zur Schau stellten.

Sie waren davon überzeugt, daß man Ansehen und Beziehungen gewinnen würde, wenn man ein oder mehrere Stadtpalais besaß, festliche Abendgesellschaften gab und sich in Seide kleidete. Da sie reich waren, konnten sich adlige und jüdische Familien einen großen Haushalt leisten: Diener, Angestellte, ledige Verwandte, durchreisende Gelehrte, Hauslehrer und viele Kinder füllten die Palais Unter den Linden und an der Spandauer Straße. Hinzu kam, daß die Töchter schon im jugendlichen Alter heirateten, es also zu einer stattlichen Anzahl von Kindern bringen konnten. Unter den Adligen und Juden wurden Ehen deshalb so frühzeitig arrangiert, weil Heirat eine wichtige Voraussetzung war, Reichtum und Macht zu erhalten und zu vermehren. Zudem konnte die Jungfräulichkeit der Tochter garantiert und somit ihr Wert auf dem Heiratsmarkt gesteigert werden, wenn die Eheverhandlungen frühzeitig aufgenommen und eine Heirat in jungen Jahren in Aussicht gestellt wurde.

Ein Jahrhundert früher war es fast undenkbar gewesen, daß außer einigen ausgewählten Hofjuden auch andere Juden mit ihren Familien einen aristokratischen Lebensstil erreichen könnten. Der Pessimismus der Juden in Europa hatte seinen realen Grund, hatte sich doch seit dem Spätmittelalter die Lage des westeuropäischen Judentums drastisch verschlechtert. Im 13. und 14. Jahrhundert waren die Juden aus Frankreich, England, Spanien und Portugal ganz oder teilweise vertrieben worden, was eine Fluchtwelle nach Osten ausgelöst hatte. Polen wurde für viele Juden zum Zufluchtsland. Hier konnten sie als Gutsverwalter, als Getreide- und Viehhändler sowie als Gastwirte zu Wohlstand gelangen. Die wirtschaftlichen Aktivitäten der Juden waren hier stärker auf den Handel beschränkt als in Westeuropa. Da es keine Einwanderungsbeschränkung gab, erlebte Polen einen explosionsartigen Bevölkerungszuwachs.

Die Lage des mittel- und westeuropäischen Judentums verschlechterte sich im Spätmittelalter, besonders zwischen 1490 und 1570. In allen deutschsprachigen Gebieten häuften sich die Klagen von nichtjüdischen Handwerkern und Kaufleuten darüber, daß das jüdische Geschäftsgebaren ihnen die Lebensgrundlage entziehen oder streitig machen würde. Aber auch wenn Stadträte, Fürsten oder der Kaiser erwogen hätten, die niedergelassenen Juden zu vertreiben oder die Zuwanderung aus dem Westen aufzuhalten: Die Dezentralisierung war in den Ländern Mitteleuropas zu stark fortgeschritten, um eine Vertreibung im nationalen Rahmen durchführen zu können. Statt dessen wurde die Verbannung aus großen Städten, wo Handwerker und Händler die jüdische Konkurrenz fürchteten, zum typischen Verfahren in Mitteleuropa. Im 17. Jahrhundert waren deshalb Juden im deutschsprachigen Gebiet über eine größere Zahl von Kleinstädten verstreut als bisher. In den Dörfern befriedigten sie die Tauschbedürfnisse der ländlichen Umgebung und betätigten sich als Viehhändler, Händler, Hausierer, Geldwechsler, Geldverleiher und Gastwirte. Selten begegnete man ihnen in den Hofstädten. Wenn ein Fürst einen Kredit aufnehmen wollte, dann konnte er sich an die jüdischen Finanziers in den nahegelegenen Handelsstädten wenden oder an den kleinen Kreis von Juden, dem er gestattete, sich in der Nähe des Hofes niederzulassen. Die einzige große Handelsstadt, die eine dauerhafte Ansiedlung von Juden zuließ, war Frankfurt am Main. Aber auch hier drängten örtliche Gesetze die Juden aus dem Handwerksgewerbe hinaus und immer stärker in den Waren- und Geldhandel hinein.

Wo immer damals in Deutschland Juden lebten, wurden sie in der Wahl ihres Berufes und ihres Wohnsitzes stärker beschränkt und höher besteuert als in der Vergangenheit. Das mitteleuropäische Verfahren der örtlichen Verbannung wurde bis ins letzte Drittel des 17. Jahrhunderts angewendet, zuletzt 1670, als die jüdische Gemeinde aus Wien vertrieben wurde. Die Einladung des Großen Kurfürsten an einige der reichsten jüdischen Familien aus Wien, sich in Preußen niederzulassen, hob für Berlin das seit einem Jahrhundert bestehende Ansiedlungsverbot für Juden auf. Fast fünfhundert Jahre lang hatten Juden einst ununterbrochen im Kurfürstentum Brandenburg (der Provinz um Berlin) gelebt. Diese Ära der Toleranz endete im 16. Jahrhundert. 1446, 1501 und 1571 kam es zu gewalttätigen Aktionen gegen die Berliner Juden; zwei Juden wurden auf dem Scheiterhaufen verbrannt. Nach dem dritten Gewaltakt wurde die jüdische Gemeinde aus Berlin verbannt.

Friedrich Wilhelms Entscheidung, jüdische Familien aus Wien nach Preußen einzuladen, resultierte nicht aus einer judenfreundlichen Haltung; er und seine Nachfolger teilten sogar einen häufig und heftig zum Ausdruck gebrachten Haß gegen die Juden. Der Kurfürst war aber der festen Überzeugung, daß einige sorgfältig ausgewählte reiche Juden die Macht Preußens vermehren würden: Die Juden sollten die goldene Gans werden, die goldene Eier legt. Das war eine typisch preußische Entscheidung: Die preußischen Herrscher waren immer bereit, Konventionen über Bord zu werfen, wenn dies den Aufbau eines finanziell starken, militärisch erfolgreichen, autarken Staates förderte. Wie die hugenottischen Handwerker der preußischen Seidenproduktion zur Autarkie verhelfen sollten, so sollten die Wiener Finanziers flüssiges Kapital (und Auslandsbeziehungen) mitbringen, das nötig war, um die Armee auszustatten und zu ernähren, dem Hof Darlehen zu geben, neues Geld zu prägen und altes in Umlauf zu bringen sowie neue Manufakturen zu finanzieren.

Die preußische Entscheidung, so gewagt sie gewesen sein mag, war kein Einzelfall: Wien hieß Juden seit 1675 wieder willkommen. Als sich im 18. Jahrhundert die wirtschaftliche und politische Lage in Polen verschlechterte, setzte eine Auswanderungsbewegung in die entgegengesetzte Richtung ein. Mehr und mehr polnische Juden, darunter einige sehr reiche, suchten eine neue Heimat in den neuen aufstrebenden Staaten, die sich aus ihrem kleinstaatlichen Dasein zu lösen begannen. Einige polnische Juden gingen nach Preußen, und manche hatten das Glück, sich in Berlin niederlassen zu dürfen.

Berlin bot qualifizierten Juden viele Möglichkeiten. Es war die einzige deutsche Hofstadt, wo sich eine jüdische Gemeinde von beachtlicher Größe bilden durfte. Es gab dort kein ausgewiesenes Getto, die Wohnbeschränkungen waren minimal, und die wohlhabendsten Juden lebten im elegantesten Viertel der Stadt. Zudem entwickelte sich Berlin zum Zentrum des regionalen und überregionalen Handels und der Textilproduktion sowie zum Treffpunkt für Gebildete und Verleger. Nach und nach wurde ausgewählten Mitgliedern der jüdischen Gemeinde gestattet, was den meisten europäischen Juden im 18. Jahrhundert verwehrt worden war. Als Gegenleistung für ihre finanziellen Verdienste räumte Berlin einer kleinen Gruppe von Juden die Möglichkeit ein, enorme Geldmengen zu erwerben – die notwendige materielle Voraussetzung für ihre kulturelle und gesellschaftliche Integration.

Wegen dieser besonderen Möglichkeiten in Berlin hatten weitaus mehr Juden den Wunsch, dort zu leben, als zugelassen wurden. Auch in Berlin waren Juden Repressionen ausgesetzt; doch den Zeitgenossen stellte sich das anders dar. Zu einer Zeit und an einem Ort, wo jeder Untertan und nicht freier Bürger war, war der Grad der Repression schwierig zu ermessen. Es lag im Wesen einer Ständegesellschaft, daß religiöse und soziale Gemeinschaften verschieden hoch besteuert wurden und ihre Mitglieder nur in bestimmten Berufen arbeiten durften. Mit Gesetzeskraft wurde dies durchgesetzt. In diesem Kontext gesehen, war die Tatsache als solche, daß im 18. Jahrhundert in Preußen bestimmte Regeln und Verfahren für die jüdische Gemeinde entwickelt wurden, kein Ausdruck einer Diskriminierung. Auch die französischen und die böhmischen Kolonien waren spezifischen Bestimmungen unterworfen. Doch waren die Vorschriften, die Steuerbelastung und die beruflichen Beschränkungen, die der jüdischen Gemeinde auferlegt wurden, besonders rigide. Im Vergleich mit anderen Ständen, die ähnliche Absprachen mit der Krone hatten, zahlte die jüdische Gemeinde viel höhere Abgaben für das grundlegendste aller Rechte, nämlich vom König vor Verfolgung geschützt zu werden.

Die Situation der jüdischen Gemeinde war äußerst »anormal«. Die reichen Berliner Juden waren als Gruppe zu groß, um als Hofjuden bezeichnet zu werden. Doch teilten sie mit ihren Vorgängern im 17. Jahrhundert das Los der »mächtigen Sklaven«. Einige Berliner Juden gehörten zu den reichsten Männern Mitteleuropas. Wenn sie aber nicht das Glück hatten, von den gesetzlichen Vorschriften befreit zu werden, durften sie Berlin nur durch ein einziges Tor passieren, wo sie zudem noch Zoll bezahlen mußten. Moses Mendelssohn empfing seine berühmten Gäste unter den Augen von zwanzig Porzellanaffen: Sein intellektueller Ruhm hatte ihn nicht von der Zwangsabnahme dieser Affen aus der angeschlagenen Luxuswarenindustrie Friedrichs des Großen befreien können. Diese Affen waren so überbezahlt, daß man sie nicht weiterverkaufen konnte; sie waren ein Symbol für die privilegierte Machtlosigkeit der Gemeinde. Als mächtige Sklaven konnten die Berliner Juden aus ihrer »anormalen« Lage nur dadurch Vorteile ziehen, daß sie ihresgleichen überwachten. Gemeindeälteste suchten regelmäßig den Gasthof außerhalb der Stadttore auf und entschieden, welche wandernden Juden in die Stadt einziehen durften und für wie lange. Aber bevor ein Jude ein »mächtiger Sklave« werden konnte und als solcher dienen durfte, mußte das erste Hindernis überwunden werden, nämlich ein Niederlassungsrecht für Preußen zu erhalten. Das wurde im Laufe des 18. Jahrhunderts immer schwieriger. Friedrich Wilhelm I. (1713–1740) und Friedrich der Große beschränkten die wirtschaftlichen Möglichkeiten für Juden nach und nach und erhöhten die Steuern für die jüdische Gemeinde erheblich. Ab 1730 war es Juden in Preußen verboten, Kleinhandel zu betreiben, und schließlich wurde ihr möglicher Tätigkeitsbereich auf den Fernhandel mit Luxusgütern, auf die Heeresausstattung und die Münzprägung eingeschränkt. Die königliche Verordnung von 1750 führte zu weiteren Einschränkungen des jüdischen Lebens: Nur noch ein Sohn durfte sich in Preußen niederlassen, und der Handel wurde noch mehr begrenzt. Diese Reglementierungen hatten eine Konzentration der jüdischen Aktivitäten zur Folge und verschafften den Juden Vorteile über die nichtjüdischen Kaufleute. Juden durften neue Waren, wie Schokolade und Kaffee, importieren, was nichtjüdischen Kaufleuten verboten war, und sich im Außenhandel betätigen, wo sie Kontakte besaßen, von denen nichtjüdische Kaufleute ausgeschlossen waren. Zusammenfassend läßt sich feststellen, daß viele Rechte in der ersten Hälfte des 18. Jahrhunderts verlorengingen, aber dafür entschädigende Regelungen getroffen wurden.

Dem wirtschaftlichen Reglement, dem die jüdische Gemeinde unterworfen war, entsprach eine gleichermaßen komplexe rechtliche Hierarchie. An der Spitze standen Juden, die auf drei Arten geschützt waren. Ganz oben die »außerordentlich« geschützten Familien, deren Oberhäupter ein Generalprivileg besaßen, das ihnen und ihren Kindern die gleichen Wohn-und Arbeitsrechte einräumte wie den nichtjüdischen Kaufleuten. Unter Friedrich dem Großen gab es etwa hundert Familien mit Generalprivileg. Auf der nächsten Stufe standen die dreiundsechzig »gewöhnlich« geschützten Juden und ihre Familien. Die dritte Gruppe von privilegierten jüdischen Familien stellten zweihundertunddrei geschützte Juden dar, die weniger Privilegien besaßen als die »gewöhnlich« geschützten Juden. Insgesamt umfaßten die drei Gruppen von geschützten Familien ungefähr vierhundert Juden.

Unterhalb der geschützten Juden standen drei Gruppen von ungeschützten Juden: die Gemeindebediensteten, die »geduldeten« Juden und die Hausangestellten. Zu den Bediensteten gehörten Rabbiner, koschere Metzger, Friedhofswärter und Religionslehrer, die keine Schutzbriefe besaßen, sondern nur Aufenthaltsgenehmigungen, die nicht auf ihre Kinder übertragbar waren. Die »geduldeten« Juden waren oft die zweit- und drittgeborenen Kinder der geschützten Juden oder Kinder von Gemeindebediensteten. Die dritte Gruppe ungeschützter Juden bildeten die Hausangestellten. Sie durften nicht heiraten, und ihre Aufenthaltsgenehmigung endete mit ihrer Anstellung. Da die entsprechenden Quellen darüber wenig Auskunft geben, kann man die rechtliche Hierarchisierung der Gemeinde nur schwer mit ihrer ökonomischen Gliederung in Beziehung setzen.

Auch die Struktur der Gemeinde läßt sich wegen der nahezu unüberschaubaren Beschränkungen, die vor allem Eheschließung und Nachkommenschaft regelten, nur schwer rekonstruieren. Von diesen Beschränkungen waren Altersstruktur, Familiengröße und wahrscheinlich auch das Geschlechterverhältnis stark betroffen. Um die Sozialstruktur der Gemeinde skizzieren zu können, muß man zuallererst die Zahl der männlichen Erwachsenen schätzen, deren wirtschaftliche Aktivität die gesellschaftliche Position der Familien festlegte. Wenn wir davon ausgehen, daß alle männlichen Erwachsenen eine Familie versorgten und die jüdische Familie der Durchschnittsfamilie des 18. Jahrhunderts mit fünf Personen entsprach, dann kann man – bei einer durchschnittlichen Bevölkerungsgröße von 3535 zwischen 1770 und 1779 – mit siebenhundert erwachsenen Männern rechnen. Die beiden veröffentlichten Schätzungen über die Anzahl jüdischer Familien in Berlin liegen etwas niedriger, da sie mehr als fünf Personen pro Familie annehmen. Ein Historiker ging von sechshundert jüdischen Familien in der Stadt aus, andere von ungefähr vierhundertfünfzig. Nimmt man die sechshundert Familien als Basis, dann würden die dreihundert bis vierhundert reichen Schutzjuden mit ihren Familien die Hälfte der Gemeinde ausmachen. Geht man von vierhundertfünfzig Familien aus, läge ihr Anteil sogar bei zwei Drittel.

Die Entstehung einer solch großen Elite war unvermeidlich, bedenkt man, daß die Zusammensetzung der Juden, die sich in Berlin niederlassen durften, der streng eingehaltenen Vorschrift des Königs entsprach, nämlich möglichst viele wichtige wirtschaftliche Dienstleistungen von möglichst wenigen ortsansässigen Juden ausführen zu lassen. Zur jüdischen Gemeinde in Berlin zählten vergleichsweise viele Finanziers, die die hohen Steuern bezahlen und noch reicher werden konnten. Dementsprechend eng waren die Verflechtungen zwischen den Schutzjuden und den reichen Juden, was nicht erstaunlich ist, da manche »Freiheiten« nur denen gewährt wurden, die dafür bezahlen konnten.

Im Vergleich mit der Sozialstruktur der nichtjüdischen Bevölkerung gab es in Berlin viele reiche Juden. Die nichtjüdische Oberschicht in Berlin stellte nicht mehr als ein Zehntel der Bevölkerung. Auch im Vergleich mit der Sozialstruktur der preußischen Juden insgesamt war die Elite der jüdischen Gemeinde in Berlin außergewöhnlich groß. Im Jahre 1800 war nur ein winziger Prozentsatz der preußischen Juden Bankiers, Finanziers und Unternehmer. Außerdem war die Oberschicht in anderen deutschen Städten mit reichen jüdischen Gemeinden nirgendwo so groß wie in Berlin. In Hamburg, der größten jüdischen Gemeinde, waren nur sechs Prozent der Gemeinde wohlhabend, in Frankfurt am Main höchstens zehn Prozent. In London, Paris und Amsterdam lebten reiche jüdische Finanziers, aber in keiner dieser drei Städte hatten die reichen Juden eine so starke zahlenmäßige Übermacht innerhalb der Gemeinde wie in Berlin, weil in allen drei Städten der Anteil der armen Juden besonders groß war. Im Osten, im nordwestlichen Teil Polens, das zwischen 1792 und 1807 zu Preußen gehörte, gab es keine großen Städte, und die Mehrzahl der jüdischen Männer dort waren arme Hausierer.

Doch die reichen Juden in Berlin hätten ihre Geschäfte mit Anleihen, Lieferungen, Verkäufen und Investitionen ohne die Hilfe der armen Juden in den kleinen Orten im Osten nicht erfolgreich durchführen können. Wirtschaftshistoriker und auch Antisemiten haben hervorgehoben, daß die Kooperation zwischen den jüdischen Finanziers aus verschiedenen europäischen Hauptstädten eine wichtige Voraussetzung für den damaligen finanziellen Erfolg der Juden war. Selten wurde erwähnt, daß diese internationalen Beziehungen ein integraler Bestandteil der jüdischen Sozialstruktur waren. Pfandleiher, Hausierer, Höker, kleine Geldmakler und Geldverleiher im Osten brachten die abgewerteten Münzen in Umlauf, kauften Rohstoffe und verkauften Waren auf Kommission für die reichen Juden in Berlin. Sie waren dadurch für den wirtschaftlichen Erfolg der Berliner Juden von entscheidender Bedeutung. In Berlin gab es deshalb so viele reiche Juden, weil die preußischen Herrscher vom Handel der reichen jüdischen Finanziers zu profitieren hofften und die armen Juden aus der Stadt fernhielten.

Obwohl es der jüdischen Elite erlaubt war, dem Staat zu dienen, agierte sie doch in einem Klima, das einer finanziellen und industriellen Entwicklung abträglich war. Historiker haben bezweifelt, daß Kaufleute, gleich welchen Glaubens, einen bedeutenden Beitrag zur industriellen Entwicklung Preußens geleistet haben. Dabei muß man in Betracht ziehen, daß die Nöte der Kaufleute vor allem durch Zwänge, die außerhalb ihrer Kontrolle lagen, ausgelöst wurden. Preußen konnte keine Industrie aufbauen, solange das Landwirtschaftssystem feudal und die Standesgrenzen gesetzlich geschützt waren. Ein rigider, den preußischen Verhältnissen schlecht angepaßter Merkantilismus kam erschwerend hinzu. Daß ein schwacher kommerzieller Sektor den kapitalhungrigen Adel häufig mit Handelsgewinnen fütterte, löste einen gefährlichen Kreislauf aus. Der Import von ausländischen Fertigprodukten war verboten, und Investitionen in der heimischen Luxusgüterindustrie galten als schlechte Anlagen. Öffentliche Banken, in denen öffentliche Gelder zirkulieren konnten, gab es nicht. Es war auch nicht ratsam, Bargeld anzuhäufen, weil periodische Geldabwertungen zu einer Dauerinflation führten.

Berliner Kaufleute machten Geld, indem sie Rohstoffe an Handwerker verkauften, die Armee versorgten und Fernhandel betrieben. Aber ihre Gewinne landeten oft in adligen Händen, weil sie illegal adlige Ländereien aufkauften, Pfandbriefe auf adligen Besitz erwarben, verschwenderischen Adligen in der Stadt hohe private Kredite gaben oder eine großzügige Mitgift für ihre Töchter zahlten, wenn diese von Adligen geheiratet wurden.

Trotz dieser eher düsteren Fakten gibt es positive Interpretationen hinsichtlich der Rolle der Berliner Kaufleute, ob diese nun Juden waren oder nicht. Eine Einschätzung verlegt sogar die Anfänge der industriellen Revolution in Preußen in diese Ära. Der Handel mit und die Produktion von Gütern für die Armee brachten den französischen und jüdischen Unternehmern während des Siebenjährigen Krieges so große Gewinne, daß Privatbanken aus Handelsunternehmen hervorgingen, die die Kredite und Investitionen organisierten. Die neue, 1803 eröffnete Börse bestätigt, wie notwendig die organisierte und öffentliche Koordination von Investitionen war. Neue Manufakturen wurden gegründet, die Gebrauchsgüter wie Wolle, Kriegsausrüstung, Münzen und Zucker oder Luxusartikel wie Bänder, Samt, Seide und Porzellan herstellten. Auch wenn einige Banken und Luxusgütermanufakturen die ersten Jahrzehnte des 19. Jahrhunderts nicht überlebten, so hinterließen sie doch ein beträchtliches Erbe: qualifizierte Facharbeiter, beschleunigter Warenumschlag, neue Techniken und eine große Kapitalakkumulation.

Wie man das institutionelle Klima einschätzen soll, in dem Berliner Kaufleute arbeiteten, hängt davon ab, welchen Stellenwert man der Produktion und Distribution von Luxusgütern für die Entstehung des modernen Kapitalismus einräumt. Jüdische Kaufleute spielten eine zentrale Rolle im Berliner Luxusgüter-Handel; die Hauptabnehmer von Luxusartikeln waren adlige Mitglieder der Hofgesellschaft und reiche Kaufleute. In einer Zeit, in der es riskant war, in Manufakturen zu investieren, war es ökonomisch sinnvoll, Gemälde, Schmuck und Edelsteine zu kaufen. Diese Geldanlage war gerade für Bürger, die auf legalem Wege kein Land erwerben konnten, am sichersten.

Natürlich waren nicht alle Berliner Kaufleute Juden. Die meisten erfolgreichen nichtjüdischen Kaufleute kamen aus hugenottischen und slawischen Immigrantenfamilien. Einige nichtjüdische Kaufleute handelten mit Edelmetallen. Doch sie wurden durch keine staatliche Verordnung auf Münzprägung verwiesen, und dadurch fehlte ihnen der Anreiz, sich auf den Fernhandel mit Gold und Silber zu konzentrieren. Der Silberhandel und die Münzprägung spielten eine zentrale Rolle beim ökonomischen Aufstieg Preußens. Die rasche Entwicklung der kommerziellen Wirtschaft in Europa hatte zu einem Silbermangel geführt. Die jüdischen Münzpräger waren zu unverzichtbaren Lieferanten des Metalls geworden. Den nichtjüdischen Kaufleuten fehlten auch die internationalen Beziehungen der Juden, die für den Handel mit Metallen und Münzen wichtig waren. Wenn jüdische Finanziers Familienbanken eröffneten, um die Gewinne aus der Münzprägung und dem Luxushandel zirkulieren zu lassen, dann taten sie der Krone und dem Adel damit einen Dienst. Ihre »privaten« Banken erfüllten noch bis in die ersten Jahrzehnte des 19. Jahrhunderts eine wichtige Funktion in Berlin. Nur wenige nichtjüdische Kaufmannsfamilien gründeten Banken, und die neue königliche Bank verfügte über zu wenig Kapital, um einflußreich zu werden. Im Verlauf des Jahrhunderts gerieten immer mehr Adlige in Geldnot, und folglich stieg von 1770 an die Zahl der Privatkredite, die jüdische Bankiers den verarmten Adligen gewährten. Da die Bankiers und Kaufleute ihre Büros zu Hause hatten und das Vergnügen an Luxusartikeln mit ihren Geschäftspartnern teilten, gestalteten sich die persönlichen Kontakte würdevoller und intimer.

Die damalige Rolle der jüdischen Stellvertreterbourgeoisie zeigt, wie stark die Macht des städtischen Handelskapitals durch die feudalen Strukturen begrenzt wurde. Im vorindustriellen Rahmen funktionierte die kleine Kaufmannsschicht eher wie eine geschlossene Kaste innerhalb des Adelsstandes, so daß von ihr keine Impulse für Industrialisierung oder soziale Umstrukturierung ausgehen konnten. Es ist zutreffend, vom kastenähnlichen Charakter der Kaufmannselite im Feudalismus zu sprechen, zumindest was Berlin anbetrifft. Denn sowohl die nichtjüdischen als auch die jüdischen Kaufleute waren durch einen breiten sozialen Graben von anderen gleicher Einkommensstufe getrennt, vor allem von Landbesitzern oder Beamten, aber auch von den unteren Schichten innerhalb ihrer eigenen Glaubensgemeinschaft. Darüber hinaus war die Kluft, die nichtjüdische und jüdische Kaufleute – bedingt durch Sprache, Familiengröße und Lebensstil – voneinander trennte, genauso tief und breit wie die zwischen den Kaufmannseliten und den unteren Schichten.

Friedrich der Große hatte seine Vorstellungen durchgesetzt: Kaufleute beider Glaubensrichtungen ließen Kapital zirkulieren, ohne daß dadurch die Standesgrenzen tangiert wurden. Die reichen Kaufleute verursachten keine radikale Transformation der im wesentlichen starren Sozialstruktur. Trotz der absolutistischen und merkantilistischen Zwänge zahlte sich die Entscheidung, Juden im Land aufzunehmen, für die preußische Entwicklung aus. Indem sie Münzen prägten und in Umlauf brachten, das Heer mit Uniformen und Lebensmitteln versorgten, Adligen Kredite zu hohen Zinssätzen gewährten und örtliche Handwerker mit Rohmaterialien belieferten, förderten die reichen Juden Preußens die kommerzielle Entwicklung und taten sich dabei selbst einen guten Dienst.

Das Hauptparadoxon im jüdischen Leben während des letzten Viertels des 18. Jahrhunderts war, daß die kulturelle und soziale Integration trotz der entwürdigenden und starken rechtlichen Beschränkungen rasch voranschritt. Der damalige jüdische Wohlstand ist weit weniger erstaunlich als die kulturelle Anpassung und soziale Integration, die durch diesen Reichtum überhaupt erst möglich wurden. Juden durften nur deshalb in Berlin leben, weil sie bestimmte ökonomische Funktionen übernahmen. Doch um spezifische Entwicklungen zu erklären, um eine Antwort auf die Fragen zu finden, warum reiche Mitglieder der jüdischen Gemeinde in Berlin Bücher auf deutsch schrieben, ihre Töchter Henriette nannten und Fürsten zum Tee einluden, müssen wir mehr über das Leben in Berlin erfahren.

3

Die männlichen Intellektuellen

Friedrich Schlegel

1785 kam der einundzwanzigjährige Friedrich Gentz nach Berlin, um Karriere in der preußischen Verwaltung zu machen. Sein Vater, ein angesehener Staatsbeamter, war in Breslau Verwalter einer Münzprägerei; seine Mutter stammte aus einer führenden Berliner Hugenottenfamilie. Ihr Sohn Friedrich hatte Jura an der Universität in Frankfurt an der Oder studiert und seine Studien in Königsberg fortgesetzt. Die Stelle, die den jungen Gentz nach Berlin zog, war die eines Privatsekretärs, mit zweihundert Talern Jahreslohn. Sein Gehalt und seine gesellschaftliche Position sollten sich im Laufe des Jahres verbessern, denn allmählich bahnte sich Gentz einen Weg in die wichtigsten Kreise der feinsten Berliner Gesellschaft. Glücklicherweise hatte er einige einflußreiche Gönner. Immanuel Kant, Gentz' Lehrer in Königsberg, verhalf ihm zu einer Korrektorenstelle, die sein mageres Einkommen aufbesserte. 1788 riet Christian Garve, ein vielgelesener Breslauer Autor und Freund der Familie Gentz, seinem Freund Wilhelm von Humboldt, den jungen Gentz in Berlin aufzusuchen. Die beiden verstanden sich sofort blendend. Hinzu stieß Humboldts Freund, der Diplomat Gustav von Brinkmann. Schon im nächsten Jahrzehnt hatte Gentz den Sprung in die Berliner Gesellschaft geschafft. Er vergnügte sich in den jüdischen Salons, verbrachte viele Stunden mit seinem Freund Prinz Louis Ferdinand im Café »Stadt Paris«, saß oft am Spieltisch und ging in die eleganten Berliner Bordelle. Ein solches Leben kostete viel Geld, und Gentz, der geheiratet hatte und noch immer weniger als achthundert Taler im Jahr verdiente, verschuldete sich hoch. Sein Gehalt besserte er mit Honoraren aus Veröffentlichungen auf, denn er war inzwischen ein eifriger Autor von antinapoleonischen politischen Abhandlungen geworden. Schließlich stellte er seine Talente als Publizist in den Dienst der österreichischen Monarchie, die ihm dafür mit einem schönen Titel und einem ausreichenden Gehalt dankte.

Im Jahre 1800 traf Friedrich Buchholz, ein zweiunddreißigjähriger Lehrer aus der Provinz, in Berlin ein. Buchholz, 1768 als Sohn eines Pfarrers in Altruppin geboren, wollte dem gesellschaftlichen Stand seines Vaters entkommen, doch das Leben machte es ihm nicht leicht. Er schrieb sich an der Universität in Halle ein, aber die Armut zwang den damals Einundzwanzigjährigen zur Aufgabe des Studiums. Daraufhin ließ sich Buchholz in Brandenburg nieder, wo er zwölf Jahre lang adlige Studenten an der örtlichen Ritterakademie unterrichtete. Dafür erhielt er zweihundert Taler im Jahr, nicht genug, um seine Familie zu ernähren. Er haßte seine Arbeit, fand die Studenten arrogant. 1800 gab er seine Lehrerstelle auf und zog mit seiner großen Familie nach Berlin in der Hoffnung, dort Beamter zu werden. Buchholz wollte seine Chancen verbessern und widmete sein erstes Buch (1800 veröffentlicht) dem Generaladjutanten des Königs, Herrn von Köckritz. Aber trotz dieser unterwürfigen Geste hatte Buchholz wenig Glück bei seiner Stellensuche und mußte seine Familie als freier Journalist und Herausgeber ernähren. Er klagte, daß er das Leben eines »obskuren Wesens« führe. Er habe nur wenig Interesse, mit den Reichen und Berühmten freundschaftlich zu verkehren, die nur die eine Frage an gelehrte Gäste stellen würden: ob er schon »hier oder dort gespeist habe«. Gleichzeitig machten es ihm die materiellen Umstände offensichtlich schwer, auf die Fürsprache der Einflußreichen gänzlich zu verzichten, wie die Widmung seines Buches an den Generaladjutanten zeigt. Aber trotz aller seiner Anstrengungen erhielt Buchholz nie eine Beamtenstelle. Obwohl ihm seine Schriften weder Vermögen noch Ruhm einbrachten, noch Zutritt zur feinen Gesellschaft verschafften, schrieb Buchholz weiter. Als er 1848 starb, hatte er über ein Dutzend Bücher geschrieben und viele wichtige, wenn auch kurzlebige Zeitungen herausgegeben.

Wie es der Zufall wollte, standen Gentz und Buchholz in unterschiedlichen politischen Lagern: Buchholz verteidigte Napoleon, Gentz opponierte gegen ihn. Aber ihre politischen Standpunkte, ihre Herkunft und ihre Erfahrungen auf dem Stellenmarkt in Berlin sind für uns hier nicht wichtig. Wichtig ist die Tatsache, daß Männer, denen lediglich die Hoffnung auf einen Posten im Staatsdienst und auf intellektuelle Anerkennung gemeinsam war, Berlin zur Stadt wählten, wo sie ihre Träume verwirklichen wollten. Wer waren diese Männer und wie erging es ihnen, als sie nach Berlin kamen? Wenn wir das wissen, können wir uns der Frage zuwenden, welche Männer in die jüdischen Salons strömten und – was noch wichtiger ist – warum sie es taten.

Die Männer, deren Geschichte hier nacherzählt wird, wählten Berlin, um dort Karriere als Intellektuelle zu machen, zu einer Zeit, als das Geistesleben in Deutschland eine neue Blütezeit erlebte und die Möglichkeit für sozialen Aufstieg bot. Während Deutschlands politische Uneinigkeit und überkommene Gesellschaftsstruktur Verzweiflung auslöste, spendete die Literatur Trost. Lessing, Mendelssohn, Schiller, Fichte, Herder, Kant, die Gebrüder Schlegel und Humboldt schrieben wichtige Bücher, die Europas Geistesgeschichte veränderten. Ihre Bücher wurden von einer rasch anwachsenden Öffentlichkeit immer häufiger gekauft, wodurch viele deutsche Intellektuelle in die Lage versetzt wurden, erniedrigende Posten am Hof oder im Staatsdienst ablehnen zu können. Darüber hinaus versammelten sich Autoren und Leser in Lese- und Debattiergesellschaften, wo eine öffentliche Meinung ohne Rücksicht auf Fürsten, Staatsbeamte, Wissenschaftsakademie, Universitäten und Verleger formuliert werden konnte.

Die Statistik zeigt, wie schnell sich das Geistesleben in Deutschland während der letzten Jahrzehnte des 18. Jahrhunderts ausbreitete. Die Zahl der Autoren verdreifachte sich von knapp unter 3000 im Jahr 1760 auf über 10000 im Jahre 1800. Die Anzahl der Zeitschriften und Buchveröffentlichungen verdoppelte sich; die Zahl der Buchhandlungen stieg von einhunderteins auf vierhundertdreiundsiebzig. Weniger Bücher wurden in Latein geschrieben, und die theologischen und gelehrten Themen wurden seltener. Romane kamen in Mode. Allein zwischen 1780 und 1790 wurden jährlich dreihundert Romane veröffentlicht. Diese Expansion der lesenden Öffentlichkeit wurde zur literarischen Revolution erklärt.

Mit Statistiken allein ist dieser Revolution nicht beizukommen, denn während der letzten Jahrzehnte des 18. Jahrhunderts verbesserte sich auch der Status der intellektuellen Institutionen und der publizierenden Intellektuellen beträchtlich. Zum ersten Mal in der deutschen Geschichte genossen die Literaten gesellschaftliches Ansehen. Neue Universitäten wie zum Beispiel in Göttingen zogen adlige Studenten an, die wiederum das Prestige der dort lehrenden Professoren hoben. Intellektuelle, die als Lehrer und Pfarrer in der beruflichen Hierarchie niedriger standen, erwarben ein neues Selbstbewußtsein in ihrem Beruf. Wie die Professoren entwickelten sie Ausbildungspläne, Qualifikationsrichtlinien und Gehaltsregelungen für ihre Berufe. Die soziale Zusammensetzung der intellektuellen Kreise veränderte sich ebenfalls gewaltig, weil immer mehr Eltern aus der Unter- und unteren Mittelschicht es sich leisten konnten, ihre Söhne die soziale Stufenleiter erklimmen zu lassen. Stipendien für örtliche Lateinschulen und Universitäten sowie Aushilfsstellen als Hofmeister oder Lehrer konnten einen begabten Sohn über Wasser halten, bis er einen »Ruf« von einer staatlichen oder akademischen Einrichtung erhielt.

Aber wenn sich auch die Zahl der Intellektuellen vergrößerte, ihr gesellschaftliches Ansehen wuchs und einige von ihnen auf der Bühne des Geisteslebens Erfolg hatten, so scheiterten doch viele bei dem Versuch, ihrer Herkunftsschicht dadurch zu entkommen, daß sie Kopfarbeiter wurden. Zeitgenossen malten das Phantom eines akademischen Proletariats an die Wand, und manche Historiker sprechen von einem allgemeinen Überangebot an Intellektuellen. Doch die Zahl der Intellektuellen war von Stadt zu Stadt verschieden, weil jede deutsche Stadt ihnen andere Berufsperspektiven bot *(s. Abb. 1)**. Die Entwicklung um 1806, als die Bevölkerungszahl der Handelsstädte sank oder nur geringfügig anstieg, während die Hofstädte aufblühten, beeinflußte die Intellektuellen bei der Wahl ihres Wohnortes. Um viele Intellektuelle an sich zu binden, mußte eine Stadt vielfältige Einrichtungen besitzen, von denen jene Löhne, Tantiemen oder Jahresgehälter beziehen konnten. Handelsstädte schnitten in diesem Wettbewerb schlecht ab, so zum Beispiel Frankfurt am Main und Hamburg, die zwar wichtige Verlagszentren waren, aber eben nur über diese Art von Institutionen für Intellektuelle verfügten. Aber auch eine Universitätsstadt wie Göttingen mußte noch andere adäquate Stellen für Gebildete bereithalten, wenn sie eine intellektuelle Hochburg werden und Intellektuelle aus der Provinz heranlocken wollte. Dies gelang der Universitätsstadt Leipzig, die den Mittelpunkt des gesamten deutschen Verlagswesens im 18. Jahrhundert darstellte.

Im Wettbewerb der deutschen Städte um intellektuellen Ruhm war Berlin, bis 1810 ohne Universität und bis 1780 ohne ein bedeutendes Verlagswesen, ein Spätling. Unterstützung vom Hof zu erhalten war schwer. Die preußischen Junker auf ihren ländlichen Gütern und die preußischen Könige hielten nichts von Kulturförderung. Friedrich Wilhelm I. (1713–1740) war ein Pfennigfuchser, und sein Sohn, Friedrich der Große, der Millionen von Talern für Architektur, Kunst und Musik ausgab, verspürte nur Abscheu für Intellektuelle, die in deutscher Sprache schrieben. Selbstverständlich finanzierte der preußische Staat einige Institutionen für Intellektuelle. Denn sogar preußische Kö-

* Abbildungen s. S. 279 ff

nige meinten, daß ein gewisser intellektueller Glanz für den Aufbau eines dynamischen Staates notwendig sei.

Dennoch war Berlin im Jahr 1806 die Stadt mit den meisten Intellektuellen in Deutschland. Welche Institutionen gab es in Berlin, an denen Intellektuelle eine Anstellung finden konnten, wie sahen ihre gesellschaftlichen Aufstiegsmöglichkeiten aus? Oder bestand ein institutionelles Vakuum, das die Salons ausfüllten? Hatten Berlins Intellektuelle gemeinsame, von ähnlichen Mobilitätsmustern herrührende soziale Bedürfnisse, die nur durch die Salons gestillt werden konnten?

Sozialer Aufstieg

Diese Fragen lassen sich beantworten, weil Berlins Intellektuelle Dokumente hinterlassen haben, aus denen wir ihre beruflichen Karrieren rekonstruieren können. Schon allein die Existenz dieser Quellen sagt etwas aus über die Arbeitsbedingungen der Intellektuellen. Da Deutschland keine intellektuelle Hauptstadt hatte und die Einrichtungen, in denen Intellektuelle ihr Geld verdienten, so breitgefächert waren, bestand unter den Intellektuellen ein Bedarf an biographischen Lexika, mit deren Hilfe sie ihre unbekannten Kollegen in fernen Städten ausfindig machen konnten. Und da Höflinge wie Intellektuelle zwar geographisch weit verstreut, aber sehr standesbewußt waren, schossen diese Lexika – ähnlich den Büchern über wichtige Persönlichkeiten am Hof – im 18. Jahrhundert förmlich aus dem Boden. Dabei konnte man zwischen den unterschiedlichsten Ausführungen seine Wahl treffen: Es gab das mehrbändige, ausführliche Lexikon ›Das gelehrte

Teutschland‹ von Hamberger und Meusel, während andere nur eine Auswahl boten und von Autoren geschrieben waren, die es vorzogen, anonym zu bleiben, weil sie viele Kollegen beleidigten; manche widmeten sich schwerpunktmäßig den Intellektuellen in akademischen Berufen, und die von Abbé Denina herausgegebenen, französisch geschriebenen Lexika informierten speziell über die höfischen Intellektuellen.

Zusätzliche Informationen über die Intellektuellen erhielt ich aus Biographien, Memoiren, Briefen und Literaturgeschichten, denen ich die Namen von dreihundertsechsundachtzig männlichen Intellektuellen entnahm, die zwischen 1780 und 1806, der Blütezeit der Salons, mindestens zwei Jahre lang in Berlin gelebt hatten.

Näherungswerte sind in diesem Zusammenhang aber nicht immer auszuschließen. Die Berufe der Väter sind zum Beispiel entscheidend, um die Mobilität der Intellektuellen zu messen. Wir kennen aber die Berufe nur von den Vätern, deren Söhne damals so berühmt waren, daß ihre Lebensgeschichte für wert befunden wurde, in biographische Lexika aufgenommen zu werden. Verallgemeinerungen müssen deshalb häufig auf der Grundlage dieser nicht repräsentativen Untergruppe angestellt werden. Die Berufe der Intellektuellen zu identifizieren und zu klassifizieren war ebenfalls schwierig, denn intellektuelle Arbeit war damals oft Teilzeitarbeit, und somit finden sich für einen Autor oft mehrere Berufsbezeichnungen. In solchen Fällen wurde der Beruf gewählt, der um 1800 vorwiegend ausgeübt wurde. Grobe Gehaltsangaben aus anderen Quellen habe ich benutzt, um die Hauptbeschäftigung der Intellektuellen und einiger ihrer Väter entweder der unteren, mittleren oder oberen Einkommensgruppe zuordnen zu können.

Aus welchem Stand die Intellektuellen kamen, war leichter herauszufinden. Ein »von« wies natürlich auf adlige Herkunft hin. Ob sie Juden waren, erkennt man meist an ihrem Namen; auch werden Juden in den Quellen als solche bezeichnet; alle übrigen werden dort Bürger genannt. Weder die Erhebung in den Adelsstand noch Konversion wurde berücksichtigt, denn sonst wäre diese ganze Untersuchung zwecklos. Nur so ließ sich bestimmen, ob die Untersuchten ihre Position in der Einkommenshierarchie dadurch veränderten, daß sie Intellektuelle wurden.

Es ist nicht überraschend, daß die Berliner Intelligenz sowohl durch Einkommensverteilung als auch durch Standeszusammensetzung eine privilegierte Gruppe im Vergleich zur übrigen Berliner Einwohnerschaft war. Fünfzehn Prozent der Intelligenz, aber nicht mehr als zwei Prozent der übrigen Stadtbevölkerung, waren adlig *(s. Abb. 2)*. Die jüdische Gemeinde war genauso klein wie der Adelsstand, aber im Gegensatz zu den Adligen stellten die jüdischen Männer kaum mehr als vier Prozent aller Intellektuellen. Wenn man die bezahlten intellektuellen Tätigkeiten nach den festgelegten Einkommensgruppen ordnet, ergibt sich folgendes Bild: Wer mehr als sechshundert Taler im Jahr verdiente, gehörte zur oberen Einkommensstufe, wer zwischen hundertfünfzig und sechshundert Talern verdiente, zur mittleren, und wer unter einhundertfünfzig Talern verdiente, zur unteren Einkommensstufe. Die hauptsächlich ausgeübten Berufe der Intellektuellen in der oberen Einkommensstufe waren die von Staatsbeamten und Professoren, in der mittleren jene von Pfarrern, Lehrern und Autoren; die Intellektuellen mit den niedrigsten Einkommen waren Hofmeister und Studenten. Die Hälfte der Intellektuellen gehörte der oberen Einkommensstufe an, über ein Drittel der mittleren und bloß fünf Prozent der unteren *(s. Abb. 2)*.

Uns fehlt eine genaue Aufgliederung der damaligen Berliner Sozialstruktur, die hingegen für andere mitteleuropäische Städte existiert. In vergleichbaren Städten gehörten nur zehn Prozent der Gesamteinwohnerschaft der oberen Einkommensschicht an, ein Drittel bis zwei Fünftel der mittleren und mindestens die Hälfte der unteren. Wenn man diese Klassifizierung als Grundlage nimmt, war die Berliner Intelligenz im 18. Jahrhundert fünfmal so oft in der oberen Einkommensschicht, etwas mehr in der mittleren und viel weniger in der unteren vertreten als die Bevölkerung in vergleichbaren deutschen Städten. Obwohl zweifellos viele Berliner Intellektuelle mit ihrem Los unzufrieden waren, war die Intelligenz insgesamt eine relativ privilegierte Gruppe.

Bei den jüdischen und bürgerlichen Intellektuellen entsprach die berufliche Zusammensetzung in etwa jener der Intelligenz. Nur die Hälfte der jüdischen und bürgerlichen Intellektuellen übte Berufe der oberen Einkommensstufen aus und weniger als zehn Prozent solche der unteren; rund zwei Fünftel der jüdischen und bürgerlichen Intellektuellen hatten Berufe in der mittleren Einkommensstufe *(s. Abb. 3)*. Man kann also sagen, daß die Religionszugehörigkeit der Intellektuellen im allgemeinen keine Auswirkung auf ihre gesellschaftliche Position hatte. Neun von zehn adligen Intellektuellen übten Berufe der oberen Einkommensgruppe aus. Daß das unterste Ende der beruflichen Hierarchie der Intellektuellen äußerst gering besetzt ist, resultiert zum Teil aus dem sehr schematischen Klassifizierungsmodell. Da wir keine individuellen Gehaltsangaben besitzen, wurden alle Pfarrer, Lehrer, Schreiber und Autoren der mittleren Einkommensstufe zugeordnet, obwohl sicherlich einige weniger als einhundertfünfzig Taler im Jahr verdienten. Doch ist es unwahrscheinlich, daß mehr als fünfzehn Prozent der Intelligenz zur unteren Einkommensstufe gehörten.

Faszinierend ist die Gegenüberstellung von Intellektuellen, die an der Spitze der Standeshierarchie standen, mit denen an der Spitze der Einkommenshierarchie. Wie bei der Berliner Einwohnerschaft war auch bei der Intelligenz die Einkommenspyramide weit weniger steil als die Standespyramide. Nur fünfzehn Prozent der Intellektuellen waren adlig, aber fast zwei Fünftel hatten Berufe der oberen Einkommensstufe. Die Vermutung liegt nahe, daß die einhundertneunundvierzig Intellektuellen, die Berufe in der oberen Einkommensstufe ausübten und nicht adlig waren, Schwierigkeiten mit ihrem Status hatten. Als Beamte und Professoren hatten sie viel geleistet und wurden manchmal auch entsprechend entlohnt, aber ohne »von« blieben ihnen die Türen verschlossen. Doch Statusprobleme, die durch den Neid der Adligen ausgelöst wurden, waren nicht die einzigen Schwierigkeiten. Wenn Intellektuelle es geschafft hatten, in Berlin Fuß zu fassen und die Einkommenshierarchie zu erklimmen, hatten sie sich von ihren Familien und Freunden geographisch und sozial isoliert. Ein Vergleich zwischen den Berufen der Söhne und der Väter zeigt, daß die Hälfte der Intellektuellen in der oberen Einkommensstufe aus kleineren Verhältnissen stammte. Über die Hälfte der Intellektuellen arbeitete in Berufen der oberen Einkommensklasse, während nur zwei Fünftel ihrer Väter ebenso gutbezahlte Stellen hatten. Der tatsächliche soziale Aufstieg von Intellektuellen war zweifellos noch größer. Da wir die Berufe nur von den Vätern kennen, deren Söhne damals schon bekannte Größen waren (ein Drittel der Väter), wissen wir nichts über den Aufstieg der unbekannten Intellektuellen, und vielleicht war gerade ihr Aufstieg rasant. Aber die Mobilität, die hier dargestellt wurde, ist bedeutend. Damit wir sehen, wie dieser soziale Aufstieg verlief, müssen wir die Statistik verlassen und die Berufe der Berliner Intellektuellen untersuchen.

Berufe

Knapp ein Drittel der dreihundertsechsundachtzig Berliner Intellektuellen arbeitete in intellektuellen Institutionen der Stadt. Diese Entwicklung war verhältnismäßig neu. Seit langem konnten sich Intellektuelle in Deutschland ihren Lebensunterhalt als Beamte oder in Berufen mit weniger Prestige, wie Pfarrer, Schreiber, Kaufmann, verdienen, wobei wahrscheinlich Universitätsausbildung eine Voraussetzung war, um diese Stellen zu bekommen. Als der allgemeine Lebensstandard und die Bildungsmöglichkeiten stiegen und das Lesepublikum zunahm, entstanden neue Berufe für Intellektuelle, in denen intellektuelle Arbeit als solche bezahlt wurde. Wie attraktiv diese Arbeiten waren, hing von der sozialen Herkunft der Intellektuellen ab. Äußerst selten boten diese Institutionen gute Verdienstmöglichkeiten. Lehrer, Hofmeister, freie Journalisten und Buchhändler verdienten selten mehr als sechshundert Taler im Jahr. Professoren, die am besten bezahlten und angesehensten Beschäftigten innerhalb der Bildungseinrichtungen, bezogen ein etwas höheres Gehalt. Doch nur wenige Adlige fanden eine Anstellung in diesen Institutionen *(s. Abb. 4)*. Da diese Einrichtungen neu waren, könnte man vermuten, daß Intellektuelle aus Außenseiterkreisen leichtere Einstiegschancen hatten. Aber das war nicht der Fall, zumindest nicht für jüdische Intellektuelle. Der Professoren-Beruf hatte den höchsten Anteil intellektueller Aufsteiger *(s. Abb. 5)*. Fast zwei Drittel der Professoren (von denen wir die Berufe der Väter kennen) hatten Väter aus mittleren oder sogar unteren Einkommensstufen. Es gab zweiundfünfzig Professoren in Berlin, von denen fast die Hälfte in einer intellektuellen Institution der Stadt arbeitete.

Natürlich stellt sich die Frage, wieso so viele Professoren in Berlin, das keine Universität besaß, lebten. Zum Teil läßt sich dieses Phänomen damit erklären, daß Deutschlands Intellektuelle eine geographisch sehr mobile Gruppe waren. Professoren von anderen Universitäten statteten Berlin in diesen sechsundzwanzig Jahren ausgedehnte Besuche ab, weshalb sie in den biographischen Lexika auftauchen. Wichtiger noch ist, daß der Titel Professor nicht mit Universitätsprofessor gleichgesetzt werden darf. Professoren gab es an den beiden königlichen Akademien, an den Ritterakademien oder an Gymnasien. Auch konnte der Professorentitel – wie im Fall von Markus Herz – den Intellektuellen von der Krone verliehen werden, weil sie Privatvorlesungen in ihren eigenen Häusern hielten.

Die Anzahl und Vielfalt solcher Vorlesungen war beeindruckend. Im Jahr 1786 wurden einundzwanzig Privatvorlesungen angeboten. A. W. Schlegel las 1804 über Ästhetik; Johann Gottlieb Fichte hielt im Winter 1806 seine berühmten Vorlesungen, in denen er einem preußischen Patriotismus das Wort redete. Einige Vorlesungen wurden von Mitgliedern der königlichen Familie besucht sowie von gebildeten nichtjüdischen Damen und jüdischen Herren. Für einige Vorlesungsreihen mußte man ein Abonnement kaufen, für andere eine Eintrittskarte. Wenn zu viele Hörer kamen, wurde die Vorlesung in größere Privathäuser verlegt, manchmal sogar in den Hörsaal der Akademie der Wissenschaften.

Wenn ein Intellektueller in die königliche Akademie gewählt wurde, konnte diese mächtige Institution dem Glücklichen enormes geistiges und gesellschaftliches Prestige verleihen. Gerade weil Akademiker von so großem Ruhm umgeben waren und die Monarchie uneingeschränkte Kontrolle über sie hatte, war die Berufungspolitik der königlichen Akademie Anlaß für Skandale und Intrigen.

Bis 1786 wurden Akademiker häufig aus Frankreich geholt, und Veröffentlichungen waren in französisch geschrieben. Friedrich der Große hatte die deutsche Sprache nie richtig beherrscht, und er war davon überzeugt, daß Deutsch keine adäquate Literatur- und Wissenschaftssprache sein könne. Das zeigt auch das Beispiel von Moses Mendelssohn, der 1763 den Preis für die beste Abhandlung vor Immanuel Kant gewann. Friedrich der Große, der den Umgang mit nichtjüdischen deutschen Intellektuellen vermied, hatte erst recht Probleme mit den jüdischen Intellektuellen. So legte er Widerspruch gegen die Wahl Moses

Mendelssohns zum Mitglied der Akademie ein, obwohl Mendelssohn in zwei unabhängigen Wahlgängen einstimmig von den Akademiemitgliedern gewählt worden war. Es half auch nichts, daß berühmte Geistesgrößen sich beim König beschwerten. Mendelssohn mußte sich mit einer nachträglichen Einladung auf das Potsdamer Schloß begnügen. Das zeitgenössische Bild von Daniel Chodowiecki – Moses Mendelssohn, der glaubte, vom König persönlich empfangen zu werden, übergibt einem hünenhaften Wachtposten sein Einladungsschreiben – stellt die schwierige Position von Mendelssohn treffend dar.

Aufgrund des Prestiges der königlichen Akademie der Wissenschaften und ihrer Erfolge bei der Förderung wichtiger Forschungsprojekte in den Naturwissenschaften fragten sich prominente Zeitgenossen, ob es überhaupt Sinn hätte, die dahinsiechenden preußischen Universitäten zu beleben. Weitere Konkurrenten der Universitäten waren unabhängige Ausbildungszentren wie das Collegium Medico-Chirurgium, die führende medizinische Schule in Deutschland, deren Studenten und Professoren die modernste technische Ausrüstung zur Verfügung stand.

Berliner Professoren arbeiteten auch an Gymnasien und Ritterakademien, welche nur eine vorübergehende Erscheinung im Bildungssystem waren. Die beiden Ritterakademien in Berlin wurden 1765 und 1791 gegründet. Als sich die Krise in der Landwirtschaft verschärfte, benötigten immer mehr junge preußische Adlige eine gründliche Ausbildung, um im harten Wettbewerb um Beamtenposten bestehen zu können. Weder die Erziehungsinhalte noch die Zusammensetzung der Schüler an den weiterführenden öffentlichen Schulen hielten die adligen Eltern für angemessen. An den Ritterakademien konnten die Adligen reiten und duellieren sowie – neben einer gründlichen intellektuellen Ausbildung – die Umgangsformen der feinen Gesellschaft lernen. Es waren die ersten Schulen, die moderne Sprachen, Rhetorik und Geschichte lehrten, Fächer, die man an den meisten Universitäten nicht belegen konnte, weil diese am mittelalterlichen Lehrplan festhielten.

Der allmähliche Niedergang der Ritterakademien im frühen 19. Jahrhundert resultierte unter anderem aus ihrer Unfähigkeit, sich dieses Monopol auf moderne Fächer zu sichern. Angeführt von Göttingen, nahmen die deutschen Universitäten die neuen Fächer in ihren Lehrplan auf. Darüber hinaus war eine Universitätsausbildung für viele junge Adlige, die einen hohen Beamtenposten anstrebten, unumgänglich.

Die Tatsache, daß vielen Gymnasiallehrern der Professorentitel verliehen wurde, weist bereits auf den hohen Stellenwert dieser Schulen im 18. Jahrhundert in der Hierarchie der intellektuellen Institutionen hin. Einige Gymnasien sollen ein höheres Niveau gehabt haben als manche Universitäten. Erst später, in den ersten Jahrzehnten des 19. Jahrhunderts, wurde eine klare Trennungslinie zwischen diesen beiden Lehranstalten gezogen. Damals setzten sich die Universitätsreformer, allen voran Wilhelm von Humboldt, mit ihrer Ansicht durch, daß am Gymnasium ausschließlich Knaben unterrichtet werden sollten; die moderne Universität dagegen sollte Forschung, wie sie von der Akademie der Wissenschaft und den berufsbildenden Einrichtungen angeboten wurde, mit einem modernen Lehrplan verbinden, der an den ursprünglich in den Ritterakademien entworfenen anschloß. Im frühen 19. Jahrhundert hatten die Reformer sich durchgesetzt: Forschung wurde zur Hauptaufgabe der Universitätsprofessoren, und wer sich als Professor in Preußen qualifizieren wollte, wer Berufung und spätere Beförderung anstrebte, der mußte nun Publikationen vorweisen. Der Ruf zum Universitätsprofessor wurde preußischen Professoren als Anerkennung für Forschung und Publikationstätigkeit zuteil. Die direkte Bezahlung der Professoren durch die Studenten machte einen erheblichen Teil ihres Einkommens aus. Die Stelle eines Universitätsprofessors bot einen weiteren, entscheidenden Vorteil: Der Status der adligen

Studenten, die vermehrt in die Universitäten drängten, übertrug sich auf ihre weniger hochgeborenen Lehrer.

Nicht allen Intellektuellen im Lehrbereich erging es so gut wie den Professoren. Der Lehrerberuf an Grund- und weiterführenden Schulen war unpopulär, da ohne intellektuelle Herausforderung und finanziellen Vorteil. Über die Berufe ihrer Väter und ihre Auf- oder Abstiegsmuster gibt es nur wenig Informationen, da sie in den biographischen Lexika mangels Bekanntheit nicht verzeichnet sind. Sicher ist jedoch, daß Lehrer nicht jünger waren als der Durchschnittsintellektuelle *(s. Abb. 6)*. Deshalb ist es unwahrscheinlich, daß der Lehrerberuf ein Sprungbrett für viele Berliner Intellektuelle gewesen ist, die höher hinaus wollten.

Hofmeister waren für gewöhnlich in einer vorteilhafteren Position, obwohl sie schlechter verdienten. Da sie jung waren – 1800 waren zwei Drittel der Hofmeister unter dreißig Jahren –, war ihre Armut wahrscheinlich nur vorübergehend. Der Hofmeister war eine für das 18. Jahrhundert typische Figur gewesen, die nun allmählich verschwand. Adlige oder reiche bürgerliche Familien stellten Hofmeister ein, weil sie ihre Kinder nicht mit den Schülern an öffentlichen Schulen zusammenbringen wollten. Einige Hofmeister gaben auch gegen Bezahlung stundenweise Unterricht, zum Beispiel Schülern, die sich auf das Gymnasium vorbereiteten, oder verheirateten bildungsbeflissenen jungen Frauen. Manche Hofmeister lebten in den Häusern ihrer Arbeitgeber und überwachten die Erziehung der Söhne, manchmal auch der Töchter, für einen Lohn, der nur geringfügig über dem Lohn der Dienerschaft lag; die Hofmeister klagten oft darüber, daß ihnen nicht mehr Respekt entgegengebracht wurde als den Dienern. Doch erwies sich ihre Stellung manchmal als Schlüsselposition, wenn ihre Arbeitgeber sie empfahlen. Manche Hofmeister hatten dank ihrer Stellung Beziehungen zu Berliner Intellektuellen und waren für die Entstehung der Salons von entscheidender Bedeutung. Zu den Treffen bei berühmten bürgerlichen Intellektuellen nahmen sie ihre jungen adligen Schüler mit, wo diese mit den neuesten Ideen vertraut wurden. Ihre Eltern, besonders die Mütter, sehnten sich oft selbst nach diesen Verbindungen. Die Abkapselung der Adligen vom städtischen Leben und der öffentlichen Erziehung hatte zur Folge, daß Adlige, die geistige Anregung suchten, sich häufig einige soziale Stufen tiefer begeben mußten. Zusammenfassend läßt sich sagen, daß es fähigen Hofmeistern zu verdanken war, daß adlige Familien Zugang zu einem ihnen fremden gesellschaftlichen Terrain fanden.

Viele Professoren, Lehrer und Hofmeister waren darauf angewiesen, ihr Gehalt durch Honorare aus Veröffentlichungen aufzubessern. Andererseits lebten nur vierundzwanzig Intellektuelle, also sieben Prozent der Berliner Intelligenz, ausschließlich von ihrer Arbeit auf dem literarischen Markt als freie Schriftsteller, Journalisten, Herausgeber, Verleger und Buchhändler *(s. Abb. 7)*. Zum ersten Mal gelang es einer kleinen Gruppe von Intellektuellen, als freischaffende Autoren zu überleben. Aber es war schwierig. Ab 1770 beklagten sich die Autoren darüber, daß die Verleger und Buchhändler zu hohe Gewinne erzielten, daß die Buchhändler dreißig bis vierzig Prozent am Buch verdienten, während sich Kaufleute in anderen Branchen mit zehn Prozent zufriedengaben. So planten einige Autoren Eigenverlage, doch waren diese Projekte wegen Kapitalmangel zum Scheitern verurteilt. Freie Schriftsteller mußten mit Übersetzungen und redaktionellen Arbeiten ihre Honorare aufbessern, um ihre Familien ernähren zu können; ihre Frauen und älteren Kinder mußten als Abschreiber mitverdienen. Zwei Drittel dieser freischaffenden Intellektuellen hatten Väter mit niedrigem Einkommen *(s. Abb. 5)*. Innerhalb der Intelligenz stellten sie die zweitjüngste Berufsgruppe *(s. Abb. 6)*. Man kann also davon ausgehen, daß einige dieser freischaffenden Intellektuellen aufgestiegen und Professoren und Beamte geworden sind.

Im 18. Jahrhundert waren Verleger und Buchhändler oft

ein und dieselbe Person. Sie konnten den verärgerten Autoren selbstbewußt entgegnen, ihre Profite seien angemessen in diesem höchst unsicheren Gewerbe. Aus der Sicht der Verleger kletterten die Papierpreise und die Honorarzahlungen pro Seite in astronomische Höhen. Die steigenden Seitenhonorare gestatteten einer kleinen Gruppe von Autoren, ausschließlich von ihren Einkünften aus Veröffentlichungen zu leben. Die steigenden Kosten trieben die Buchpreise nach oben, und da es in Deutschland, aufgrund seiner politischen Zersplitterung, kein Copyright-Gesetz wie in England und in Frankreich gab, kam es zu einer starken Verbreitung von Raubdrucken. Die Profite aus Raubdrucken betrugen bis zu dreihundert Prozent, und so wurden die Autoren und die rechtmäßigen Verleger um viel Geld betrogen.

Wer als Intellektueller in Deutschland wirkliches Prestige genoß, dem mußte das Leben eines Professors, Lehrers, Hofmeisters oder gar freien Schriftstellers wenig verlockend erscheinen. Gewiß, manche Professoren verdienten so viel wie Angehörige der oberen Einkommensstufe. Aber ob sie ähnlich wie die Hofmeister auch gesellschaftlich mit ihren adligen Schülern und deren Eltern verkehrten, hing davon ab, bei wem sie unterrichteten. Auch die Lehrer und Autoren träumten wahrscheinlich von einer besseren Position. Aber wo sollten sie in Berlin, das keine Universität hatte, Karriere machen? Es stiegen nur sehr wenige Intellektuelle die Berufshierarchie hinauf, wenn sie Sekretär oder Pfarrer wurden. Kein Intellektueller wollte Kaufmann werden. Zwar verdienten Kaufleute oft sehr viel Geld, aber der Kaufmannsgeist war unter den deutschen Dichtern und Denkern nicht geschätzt. Die adligen Intellektuellen hielten sich aus rechtlichen und traditionellen Gründen vom Geschäftsleben fern.

Die Beamtenlaufbahn war das große Ziel von vielen Intellektuellen in Berlin. Als Beamter in der Armee, der Diplomatie, der Verwaltung und im Rechtswesen konnte man gut verdienen, und man hatte zudem privilegierten

Zugang zu adligen Kollegen. Als die Bürokratie mehr Macht über die Staatspolitik errang, bot sie eine doppelte Chance: Man konnte am politischen Fortschritt mitarbeiten und dabei genug verdienen für einen angemessenen Lebensstil. Ein Drittel der Berliner Intelligenz waren Staatsbeamte in einer der vier Behörden; Beamter war also der häufigste Beruf von Intellektuellen. Daß so viele Adlige Beamte waren, mag die Hauptursache dafür gewesen sein, daß das Beamtentum von Glanz umgeben war. Beamter war der Beruf mit dem höchsten Ansehen, und er ließ auch einen großen Anteil von Aufsteigern zu. Ein Drittel der Beamten stammte aus unteren und mittleren Einkommensschichten – kein Wunder, daß so viele diesen Weg gehen wollten. Nicht jeder Anwärter auf einen Beamtenposten schaffte es, aber da genügend Emporkömmlinge Erfolg hatten, gaben sie den Träumen der anderen ständig Nahrung.

Wir erhalten damit eine Antwort auf die Frage, wieso Berlin in der Ära der Salons mehr Intellektuellen eine Heimat bieten konnte als jede andere deutsche Stadt, obwohl die Patronage vom Hof gering war, es keine Universität gab und das Verlagswesen sich nur mühsam entwickelte. Die Antwort lautet: Die großen intellektuellen Einrichtungen waren nicht notwendig, solange es einen Verwaltungsapparat und intellektuelle Übergangsinstitutionen gab. Nur ein Drittel der Intelligenz arbeitete in intellektuellen Institutionen jeglicher Art. So blieb die alte deutsche Tradition, daß man außerhalb des Berufes geistig kreativ arbeitete, weiterhin wichtig. Da die Hälfte dieser Kopfarbeiter hohe Beamte waren und Beamtenstellen gut bezahlt wurden, hohes Ansehen genossen und für Emporkömmlinge zugänglich waren, wirkte Berlins Bürokratie wie ein Magnet auch auf publizierende Autoren.

Berlin hatte zwar keinen solchen Hof wie Weimar, keine Universität wie Göttingen, keine Verlagshäuser wie Leipzig, doch die Vorlesungsreihen, die Hofmeisterstellen, die Gymnasien, die königliche Akademie der Wissenschaft und die Ritterakademien zogen die Intellektuellen in die Stadt. Offensichtlich konnten sie in einer Stadt, die genügend Übergangseinrichtungen in Lehre und Forschung besaß, Arbeit finden und ihre geistigen Fähigkeiten auf die eine oder andere Art verkaufen. Jüngere Intellektuelle besetzten häufiger die Posten in der mittleren Einkommensschicht als ältere. Ob es diesen jüngeren Männern später gelang aufzusteigen und Professor oder Beamter zu werden, ist bis heute nicht geklärt. Wie immer sich die Sozialstruktur der Berliner Intelligenz in der Zukunft verändert haben mag, feststeht, daß es nur sehr wenige Intellektuelle in der unteren Einkommensschicht am Ende des 18. Jahrhunderts gab. Ein intellektuelles Proletariat von Bedeutung existierte nicht. Doch blieben viele Intellektuelle, auch wenn sie publizierten, in Berufen der mittleren Einkommensstufe stecken, ein Indiz dafür, daß die Mobilität blockiert war. Wie wir noch sehen werden, war es für die Entstehung der Salons von entscheidender Bedeutung, daß adlige Intellektuelle, die von der Krise in der Landwirtschaft nach Berlin getrieben wurden, auf der Suche nach Bildung und Beamtenposten, unter den Intellektuellen überrepräsentiert waren.

So erhellend Zahlen auch sein mögen, sie können nicht erklären, was es für adlige Beamte und mittellose Hofmeister bedeutet hat, der Berliner Intelligenz anzugehören. Gemeinsam war den dreihundertsechsundachtzig Intellektuellen nur ihre Erfahrung, allein am Schreibtisch zu sitzen, die Feder zu spitzen und sie über teures Papier zu führen. Um uns ihr Leben besser vorstellen zu können, dürfen wir sie nicht länger als eine anonyme Gruppierung betrachten, die nur der gemeinsame Wille zu publizieren verband. Wir müssen uns kleinere, intimere Kreise ansehen, deren Mitglieder sich einem gemeinsamen Ziel verbunden fühlten.

4
Freizeitbeschäftigungen, Kulturangebote und die Entstehung der Salons

August Wilhelm Schlegel

K. W. Brumbey, Pfarrer, der siebzehn Jahre alt war, als Friedrich der Große König wurde, erinnert sich, daß Berlin im Jahr 1740 kein Schauspiel hatte, und »es gab keine öffentlichen Versammlungsorte für den Gebildeten. Die Einwohner fast aller Klassen waren entweder auf ihre Häuslichkeit beschränkt, oder suchten Erholung in Bierhäusern, wo die Bildung wenig zu finden war«. Als Friedrich der Große 1786 starb, war das öffentliche Leben viel breiter und vielfältiger geworden. Wer Zeit, Lust und die passende Garderobe hatte, promenierte im neuangelegten Tiergarten oder auf dem Pariser Platz, am Ende der Hauptstraße Unter den Linden. Die Berliner strömten auf den Markt gegenüber dem Rathaus, wo Zuckerbäcker ihre Meisterwerke anboten. Die Eintrittskarten für die Vorstellungen von Pantomimen, Zauberkünstlern und Possenreißern auf dem zweimal jährlich stattfindenden Jahrmarkt waren schnell ausverkauft. Parkettplätze im neuen Opernhaus kosteten nur einen Groschen. Dort fanden in der Karnevalszeit wilde Maskenbälle statt, wohin jeder, der sich ein Kostüm leisten konnte, gehen durfte; aber nur den Adligen war es erlaubt, rote Kostüme zu tragen. Alle drei Wochen drehte sich im Rathaus das Glücksrad. In Cafés traf man sich zum Plaudern und Billardspielen. Tanzsäle gab es, und einige waren direkt mit einem Bordell verbunden. Ins Vauxhall, das Bordell der Madame Schuwitz, gingen die Männer der besseren Gesellschaft. Unter den Vauxhall-Begeisterten waren auch zwei berühmte Salongäste, Wilhelm von Humboldt und Gustav von Brinkmann. In einem Brief an Brinkmann vom November 1790 bedauert Wilhelm von Humboldt, daß Brinkmann nicht dabei war, als er und Friedrich Gentz wieder einen ihrer nächtlichen Ausflüge ins Vauxhall unternahmen. Humboldt fand: »Das Ameublement ist prächtig, der Punch und alles was man nimmt, sehr schön. Das macht, daß man ganz vergißt in welchem Hause man ist, und zusammen spricht, eben als wäre man bei sich.«

Exklusivere Vergnügungsmöglichkeiten standen nur der höfischen Gesellschaft offen oder Personen, die durch ein Privileg zu diesen Kreisen zugelassen waren. Feste, Empfänge und Konzerte fanden in den königlichen Palästen statt sowie Jagd- und Picknick-Ausflüge in und um Berlin.

Einem anderen Kreis, der Vergnügen an gelehrten und gewitzten Debatten fand, hatte Berlin öffentliche Vorlesungen an der königlichen Akademie, private Vorlesungsreihen in den Häusern berühmter Gelehrter sowie Debattierclubs und Lesegesellschaften zu bieten.

In den letzten Jahren der Herrschaft Friedrichs des Großen tauchte ein vierter Freizeitort in Berlin auf: die Salons. Die Salons hatten sofort ein breitergefächertes Publikum und pflegten einen neuen, lockeren Stil, anders als bei den kommerziellen und höfischen Veranstaltungen oder in den intellektuellen Vereinen. Die Zwanglosigkeit dieser buntgemischten Gesellschaft und der intime Charakter gaben den Salons einen besonderen Reiz. Auch wenn sich die Salons gesellschaftlich immer weiter von den kommerziellen, höfischen oder intellektuellen Freizeiteinrichtungen entfernten, die auf ihre Weise dazu beigetragen hatten, daß sich Berliner aus verschiedenen Ständen und Berufen austauschen konnten, waren sie ursprünglich doch aus diesen drei Bereichen hervorgegangen.

Die höfische Freizeitgestaltung war wichtig für die Entstehung der Salons, denn der Hof gab überall den Ton an. Wichtig war deshalb, daß nach und nach höfische Veranstaltungen auch anderen Kreisen zugänglich wurden. In den Kneipen, Theatern und Kaffeehäusern gab es einen regen, wenn auch nicht intimen Austausch zwischen den Ständen. In den intellektuellen Vereinen, deren Mitglieder sich regelmäßig trafen, um über Bücher und Ideen zu diskutieren, konnten sich engere Beziehungen zwischen

Männern verschiedener Herkunft und aus unterschiedlichen Berufen entwickeln. Diese Vereine schlossen meistens Frauen, Intellektuelle der mittleren Einkommensstufe und Juden aus. Obwohl diese drei Bereiche Kontakte über die sozialen Schranken hinweg förderten, verhinderten ihre Struktur und ihre soziale Zusammensetzung die Entstehung einer Gesellschaft, die heterogen war und trotzdem intimen Charakter hatte. Geselligkeiten am Hof waren ausschließlich dem alteingesessenen Adel zugänglich. Für die öffentlichen Veranstaltungen des Hofes mußte man teure Eintrittskarten kaufen oder einen hohen Posten bekleiden.

Die kommerziellen Freizeiteinrichtungen standen zwar jedem offen, aber dort verkehrte das Publikum nur sehr oberflächlich miteinander. Die intellektuellen Vereine ermöglichten zwar durch ihren kleineren Rahmen ein näheres Kennenlernen, aber sie wurden hauptsächlich von älteren, gutsituierten, nichtjüdischen Männern frequentiert. Erst ab 1780, als die Salons zu den Freizeitangeboten Berlins hinzukamen, wurden die Kontakte über die sozialen Schranken hinaus vertieft und erweitert.

Die höfische Gesellschaft

Im 17. und 18. Jahrhundert erfüllte die königliche Residenz eine private und öffentliche Funktion. Die Höfe waren der private Wohnsitz der Monarchen und ihrer Familien; für die Untertanen waren sie Symbol des Staates. Die Privatangelegenheiten der Hofadligen waren insofern öffentlich, als ihre Gesellschaften, ihre Garderobe und ihre Liebesverhältnisse Gesprächsstoff weit über das Schloß hinaus boten; der Lebensstil am Hof war für die ganze Gesellschaft tonangebend. Für die kleine Gruppe Adliger, die nicht im Schloß wohnte, gründeten und finanzierten die Höfe Theater, Opern und Museen.

Während des 18. Jahrhunderts alternierte der Lebensstil an den preußischen Höfen zwischen dekadent und asketisch. Der dekadente Stil hatte für die Wirtschaft negative Folgen, doch positive für die Kultur; die asketische Herrschaft brachte die Wirtschaft zum Blühen, aber die Kultur fast zum Erliegen. Im 17. Jahrhundert konzentrierte sich der Große Kurfürst Friedrich Wilhelm auf die Besiedlung preußischer Territorien und den Aufbau einer Armee; er vernachlässigte die Kultur völlig. Sein Sohn Friedrich I. (1688–1713) widmete sich dagegen dem Pomp und der höfischen Zeremonie. Er war es, der dem preußischen Herzogtum königlichen Status verlieh. Seine hochgebildete Frau, Königin Sophie Charlotte, war mit dem Philosophen Gottfried Wilhelm Leibniz befreundet; beide entwarfen die Pläne für die königlichen Akademien der Wissenschaft und der Künste. Bestrebt, sein Idol, Ludwig XIV. von Frankreich, nachzuahmen, übernahm Friedrich I. die Schutzherrschaft über die beiden Akademien. In seinem Eifer, mit dem Sonnenkönig gleichzuziehen, gab er sehr viel Geld aus: Die Kosten für Gemälde, Silber, teure Möbel und neue Schlösser in Charlottenburg und Potsdam trieben das Königreich an den Rand des Ruins.

Friedrichs Sohn, Friedrich Wilhelm I. (1713–1740), wandte sich von der frankophilen Förderung der Wissenschaften und Künste ab, weil er darin keine Stärkung der preußischen Macht sah. Er setzte auf Sparsamkeit und militärische Disziplin und ließ die schwachen preußischen Universitäten und die eben erst ins Leben gerufenen königlichen Akademien der Wissenschaft und der Künste verkümmern. Seine einzige – aber kostspielige – Leidenschaft war sein zweitausend Soldaten starkes Heer, für das er große Männer rekrutieren und aus allen Winkeln nicht nur seines Landes verschleppen ließ. Aber seine Anstrengungen, die Vorliebe des Adels für alles Gesellige, Städtische und Französische zurückzudrängen, waren nicht von Erfolg gekrönt. 1733 stimmte er der Berufung eines Zeremonienmeisters zu, der den Winter über zweimal wöchentlich Veranstaltungen im Schloß vorbereitete. Der Hof bot auch vierundzwanzig adligen Familien seine Gastfreundschaft an, denen es in ihren Häusern an angemessenen Räumlichkeiten für Veranstaltungen im großen Stil fehlte.

Friedrich Wilhelms Sohn, Friedrich der Große (Friedrich II.), liebte die französische Kultur. Als er 1740 König wurde, belebte er die Institutionen, die die französische Kultur förderten. Die königliche Akademie der Wissenschaft wurde reorganisiert und ihr Glanz durch die Berufung von berühmten französischen Gelehrten aufpoliert; Architekten und Handwerker wurden mit dem Bau der Potsdamer Schlösser in französischem Stil und des Opernhauses Unter den Linden beauftragt. Friedrich II. engagierte Musiker zur Unterhaltung der Intellektuellen, welche er oft einlud und von denen einige seine Gastfreundschaft am Hof über Monate, ja sogar Jahre genossen. Auch war es ihm ein kleines Vermögen wert, Barberina, Star des italienischen Balletts, nach Berlin zu holen. Dennoch gedieh unter seiner Herrschaft der Ausbau kultureller Freizeitangebote nicht. Weder in Potsdam noch in den Stadtschlössern der königlichen Familie entwickelte sich eine lebendige höfische Geselligkeit, vor allem deshalb nicht, weil Friedrich II. ein Frauenverächter war – die Frauen aber für die Herausbildung einer feinen Gesellschaft unentbehrlich waren. Er verabscheute protzigen Luxus und sah in einer großen Hofhaltung nur eine unnötige Ausgabenquelle. Seine Knauserigkeit erstickte die höfische Geselligkeit und drosselte den Imitationsdrang. Friedrich gab seinen männlichen Tafelgästen, seinem Feldbett und seinen geliebten Hunden im Potsdamer Schloß von Sanssouci den Vorrang vor Empfängen und Festen in der Stadt.

Sein Nachfolger war sein Neffe Friedrich Wilhelm II. Er

herrschte nur von 1786 bis 1797, das Jahrzehnt der Französischen Revolution und der Blüte der Salons. Friedrich Wilhelm II. war als König weder beliebt noch erfolgreich. Er schlief in den Tag hinein, befaßte sich mit obskuren, mystischen Kulten, besuchte Bordelle und hielt sich eine Mätresse nach der anderen, statt Politik zu machen. Der Hof Friedrich Wilhelms II. ähnelte in Stil und Lebensführung dem Versailles aus früherer Epoche oder – bleibt man in Preußen – dem Hof Friedrichs I. Ehrgeizige und intrigante Mätressen und Höflinge wetteiferten um die Gunst des Königs. Für Tanz und allerlei Unterhaltungen auf dem Schloß wurden Unsummen ausgegeben. Der willensschwache König geriet unter den Einfluß einer politisch konservativen mystischen Sekte von Freimaurern, »der Rosenkreuzler«, die den deistischen Rationalismus der Berliner Aufklärung bekämpften und 1798 ein Edikt lancierten, das unter anderem die Schriften aufgeklärter Intellektueller und sogar die Predigten aufgeklärter Priester der Zensur unterwarf. Die sexuelle Freizügigkeit unter Friedrich Wilhelm II. ging nicht mit geistiger Freiheit einher, sondern mit religiöser Intoleranz.

Doch veränderte sich auch manches zum Besseren. Die vielen verwirrenden Beschränkungen des jüdischen Lebens nahmen erheblich ab. Fortschrittliche Beamte überzeugten den König davon, daß der rigide Merkantilismus seines Vorgängers Produktion und Handel hemme. 1794 wurde das preußische Gesetzbuch abgeschlossen, das zwar die bestehenden fundamentalen Ungleichheiten der Ständestruktur nicht antastete, doch den Prozeßverlauf reibungsloser gestaltete und aufgeklärte Großzügigkeit zum Beispiel gegenüber scheidungswilligen Frauen sowie gegenüber Bauern auf den Ländereien der königlichen Familie zeigte. Schließlich wurde es der königlichen Akademie der Wissenschaft vom König gestattet, dem steigenden intellektuellen Ansehen der einheimischen Intelligenz Rechnung zu tragen. Deutsch war von nun an die Sprache, in der Vorlesungen gehalten und Schriften der Akademie geschrieben wurden, und die Zahl der deutschen Akademiker wurde erheblich erhöht.

Der letzte preußische König in der Zeit der Salons war Friedrich Wilhelm III., verheiratet mit seiner Cousine Luise von Mecklenburg. Er bestieg 1797 den Thron. Das Paar veränderte den Stil des preußischen Hofes – ein weiteres Mal, aber nicht im Sinne einer Rückkehr zur strengen und asketischen Lebensführung Friedrichs des Großen. Gewiß, auch Friedrich Wilhelm III. beteiligte sich an den Strafaktionen gegenüber den Mätressen seines Vorgängers und ließ ihnen ihre Titel, Paläste und Pfründe wegnehmen. Doch anders als Friedrich der Große konzentrierte sich das sittliche Empfinden des Königspaares auf Fragen der Moral, der Haushaltsführung und der Kindererziehung. Schlicht und ruhig wurde das Leben im Schloß von Berlin. Das Königspaar nahm Anteil am sozialen und kulturellen Leben außerhalb der Schloßmauern. Königin Luise gehörte zur literarischen Szene und war mit adligen Besucherinnen der Salons und mit Salonières befreundet, besonders mit der Herzogin Dorothea von Kurland, deren Salon sie hin und wieder besuchte. Henry Reeve, ein Engländer zu Besuch in Berlin, berichtete, daß das Königspaar während der Wintermonate jeden Abend als »Privatpersonen« in die Oper ging.

Das Verhältnis zwischen Stadt und Hof hatte sich also in den fünfundsiebzig Jahren, seit Friedrich Wilhelm I. zu einem Zeremonienmeister überredet wurde, umgedreht. Mußte der städtische Adel früher um Räume im Schloß nachfragen, wenn er in angemessenem Stil feiern wollte, so war der Hof jetzt nicht mehr der einzige Ort, wo die höfische Gesellschaft – und dazu gehörte auch die königliche Familie – sich amüsieren konnte. Endlich befand sich Preußen in dem Stadium, das Frankreich und England bereits ein Jahrhundert zuvor erreicht hatten. Jetzt fand die adlige und elegante Welt auch in ausgewählten Privathäusern der Stadt einen gesellschaftlichen Raum für sich. Während seines Aufenthaltes in Berlin, im Winter 1806, wurde Mr. Reeve von Mr. Mansfield, einem Engländer, der in Berlin lebte, gefragt, ob er am Hof eingeführt werden wolle. Wenn ja, dann erböte er sich, Mr. Reeve in sein Haus einzuladen, was einer Einführung bei Hof gleichkäme, denn dort würde jeden Abend eine Société gegeben, auf der man die beste Gesellschaft der Stadt antreffe.

Kommerzielle Freizeitangebote

Neue kommerzielle, einer breiten Öffentlichkeit zugängliche kulturelle Einrichtungen entstanden aus und neben den alten, geschlossenen höfischen. Wie beim Handel mit Münzen, Juwelen, Seide, Leinen oder Wolle war der Kulturmarkt auf Protektion, Monopolrecht und Subventionierung durch die Krone angewiesen. Die Monarchen und ihre Hofverwaltung hatten die Kontrolle darüber, welche kommerziellen Freizeiteinrichtungen entstehen durften.

Nehmen wir zum Beispiel das Theater. Beim Herrschaftsantritt Friedrichs des Großen gab es weder ein höfisches noch ein kommerzielles Theater in Berlin. Die Berliner waren der Akrobaten, Schattenspiele, Pantomimen und Possen, die J. C. »von« Eckenbergs reisende Truppe anboten, überdrüssig. Herr Schönemanns Truppe, die die königliche Erlaubnis hatte, auf einer improvisierten Bühne im Rathaus aufzutreten, bot ernsthaftere Unterhaltung. Aber Herrn Schönemann gelang es nicht, die königliche Erlaubnis für den Bau eines ständigen Repertoiretheaters in Berlin zu erhalten. Friedrich der Große zog die französischen Komödien den ernsten deutschen Stücken vor. Das einzige Theater, das er bauen ließ, war ein kleines im Berliner Schloß, wo ausländische Truppen vor einem ausschließlich höfischen Publikum spielten. 1750 mußte Gotthold Ephraim Lessing, der führende Dramatiker in Deutschland und Gründer einer Zeitschrift für Theaterkritik, die Erniedrigung hinnehmen, daß er nicht zu einer Vorstellung im Schloßtheater zugelassen wurde. Die Direktoren der Wanderbühnen konnten für die neuen deutschen Stücke kein genügend großes Publikum an sich binden, um ein ständiges Theater in Berlin zu unterhalten. Obwohl der Hof weder öffentliche Repertoiretheater gründete noch unterstützte, sorgte er doch für anspruchslosere Massenunterhaltung, und damit erstickte er alle Initiativen zur Gründung eines ständigen Privattheaters.

Doch verbesserte sich die Situation des Theaters gegen Ende der Herrschaft Friedrichs des Großen. 1771 wurde ein Privattheater in der Behrensstraße eröffnet. Als Friedrich Wilhelm III. 1786 den Thron bestieg, wurde die kommerzielle Truppe aus der Behrensstraße zum ständigen Ensemble des neuen Nationaltheaters bestimmt und erhielt eine Bühne im Schloß. Die königliche Unterstützung deckte jedoch den Gesamtetat des neugegründeten Theaters nicht, die verbleibenden Kosten mußten durch den Verkauf teurer Eintrittskarten eingespielt werden, und damit blieb der Theaterbesuch hauptsächlich einem exklusiven Publikum vorbehalten. Die Existenz eines halbkommerziellen Theaters in Berlin hatte soziale und kulturelle Folgen. Schauspieler, ehemals Außenseiterexistenzen, gewannen einen höheren Status und ließen sich in der Stadt nieder. Andere feste Bühnen bildeten sich, und die deutschen Stücke wurden besser. Die höfische Gesellschaft nahm das Theater ernster, und die Schauspielkunst errang höheres Ansehen. Es wurde Mode unter den Reichen, Laienspiele in ihren Privathäusern aufzuführen. Zum ersten Mal wurden berühmte Schauspieler in die Gesellschaft aufgenommen – dank ihrer Beziehungen zu den jüdischen Salondamen, die begeisterte Theaterbesucherinnen waren und diese oder jene Schauspielerberühmtheit nach der Vorstellung zu sich nach Hause einluden.

In diesen Jahren, als die Privattheater gegründet wurden, besaßen zwei konkurrierende Zeitungen die königliche Erlaubnis, dreimal wöchentlich zu erscheinen. Die bessere, die ›Vossische Zeitung‹ konnte man am Dienstag, Donnerstag und Samstag in der Vossischen Buchhandlung und auf allen königlichen Postämtern kaufen. In diesen Zeitungen wurden die Vorlesungsreihen der Geistesgrößen angekündigt, Hofmeister- und Gouvernantenstellen ausgeschrieben, Leiter für Töchterheime gesucht. Hier las man auch über die erste »private« Kunstgalerie der Stadt: Am 12. Januar 1788 gab Jean Marc Pascal bekannt, daß er täglich – außer sonntags – seine Kunstsammlung zu Hause ausstelle. Künstlern stellte er seine Räume zur Verfügung, wo sie ihre Werke anbieten konnten – wobei er beim Verkauf zehn Prozent Provision erhielt. Auf diese Weise profitierte auch er von dem neuen Interesse des Königshauses und des Adels an Kulturgütern, die privat erworben werden konnten. Eine Anzeige im September 1789 lenkte die Aufmerksamkeit des Lesers auf eine von der Morinobuchhandlung betriebene Leihbücherei, deren Mitglied man für drei Taler im Jahr werden konnte. Konzerte in der städtischen Konzerthalle wurden angekündigt, Weiterbildungsmöglichkeiten in kultivierter Atmosphäre angeboten. Am 3. Oktober 1789 annoncierte André, ein Englischlehrer, auf englisch, er habe einen »English Club, where Gentlemen will meet at my lodgings twice a week during the winter, and speak nothing but English« eröffnet.

Neben Theater, Vorlesungen, Konzerten oder Englischen Clubs gab es andere Vergnügungsorte, darunter sechshundertachtundfünfzig Bierhäuser, dreiundfünfzig Cafés, einhundertvierzig Gastwirtschaften sowie Tanzsäle mit angegliedertem Bordell. Die Kurorte an den nahegelegenen Quellen boten Erholung in eleganter Umgebung. Der entscheidende Vorteil dieser Kuren bestand darin, daß die Gäste ihr gewohntes gesellschaftliches Milieu verlassen konnten. Die Popularität der Bäder wurde dadurch noch gesteigert, daß die Erwachsenengeneration der neunziger

Jahre allen Arten von Kuren zur Behandlung ihrer Migränen, nervösen Schwächen und ähnlichen Gebrechen sehr zugetan war. Exquisite Gelegenheiten zum Essen und Erholen fand man auch in der Stadt. Jeden Nachmittag um vierzehn Uhr, so berichtete Reeve, traf sich die feine Gesellschaft Berlins zum Essen im Hotel »Ville de Paris«. Im Berliner Casino konnte man den Abend in Gesellschaft verbringen; Casinomitglieder mit einem Jahresabonnement trafen sich hier zum Zeitunglesen, Essen, Karten- und Billardspiel und zum Plaudern.

Die Kommerzialisierung der Freizeit in Berlin öffnete denjenigen neue Erfahrungswelten, die keinen Zutritt zur höfischen Gesellschaft hatten. Sie bedeutete per definitionem insofern eine Demokratisierung, als die meisten Veranstaltungen durch den Kauf einer Eintrittskarte besucht werden konnten. Aber weil die Kartenkäufer passive Konsumenten blieben, waren die Möglichkeiten, Freundschaften über Standes-, Berufs- und Geschlechtergrenzen hinweg zu schließen, sehr gering. Die kommerziellen Einrichtungen waren keine angemessenen Orte für Menschen, die einen ernsthaften, geistreichen Dialog suchten. Intellektuelle Streitgespräche zwischen Gleichberechtigten waren keine Dienstleistungen oder Aufführungen, die gekauft oder verkauft werden konnten. Solche Diskussionen hätten nicht stattgefunden, wenn der Eintritt allen offengestanden hätte, die sich eine Karte leisten konnten.

Wer eine ausgewähltere Gesellschaft und ernsthaftere Gespräche suchte und den Ideen der Aufklärung anhing, trat einem intellektuellen Verein bei. In Berlin wurden solche Vereine als Vereinigungen von »privaten« Personen charakterisiert, das heißt, daß die »öffentlichen« Personen, die Staatsrepräsentanten, bei ihrer Gründung keine Rolle spielten. Soziologisch würde man heute diese Vereine als »voluntaristische Assoziationen« bezeichnen, weil sie größtenteils unabhängig von Bildungs-, höfischen oder kommerziellen Einrichtungen waren. Diese intellektuellen Vereine waren Ausdruck einer beispiellosen, spannenden Entwicklung, denn hier wurden persönliche und intellektuelle Bindungen zwischen adligen und bürgerlichen nichtjüdischen Männern vertieft. Zuweilen ließ ein Verein auch Juden und Frauen zu. Da die Vereine geschlossene Gesellschaften waren, unterlagen die delikaten Beziehungen, die dort geknüpft wurden, einer genauen Kontrolle. Die Mitglieder wurden aus den verschiedenen Ständen und Berufen wegen ihrer intellektuellen Fähigkeiten und politischen Meinungen ausgewählt. Die daraus resultierende ideologische Homogenität ließ soziale und religiöse Unterschiede in den Hintergrund treten. Alle Vereine besaßen Rechtstitel, Satzungen und Bestimmungen für die Zulassung neuer Mitglieder.

Unterschiedlich waren die Ziele der Vereine. In einigen spielte die Vorstellung und Diskussion gelehrter Schriften die Hauptrolle, während andere Gelegenheit boten zum ungezwungenen intellektuellen Austausch, zu kleinen Mahlzeiten, zum Plaudern und zum Tanzen. Manche Vereine kamen in Privathäusern zusammen, andere in Restaurants oder gemieteten Räumen. Die intellektuellen Vereine erfüllten verschiedene Funktionen, die später von unterschiedlichen Institutionen aufgenommen wurden, so zum

Beispiel von Universitätsseminaren, Berufsvereinigungen der Gelehrten, politischen Parteien, Bibliotheken und Buchhandlungen.

Die intellektuell wichtigsten Vereine gehörten zur Gelehrtenrepublik. Die Gelehrtenrepublik war natürlich kein konkreter Ort, sondern ein von deutschen Intellektuellen im 18. Jahrhundert formuliertes Modell, mit dem sich der kleine Kreis von Gelehrten als ein demokratisches, selbstregiertes, weltumspannendes Netzwerk von Denkern von der politischen Verfassung der Staaten, in denen sie lebten, absetzen wollten. Es entsprach der Sicht von Aufsteigern, daß sie ihre utopischen Visionen in egalitäre Begriffe faßten. Die Diskussionsgesellschaften waren der deutlichste Ausdruck dafür, daß die Intelligenz die Verbreitung ihrer Schriften selbst in die Hand nehmen und den König sowie die Verlage ausschalten wollte.

Die Diskussionsgesellschaft mit dem höchsten Prestige war die königliche Akademie der Wissenschaft, die höfische Institution und intellektueller Verein zugleich war. Da die Akademiker bei der Wahl neuer Mitglieder beteiligt waren und manche ihren Lebensunterhalt an der königlichen Akademie verdienten, gehörten einige von ihnen der freien und voluntaristischen Welt der Gelehrtenrepublik an. Die vier Fakultäten der königlichen Akademie – Philosophie, Mathematik, Naturwissenschaft und Philologie – tagten jeweils einmal im Monat. Jedes Akademiemitglied durfte einen Gast mitbringen; oft war es ein prominenter ausländischer Gelehrter, der auf Besuch in Berlin weilte.

Am Geburtstag des Königs oder zu anderen Anlässen nahm die königliche Familie an der Akademiesitzung teil, die dann auch öffentlich war. Doch wie der Fall Moses Mendelssohn im Jahr 1771 zeigt, als der König sich über die einstimmige Wahl hinwegsetzte, war die Autonomie der Gelehrten in der königlichen Akademie begrenzt. Das Prestige und die Ausstattung, mit der das Königshaus die Akademie versah, hatten ihren Preis. Die interne Organisation der Akademie mag demokratisch und sachorientiert gewesen sein. Doch die Grenze war dadurch gezogen, daß sie nur zum Vergnügen des Hauptes eines sehr autokratischen Systems existierte. Der König – und nicht die Gelehrten – traf letztlich die Entscheidung darüber, wer in den erlauchten Kreis aufgenommen wurde.

Einige autonomere Diskussionsgesellschaften verfolgten spezielle Interessen. Die Mitglieder der 1773 gegründeten »Freunde der Naturwissenschaften« trafen sich einmal wöchentlich jeweils im Haus eines Mitglieds, um über die neuesten Forschungen zu diskutieren oder sich gegenseitig ihre naturgeschichtlichen Sammlungen vorzuführen. Sie veröffentlichten jährlich ihre Sitzungsberichte. Gelegentlich setzten sie ihre Ideen in die Praxis um und organisierten öffentliche Kampagnen, in denen sie für Vernunft und wissenschaftliche Methoden plädierten und gegen den wiederaufkommenden Irrationalismus der Stadtbevölkerung zu Felde zogen. So beriefen sie im Jahr 1797 eine Kommission ein, die einem Gespenst zu Leibe rücken sollte, das das Haus des Wasser- und Forstmeisters in Tegel heimgesucht hatte. Drei Professoren und der Bildungsminister, alle vier Mitglieder der »Freunde der Naturwissenschaften«, begutachteten das Gebäude und entdeckten den Strick, mit dem der Eindringling gegen eine Metallplatte geschlagen und durch diesen Lärm die Nachbarschaft in Panik versetzt hatte.

In Berlin gab es außerdem eine Medizinische Gesellschaft für die Ärzte und Zahnärzte der Stadt und eine Pharmazeutische Gesellschaft. In anderen Diskussionsgesellschaften war das Interesse breiter gefächert. Die 1801 gegründete »Philomatische Gesellschaft« lud ausgewählte Künstler und Gelehrte »aller« Disziplinen zu ihren wöchentlichen Treffen ein, die aus Kurzvorträgen und Gesprächen bestanden. Die Gesellschaft der »Freunde der Humanität« interessierte sich für »alle« Humanwissenschaften.

Die älteste Diskussionsgesellschaft der Stadt war der 1749 gegründete Montagsverein. Die vierundzwanzig

Mitglieder und ihre Gäste trafen sich zum Essen in einer Berliner Gastwirtschaft. Ein Besucher berichtete 1788, daß die »meisten Mitglieder Gelehrte von Profession sind«, und beklagte ihre leichte »Pedanterie«. Es war schwierig, Mitglied im Montagsverein zu werden, denn bereits eine Gegenstimme genügte, um einen Kandidaten abzulehnen. Doch scheint der Verein für Nicht-Mitglieder, die als Gäste mitkamen, offen gewesen zu sein. In dem Vierteljahrhundert nach 1787 zählte man insgesamt 2239 Gäste des Montagsvereins, und 1805 traf ein Besucher auf etwa einhundert Herren am Abendtisch des Vereins.

Die Mittwochsgesellschaft war dagegen so exklusiv, daß sie beinah als »geheim« bezeichnet werden konnte. Sie wurde 1783 gegründet und umschloß vierundzwanzig vornehme Staatsbeamte, die Deismus und Rationalismus der Welle des religiösen Fanatismus, Mystizismus und Romantizismus entgegensetzten – alles Strömungen, die am Ende des Jahrhunderts um die intellektuelle Vorherrschaft in Berlin wetteiferten. Männer adliger Herkunft wurden nicht in die Mittwochsgesellschaft aufgenommen, dagegen durften geadelte Männer hineingewählt werden. Regelmäßig diskutierte und beurteilte die Gesellschaft Abhandlungen über die Frage: Was ist Aufklärung? Vor jeder Sitzung ging die Schrift eines Mitgliedes in einem verschlossenen Rohr herum, zu dem nur Mitglieder einen Schlüssel hatten. Von den Sitzungsdiskussionen wurden Protokolle angefertigt, die nach dem Treffen zirkulierten und mit weiteren Kommentaren versehen wurden, um erneut die Runde zu machen. Mitglieder gaben sich nur mit ihren Geheimnummern zu erkennen. Die Endprodukte wurden häufig in der ›Berlinischen Monatsschrift‹, der führenden Aufklärungszeitschrift in Berlin, veröffentlicht. Das weitere Schicksal der gut organisierten Mittwochsgesellschaft ist ein Beispiel dafür, auf wie unsicheren Beinen voluntaristische intellektuelle Vereinigungen standen, wenn man ihre Abhängigkeit von Kräften außerhalb der Gelehrtenrepublik mitbedenkt: Das Edikt von 1798, das Geheimgesellschaften »verhinderte und verfolgte«, setzte dieser Gesellschaft, der Verkörperung der Gelehrtenrepublik in Berlin, ein plötzliches Ende.

Eine zweite Mittwochsgesellschaft, die auch Frauen aufnahm, bot leichtere Kost an. Intellektuelle Veranstaltungen, wie Lesungen von Theaterstücken und Gedichten, sowie musikalische Darbietungen gingen einem bescheidenen Mahl voraus. Kartenspiele und Tabakgenuß waren nicht gestattet, woraus ein Besucher im Jahr 1788 schlußfolgerte, daß die zweite Mittwochsgesellschaft zwar »angenehme Unterhaltung« biete, aber keineswegs »grobe Sinnlichkeit«. Eine ebenso lockere Diskussionsgesellschaft war die Gruppe, die sich regelmäßig Dienstagabends in der Wohnung von Hofrat Bauer im Berliner Schloß traf. Dort fanden sich prominente Beamte und Professoren mit ihren Gattinnen ein, um über Lyrik, Wissenschaft und die neuesten Theaterstücke zu diskutieren, Gesellschaftsspiele zu veranstalten, private Unterhaltungen zu führen und gemeinsam zu essen. Wieder eine andere Gruppe – größtenteils Beamte mit ihren Frauen – kam einmal im Monat in dem von General Scholten gegründeten Verein zusammen, wo man zwei Vorlesungen von Vereinsmitgliedern hörte und anschließend gemeinsam zum Tanzen oder ins Konzert ging.

Auch die Lesegesellschaften waren eine Art intellektueller Verein. Sie waren weniger ein Ort intellektueller Streitgespräche oder ein gesellschaftliches Forum für die Reichen, sondern vor allem eine Alternative zum Kauf teurer Bücher und Zeitschriften. Öffentliche Büchereien waren für den größten Teil der Bevölkerung noch nicht zugänglich, und die königliche Bibliothek, die 1784 ihr neues Gebäude bezogen hatte, enthielt vor allem wissenschaftliche Bücher. Nur hohe Beamte durften sich Bücher mit nach Hause nehmen. Es gab auch ein paar kommerzielle Leihbüchereien, die populäre Romane ausliehen. Die allgemeine Nachfrage nach Romanen, Almanachen, Reisebeschreibungen, Theaterstücken, Gedichten und Literaturkritiken überstieg bei weitem die Möglichkeiten von Verlegern und Buchhändlern, Bücher für die wachsende Zahl der Leser zu realistischen Preisen anzubieten.

Vor allem die Lesegesellschaften wiesen einen Weg aus dem ungleichen Verhältnis zwischen Nachfrage und Angebot des gedruckten Wortes. Ihre Mitglieder kamen in Privathäusern oder in von der Gesellschaft oder einem Verleger gemieteten Räumen zusammen. Sie teilten sich die Kosten für die Zeitungs- und Zeitschriftenabonnements und die Bücher. Die Lesegesellschaften umfaßten einen größeren und weniger exklusiven Kreis als die Diskussionsgesellschaften. Die Aufnahme in die Gesellschaft hing mehr von freundschaftlichen Beziehungen ab und der Bereitschaft, für die Bücher zu zahlen, als von einem hohen Bildungsniveau. Es fanden dort nur wenige Fachdiskussionen zwischen den intellektuellen Koryphäen Berlins statt, sondern vor allem lockere Gespräche zwischen den intellektuell bescheideneren und anspruchsloseren Lesern ihrer Bücher und Artikel.

Je weniger ein Verein profiliert war und je geringer sein intellektuelles Ansehen, desto eher nahm er Frauen auf. Daß Frauen meistens Vereinen angehörten, die sich zu Hause trafen, erstaunt nicht. Doch sogar dort, wo Frauen zugelassen waren, billigten nicht alle Mitglieder ihre Anwesenheit. Wolf Davidssohn regte sich darüber auf, daß die zweite Mittwochsgesellschaft, in der Frauen Stimmrecht besaßen, viele »würdige Männer« ausschloß, weil diese von den Frauen nicht akzeptiert wurden. Seiner Ansicht nach war die Eitelkeit bei den Frauen stärker ausgeprägt, und außerdem liebten sie es, »Intrigen und Cabale« zu schmieden.

Aber nicht nur die Anwesenheit von Frauen wurde in den angesehensten intellektuellen Vereinen mit Mißtrauen betrachtet, auch junge Männer, die als Hofmeister, Lehrer, Pfarrer und Sekretäre ein karges Dasein fristeten, scheinen nur schwer Zugang gefunden zu haben. Allerdings ist es schwierig, aus der kollektiven Biographie genügend Beweise für diese These zu gewinnen. Die große Anzahl und Vielfalt der Vereine in Berlin legt zwar die Vermutung nahe, daß die meisten der dreihundertsechsundachtzig Intellektuellen mit einem Verein verbunden waren. Das Problem besteht aber darin, daß wir nicht wissen, welche Personen welchen Vereinen angehörten. Da nur sehr wenige Mitgliederlisten erhalten sind, nehme ich als Grundlage die neunundsechzig Intellektuellen, die in den biographischen Lexika als mit Vereinen verbunden aufgeführt werden. Das ist die einzige Quelle, die Hinweise darauf zuläßt, worin sich die Vereinsmitglieder von dem Durchschnittsintellektuellen in Berlin unterschieden. Sie scheinen etwas älter gewesen zu sein, der Anteil der Professoren war doppelt so hoch wie in der Intelligenz insgesamt, Lehrer, Hofmeister, Pfarrer und Sekretäre waren unterrepräsentiert, die Beamten und freien Schriftsteller durchschnittlich vertreten. Nur die erste Mittwochsgesellschaft war ausdrücklich für Adlige gesperrt. Die sechs Prozent Adligen aus unserer Stichprobe zeigen, daß diese Gruppe in den Vereinen unterrepräsentiert war, denn die Adligen stellten fünfzehn Prozent der Berliner Intelligenz. Die Zahlen lassen vermuten, daß die Vereine den Bedürfnissen der älteren, gutsituierten bürgerlichen Intellektuellen dienten, die in Bildungseinrichtungen arbeiteten.

Waren diese Intellektuellen bereit, Juden zu akzeptieren? Haben diese Vereine eine neue, »offene« Gesellschaft begründet, die auch die jüdische Geschichte veränderte, indem sie zwischen kulturell angepaßten Juden und prosemitischen Nichtjuden, die beide am Rand der Gesellschaft standen, ein alternatives Netzwerk bildete? Auf den ersten Blick lassen die Zahlen das vermuten. Von den neunundsechzig Intellektuellen waren sechzehn Prozent Juden, das heißt, in den Vereinen gab es viermal soviel Juden wie in der gesamten Intelligenz. Dabei sind hier die Mitglieder rein jüdischer Vereine mitgezählt. Doch diese Statistik ist, wie gesagt, irreführend, weil eine umfassende Berechnungsgrundlage fehlt.

Auch wenn die jüdischen Männer als Gruppe hier nicht überrepräsentiert waren, so hatten doch einige jüdische Männer einen durchschlagenden Erfolg im Vereinsgefüge. Moses Mendelssohn wurde in den Montagsverein, die Mittwochsgesellschaft und die königliche Akademie gewählt. Er lehnte die Mitgliedschaft im Montagsverein ab, weil seine strenge Einhaltung der jüdischen Fastengesetze nicht mit dem obligatorischen gemeinsamen Essen in der Gastwirtschaft zu vereinbaren war. In der Mittwochsgesellschaft blieb er aus gesundheitlichen Gründen und weil ihm, neben seiner Ganztagsbeschäftigung in der Seidenindustrie, ansonsten zu wenig Zeit für intellektuelle Arbeit zur Verfügung gestanden hätte, nur Ehrenmitglied. Lazarus Bendavid, ein Kantianer, der auch in nichtjüdischen Kreisen geschätzt wurde, war Sekretär der Philomatischen Gesellschaft. Markus Herz und seine Frau Henriette gehörten der Bauerschen Lesegesellschaft und, zusammen mit ihrem Freund David Friedländer, der zweiten Mittwochsgesellschaft an. Außerdem leitete Henriette in den achtziger Jahren eine kleine Lesegesellschaft, die sich Donnerstag abends bei ihr zu Hause versammelte. Viele ihrer Mitglieder gründeten 1787 einen Geheimverein, den sogenannten »Tugendbund«, dessen Symbol das astronomische Sonnenzeichen war. Die Mitglieder redeten sich alle mit dem informellen »du« an, es gab »viele Umarmungen, Küsse und vor allem das gegenseitige, heilige Versprechen, gemeinsam nach moralischer Perfektion zu streben«. Zu den »Brüdern und Schwestern« des Vereins gehörten unter anderem Henriette, Wilhelm von Humboldt, der ein Auge auf Madame Herz geworfen hatte, Caroline von Dacheröden, Humboldts zukünftige Frau, Mendelssohns Tochter Dorothea Veit und Karl La Roche, der »betörend schöne« Sohn der Schriftstellerin Sophie La Roche.

Die Anwesenheit von Juden und Frauen in vorwiegend nichtjüdischen Vereinen und das Aufkommen gemischter Vereine, in denen Minderheiten keine Alibifunktionen erfüllten, waren Errungenschaften, die in der deutsch-jüdischen Vergangenheit kaum Beispiele hatten. Aber es gab noch genügend kulturell angepaßte jüdische Männer, die unzufrieden mit den etablierten Institutionen der jüdischen Gemeinde waren, andererseits nicht prominent genug, um in einen der nichtjüdischen Vereine aufgenommen zu werden. Ihre Rebellion drückte sich in der Gründung zahlreicher rein jüdischer intellektueller Vereine aus. Ein solcher Verein, 1780 gegründet, war die kleine »Vorlesegesellschaft«, die sich im Haus von Dorothea Veit und ihrem ersten Mann, Simon Veit, traf. Mitglieder waren unter anderen Dorotheas Vater, die Herzens und David Friedländer. Eine größere Gruppe jüdischer Männer gründete 1791 »Die Gesellschaft der Freunde«. Sie waren Freidenker, die gegen orthodoxe religiöse Praktiken kämpften, wie zum Beispiel das vielkritisierte frühe Begräbnis, sie lasen gemeinsam neue Schriften, diskutierten Themen von allgemeinem Interesse und versprachen sich im Krankheitsfall gegenseitige Hilfe. Frauen wurden nicht aufgenommen. Die einhundert Mitglieder trafen sich viermal im Jahr zu einer Vollversammlung. Im Winter mietete die Gesellschaft Räume und im Sommer einen Garten, wo die Mitglieder, »denen zu keiner christlichen Ressource der Zutritt vergönnt war« und die »an öffentlichen Vergnügungsorten« »abstoßend« behandelt wurden, sich Mittwoch nachmittags zwischen drei und acht Uhr zu Tee, Kaffee, Tabak und Unterhaltung treffen konnten.

Nur wenigen Juden gelang die Aufnahme in die offiziellen, den Ideen der Aufklärung nahestehenden Freimaurerlogen in Berlin. Die von Juden gegründeten Logen gewannen weder im weltlichen noch im traditionell jüdischen Leben Einfluß. Die Freimaurer bildeten ein geheimes internationales Netzwerk örtlicher Logen und hatten sich einem antiabsolutistischen und egalitären Bekenntnis verschworen. Sie begeisterten sich auch für Alchimie und für die aus mittelalterlichen Baumeistergilden stammenden Maurerrituale. Die Freimaurerei kam in den siebziger Jahren des 18. Jahrhunderts nach Deutschland, fast ein halbes

Jahrhundert nach ihrer Gründung in England. Obwohl die englischen und die französischen Logen Juden prinzipiell nicht ausschlossen, wurden sie doch höchst selten in die offiziellen Logen aufgenommen. In den deutschen Logen waren Juden prinzipiell nicht zugelassen. Die deutschen Freimaurer wollten jegliche Konfrontation mit den mächtigen Königen und der traditionellen Kirche vermeiden und betonten deshalb ihren christlichen Charakter dadurch, daß sie Juden explizit ausschlossen.

Vielen Juden bot der Orden der »Asiatischen Brüder« einen Ausweg. Der Orden, 1780 in Wien von zwei mit den politischen Verhältnissen unzufriedenen Adligen gegründet, war mystischer als die offiziellen Freimaurerlogen und nahm jüdische Männer unter der Bedingung auf, daß sie bei rituellen Feierlichkeiten Schweinefleisch aßen und Milch tranken, also ihrer religiösen Überzeugung zuwiderhandelten. »Asiatische Logen« wurden in Prag, Innsbruck, Frankfurt am Main, Hamburg und Berlin gegründet. Der erfolgreiche Orden war permanent antisemitischen und anderen Angriffen ausgesetzt, erhielt nie die Anerkennung als offizielle Freimaurerloge und verschwand am Ende des Jahrhunderts gänzlich.

Da die beiden offiziellen Freimaurerlogen in Berlin Juden nicht akzeptierten, konnten Juden nur Freimaurer werden, wenn sie einer inoffiziellen Loge beitraten. Die »Toleranz-Loge«, von zwei nichtjüdischen Berlinern im Jahr 1790 gegründet, forderte nicht Abkehr von religiösen Vorschriften, sondern bestand auf nichtjüdischen Vorständen, die allerdings eine arrogante Haltung gegenüber dem Judentum und den Juden einnahmen. Es gehörte zu den Zielen der Loge, die Juden »menschlicher« zu machen und sie auf »eine höhere Kulturstufe zu führen« sowie Juden als Mitglieder zu werben, »deren offenkundige Anhänglichkeit zum Christentum nur durch Familienumstände behindert war«. Markus Herz und die Bankiers Isaak Daniel Itzig mit seinem Schwiegersohn Solomon Levy wurden als geeignete Mitgliedsanwärter in Erwägung gezogen. Itzig, der Privatbankier von Friedrich Wilhelm II., erhielt die königliche Erlaubnis, der »Toleranz-Loge« beizutreten.

Die intellektuellen Vereine, vom Montagsverein bis zu den Freimaurern, boten den Berliner Intellektuellen Gelegenheit, ihre Beziehungen zu Menschen aus anderen Städten und Berufen zu vertiefen. Der intellektuelle Austausch und die Möglichkeit, sich von der ständischen Gemeinschaft abzusetzen, zog viele Menschen an. Aber die gesellschaftliche Emanzipation, die in den intellektuellen Vereinen verwirklicht wurde, war äußerst begrenzt. Zum Vorteil gereichte die Vereinsmitgliedschaft den privilegierten Gelehrten, also vor allem den älteren nichtjüdischen Professoren. Den Adligen gelang die Aufnahme in die Vereine nur schwer, ebenso jungen nichtjüdischen Intellektuellen, und jüdischen Intellektuellen sowie Frauen, egal aus welchem Stand und welcher Religion.

Das Aufkommen der Salons

Vor 1760 gab es in Berlin keine »Gesellschaft«, zu der jüdische oder nichtjüdische Intellektuelle Zutritt gehabt hätten, denn damals hatte sich ein heterogenes gesellschaftliches Leben noch nicht herausgebildet. Die Adligen Berlins waren auf die Unterstützung des Hofes angewiesen, wenn sie in angemessenem Stil gesellschaftliches Leben gestalten wollten. Geselligkeiten am Hof standen nur dem kleinen Kreis der Hoffähigen offen. Bürgerliche hohe Beamte nahmen sich selten Zeit und Geld, Geselligkeit zu pflegen. Die meisten Adligen ließen sich nicht herab, Bürgerliche zu Hause zu besuchen, auch wenn sie tagsüber mit ihnen zusammenarbeiteten. Reiche jüdische und andere ausländische Finanziers blieben in ihrer Freizeit vor allem unter ihresgleichen. Gelehrte entspannten sich zu Hause, bei Kollegen oder in Kneipen. Gesellschaftlicher Umgang wurde also nur innerhalb der Standes- und Berufsgruppen gepflegt. Frauen traten dabei überaus selten in Erscheinung.

Diese eingeengten Formen der Geselligkeit begannen sich zu lockern, als die steigenden Landpreise und der Reiz des Stadtlebens den Adel polarisierten, als der Siebenjährige Krieg der jüdischen Kaufmannselite zu größerem Reichtum verhalf, als das Erziehungssystem jungen bürgerlichen Intellektuellen eine Chance bot, die gesellschaftliche Stufenleiter hinaufzuklettern. Die höfischen und kommerziellen Freizeiteinrichtungen sowie die Vereine ermöglichten begrenzte Kontakte über die Standesgrenzen hinweg. Eine Vertiefung dieser Kontakte war einer anderen Form der Geselligkeit vorbehalten: dem Salon.

Die Entstehung der Salons in Berlin war ein allmählicher Prozeß. Zwanzig Jahre bevor Henriette und Markus Herz den ersten Salon in Berlin eröffneten, hatten schon einige Familien damit begonnen, Gäste aus verschiedenen Ständen zu sich einzuladen. Diese Sitte pflegten beispielsweise die Eltern Alexanders und Wilhelms von Humboldt. Major von Humboldt war der Kammerherr des zukünftigen Königs Friedrich Wilhelm II. Seine Frau stammte aus einer prominenten Hugenottenfamilie. Die Humboldts luden französische und jüdische Freunde aus der Stadt auf ihr Landgut außerhalb von Berlin ein, ebenso berühmte Schriftsteller aus dem Ausland. – Der Schriftsteller und Buchhändler Friedrich Nicolai lud regelmäßig Gelehrte, die auf der Durchreise in Berlin waren, und Freunde an Samstagabenden zu sich ein. Wer auf der Durchreise war, Nicolai nicht gut kannte, ihn aber kennenlernen wollte, hinterließ seine Karte in der Buchhandlung. Nicolai versuchte, jede Woche Gelehrte aus den wichtigsten Wissensgebieten bei sich zusammenzuführen, und verschickte zu diesem Zweck seine Einladungen. Moses Mendelssohn, ein enger Freund Nicolais, war häufig zu Gast, ebenso die Schriftstellerin Eliza von der Recke, Halbschwester der Salondame Herzogin Dorothea von Kurland. Gustav Parthey, der Sohn des damaligen Hofmeisters der Familie Nicolai, Daniel Parthey, berichtet in seinen Memoiren, daß Frau Nicolai sich zunächst dem Besuch von Frau von der Recke widersetzte, die sie für »zu aristokratisch« hielt; Frau von der Recke protestierte daraufhin bei Herrn Nicolai, sie sei kein »aristokratischer Pöbel«, und wurde bald eine Freundin der Familie.

Einladungen bei den Mendelssohns galten als einzigartig, da man hier Gäste aus allen Lebensbereichen traf. Dort wurden regelmäßig auch nichtjüdische Besucher empfangen. Zum Beispiel Christian Gottfried Schütz, Rhetorikprofessor an der Universität in Halle. Er berichtet einem Freund von seinem Besuch bei Mendelssohn im Jahr 1769: Er habe Mendelssohn zunächst in der Seidenfabrik Bernhard aufgesucht und eine Einladung für den nächsten Tag erhalten. Um drei Uhr sei er gekommen, kurz darauf Friedrich Nicolai, Karl Lessing und ein Pfarrer namens Eberhard. »Von 3 bis 7 Uhr wurde ununterbrochen diskutiert. Um 7 Uhr aßen wir mit Moses und das war die Zeit der ›Galanterie‹ mit der großen Familie Mendelssohn und mit mehreren Töchtern der großen Familie Itzig.« Aber nicht nur bei Mendelssohns wurden zwischen 1760 und 1780 nichtjüdische Gäste empfangen. Moses Mendelssohns Freund David Friedländer (verheiratet mit Blümchen, einer Tochter von Daniel Itzig) war ein reicher Kaufmann aus Königsberg, der sich in Berlin niedergelassen hatte und ein bekannter Reformer innerhalb der jüdischen Gemeinde wurde. Der Friedländer-»Palast«, so wird berichtet, soll ein »Zentrum der Geselligkeit« für aufgeklärte Juden und Nichtjuden gewesen sein. Das gleiche wird dem »Palast« der reichen Familie Meyer nachgesagt. Markus Levin, der Vater von Rahel Levin, bewirtete ebenfalls Schauspieler und verschwenderische junge Adlige, die ihn wegen Privatanleihen besuchten.

Die grundlegenden Unterschiede in der Form der Geselligkeit zwischen 1760 und 1780 und denen der achtziger Jahre faßte die erste Salondame, Henriette Herz, in ihren Memoiren zusammen. Das offene Haus sei charakteristisch für die Zeit nach 1780. Sie definiert es als das Haus eines Gelehrten, in dem Freunde ohne Einladung und neu eingeführte Besucher einen freundlichen Empfang erwarten durften. Rückblickend auf die beiden Jahrzehnte vor 1780 stellt sie fest, daß die Mendelssohns, anders als die Nicolais, bereits zu einem sehr frühen Zeitpunkt ein offenes Haus geführt hätten, weil alle Freunde der Mendelssohns ungeladen erschienen seien.

Schade, daß Henriette Herz in ihren Memoiren der Nachwelt nur sehr wenige Informationen darüber hinterläßt, wer in der Zeit zwischen 1780 und 1806 ein offenes Haus geführt hat. Ihr Schweigen ist um so bedauerlicher, als das Wort Salon selten von den Teilnehmern für dieses neue gesellschaftliche Ereignis verwendet wurde. Die Memoiren und Briefe von Salonteilnehmern sind dagegen reich an Beschreibungen der Besonderheiten von Salongeselligkeiten. Es wurde auch kein anderer Begriff regelmäßig dafür benutzt. In Hamburg nannte man salonähnliche Ereignisse »Abendgesellschaften«.

Der mit Henriette Herz befreundete Friedrich Schleiermacher wies einmal darauf hin, daß man sich in bestimmte jüdische Häuser »einführen ließ«. Man sprach davon, daß ein Haus für »gesellschaftlichen Umgang geöffnet«, nicht daß ein Salon eröffnet wurde. Das Wort »Hausfreund« wurde manchmal für bestimmte Salongäste verwendet. In dem Vokabular der Zeitgenossen spiegelt sich der Stil dieses gesellschaftlichen Lebens wider. Die Umschreibung, daß »man sich einführen ließ«, läßt zum einen darauf schließen, daß die Gäste sich einen bestimmten Salon aussuchten, und zum anderen, daß es wichtig war, eingeführt zu werden. Wer ein offenes Haus bieten, wer regelmäßig Besuch von Freunden und interessanten Fremden haben wollte, konnte diesen Wunsch bekanntmachen und mußte keine Einladungen verschicken. Die Geschichte der Henriette Herz als Salondame zeigt, daß ein offenes Haus zu führen ebensosehr von den Eigenschaften und Umständen der ganzen Familie wie von der Ausbildung und den Begabungen der Salondame abhängen konnte.

Als Henriette de Lemos im Jahr 1779 heiratete, war sie fünfzehn Jahre alt, Markus Herz war zweiunddreißig. Markus Herz, Sohn eines armen Thora-Schreibers in Berlin, hatte die medizinische Schule in Königsberg besucht und dort auch Philosophie bei Immanuel Kant studiert. Wieder in Berlin, wurde er ein enger Freund und Kollege von Moses Mendelssohn. Bei seiner Arbeit im Krankenhaus der jüdischen Gemeinde lernte er seinen zukünftigen Schwiegervater kennen, Dr. Benjamin Lemos, den Leiter des Krankenhauses. Die reiche portugiesische Familie Lemos war vor einem Jahrhundert über Amsterdam nach Berlin gekommen. Henriette Herz war als ein geistreiches Kind überall bekannt. Damals war es Kindern reicher jüdischer Familien erlaubt, weltliche Theaterstücke in den kleinen Privattheatern aufzuführen, die in einigen jüdischen Privathäusern eingerichtet worden waren. Die Ältesten der Gemeinde betrachteten dies mit Argwohn und wollten dieses »Laster« verbieten. Im Kostüm wurde die zwölfjährige Henriette zu den versammelten Ältesten delegiert – und erhielt die Erlaubnis, das Stück aufzuführen. Ihre Eltern nahmen sie aus der privaten Mädchenschule, weil ihre Schönheit die Aufmerksamkeit der jungen Männer auf der Straße weckte. Der Vater setzte die Erziehung seiner Tochter selber fort und lehrte sie Französisch, Englisch, Latein und Hebräisch. Später übernahmen ihr Mann Markus und ihr Freund Friedrich Schleiermacher den Lese- und Sprachunterricht. Schließlich beherrschte sie Französisch, Italienisch, Portugiesisch, Dänisch und außerdem etwas Türkisch, Malaiisch und Sanskrit.

Henriettes klassische Schönheit, ihr rasches Auffassungsvermögen, ihr leidenschaftliches Interesse für die neuesten literarischen Trends und ihre Fähigkeit, Freundschaften zu schließen – das alles trug zu ihrem gesellschaftlichen Erfolg bei. Doch waren das Einkommen ihres Mannes, seine beruflichen Kontakte und vor allem seine populären naturwissenschaftlichen Vorlesungen bei ihnen zu Hause eine wesentliche Voraussetzung für die Entstehung ihres Doppelsalons. Wie sich Henriette später erinnerte, fing alles damit an, daß einige Mitglieder sehr achtbarer Familien Patienten in der Praxis ihres Mannes wurden. Das verhalf dem jungen Paar zu gesellschaftlichen Kontakten mit diesen namentlich nicht erwähnten, vermutlich aber nichtjüdischen Familien. Dank der Vorlesungen von Markus Herz und dem jeweils voraufgehenden Abendessen, zu dem die Herzens einluden, konnten sich allmählich freundschaftliche Beziehungen zwischen Patienten und Hörern entwickeln. Die Vorlesungen zogen ein vielschichtiges und angesehenes Publikum an. Mitglieder der königlichen Familie nahmen daran teil, der französische Graf Mirabeau und die jungen Gebrüder Humboldt, die von ihrem Hofmeister Gottlob Kunth mitgenommen wurden. Auf diese Weise entwickelte sich ihr Doppelsalon, doppelt auch im ideologischen Sinn und in der Art der Führung: Henriette diskutierte in einem Raum mit den jungen Romantikern über Lyrik und Prosa, während ihr Mann im anderen Vorlesungen über Vernunft, Wissenschaft und Aufklärung hielt.

Der Doppelsalon fand ein abruptes Ende, als Markus 1803 plötzlich starb. Das Paar hatte fast alle seine Einkünfte für die kostspieligen Abende ausgegeben, und Henriette Herz war jetzt viel zu arm, diese fortzuführen. Sie lehnte das Heiratsangebot des Grafen von Dohna und die Gouvernantenstelle im Haushalt der Dorothea von Kurland ab, weil sie dann hätte konvertieren müssen – ein Schritt, den sie verweigerte, solange ihre Mutter noch lebte. Statt dessen vermietete sie Zimmer an Studenten und junge Mädchen vom Land, die in Berlin eine Stelle als Hausmädchen suchten. Nach dem Tod ihrer Mutter konvertierte Henriette im Jahr 1817, heiratete aber nicht wieder. Und obwohl viele ehemalige Salongäste ihr die Treue hielten, gewann ihr gesellschaftliches Leben nie mehr den Glanz zurück, den es zu Lebzeiten ihres Mannes hatte.

Ein Jahrzehnt, nachdem das Ehepaar Herz den ersten Salon eröffnet hatte, machte Rahel Levin, Henriettes Kindheitsfreundin, den zweiten und letztendlich berühmtesten Salon der Stadt auf. Die Geschichte der Rahel Levin zeigt, daß eine Frau als Salondame auch ohne einen wohlhabenden und intellektuell anerkannten Ehemann erfolgreich sein konnte, wenn sie nur die nötigen finanziellen Mittel, bestimmte persönliche Qualitäten und Freunde besaß. Die Gäste von Rahel Levins Vater – Franzosen, Adlige und Schauspieler – machten sie schon als Kind mit der eleganten Welt vertraut. Doch hat sie sich wie ein Schlemihl, ein Niemand, unter diesen eleganten adligen Gästen gefühlt. Ihrem Freund David Veit, Medizinstudent in Göttingen, klagte die Zwanzigjährige ihr Leid: »Ich habe solche Phantasie; als wenn ein außerirdisches Wesen, wie ich in diese Welt getrieben wurde, mir beim Eingang diese Worte mit einem Dolch ins Herz gestoßen hätt: ›Ja, habe Empfindung, sieh die Welt, wie sie wenige sehen, sei groß und edel, ein ewiges Denken kann ich Dir auch nicht nehmen. Eins hat man aber vergessen: sei eine Jüdin!‹ und nun ist mein ganzes Leben eine Verblutung; mich ruhig halten, kann es fristen; jede Bewegung, sie zu stillen, neuer Tod; und Unbeweglichkeit nur mir im Tod selbst möglich.«

Wenn man nicht wie ein Jude behandelt werden wollte, so mußte man Städte und Orte, wo hauptsächlich Juden waren, meiden, schlußfolgerten David Veit und Rahel Levin. Rahel Levin war eine Außenseiterin in der jüdischen Gemeinde. Sie setzte sich stolz über religiöse Gebräuche hinweg, indem sie zum Beispiel am Sabbat mit ihrer Freundin, der Schauspielerin Marchetti, in einer Kutsche durch Berlin fuhr. Sie verweigerte die Heirat mit den von der Familie ausgewählten standesgemäßen jüdischen Kaufleuten und nahm die Einsamkeit in Kauf als Preis dafür, daß sie sich aus der jüdischen Welt hinausgewagt hatte, wobei sie anfangs auf die Ablehnung der adligen Welt stieß.

Doch langsam und zögernd betrat Rahel Levin in den frühen neunziger Jahren des 18. Jahrhunderts die adligen Kreise, die sie schon als Jugendliche angezogen hatten. Im Kurbad Teplitz lernte sie Josephine von Pachta kennen, eine nonkonformistische adlige Dame, und Gustav von Brinkmann, schwedischer Diplomat in Berlin und Sonntagsschriftsteller. Brinkmann war von der geistigen Originalität der kleinen Levi, wie er sie nannte, entzückt und stellte sie vielen seiner adligen Freunde vor; er war es auch, der seine prominenten Freunde überredete, Levins Salon zu besuchen. Während Rahels Mutter überzeugt war, daß diese neuen Freunde keinen guten Einfluß auf ihre Tochter hätten, waren sie für Rahel Levin die Erfüllung. Morgens schrieb sie lange, empfindsame Briefe, wodurch sie auch ihr Deutsch aufbesserte, nachmittags nahm sie Privatunterricht in Englisch, Französisch und Mathematik und abends ging sie oft in die Oper oder ins Schauspiel. Anschließend ließ sie sich und ihre nichtjüdischen Freunde zum Haus ihrer Mutter in der Jägerstraße kutschieren; dort in ihrer Dachwohnung diskutierten sie über Ifflands neuestes Theaterstück, Goethes Romane und die Französische Revolution. Rahel Levin blieb bis zu ihrem zweiundvierzigsten Lebensjahr, 1814, ledig. Nach einer Zeit der Einsamkeit während der französischen Besatzung Berlins und den Befreiungskriegen konvertierte sie und heiratete ihren jüngeren nichtjüdischen Bewunderer, den Diplomaten und Schriftsteller Karl August Varnhagen von Ense. Das Paar führte in den zwanziger Jahren des 19. Jahrhunderts einen zweiten Salon in Berlin, der aber kleiner und formeller war als die Zusammenkünfte in der Jägerstraße vor 1806.

Nicht alle jüdischen Salondamen waren so attraktiv wie Henriette Herz oder so rebellisch wie Rahel Levin. Sara Levy war eine der neun Töchter von Daniel und Marianne Itzig; ihr Vater war das Oberhaupt der damals mächtigsten und privilegiertesten jüdischen Familie in Berlin. Saras Schwestern Fanny und Cäcelie heirateten reiche jüdische Finanziers aus Wien, und die eine wie die andere führten dort einen Salon. Auch Sara heiratete innerhalb ihres Glaubens, und weder sie noch ihr Mann, der Bankier Solomon Levy, konvertierten. Die Levys führten in ihrem weiträumigen Haus im Zentrum der Stadt gegenüber der Börse einen großen Familienhaushalt. Nach 1795 lebten zwei Schwestern von Sara dort, die blinde Recha und die verwitwete Rebekka. 1804 mietete der Dichter Achim von Arnim eine Wohnung in Levys Haus. Die Töchter des Armeepfarrers Johann Uhden wohnten bis zu ihrem Tod dort. Jeden Donnerstag wurden etwa zehn bis vierzehn Gäste zum Mittagessen eingeladen, am Sonntagnachmittag luden die Levys zu Teegesellschaften ein. Unter den Gästen waren prominente Berliner Adlige sowie französische Diplomaten, die auf Besuch in der Stadt waren. Man pries Sara Levys sprachliche und musikalische Fähigkeiten, aber nicht ihr Aussehen oder ihren Typ. Sie sprach Französisch so gut wie ihre Muttersprache und spielte Klavierstücke von Haydn und Mozart vor, die beide zu ihren berühmtesten Gästen zählten. August Varnhagen fand sie dennoch »etwas spießig«, Clemens von Brentano klagte über die bei ihren Salongesellschaften herrschende Langeweile, und andere kritisierten, daß sie mit berühmten Namen hausieren ging. Aber weder der Mangel an äußerlichem gesellschaftlichen und intellektuellen Glanz noch ihre Treue zum Judentum beeinträchtigten ihre Stellung in der feinen Gesellschaft. Bis zu ihrem Tod 1854 empfing sie sonntags prominente Besucher. Mit 93 Jahren beeindruckte sie ihren Neffen dadurch, daß sie plötzlich aus der Kutsche sprang und auf der Straße tanzte.

Ein glanzvoller, aber kurzlebiger Salon wurde von Philippine Cohen, 1776 als Pessel Zülz geboren, geführt. Ihr Vater, der seinen Namen von Zülz in Bernhard änderte, hatte eine Seidenmanufaktur geerbt, in der einst Moses Mendelssohn gearbeitet hatte. Seine Tochter Pessel erhielt die stolze Mitgift von 100000 Talern; ihr glücklicher Bräutigam war Ephraim Cohen, der von Amsterdam nach Berlin umgezogen war. Die Berliner nannten ihn den »englischen Cohen«, weil er englische Spinnmaschinen einführte. Sie bekamen zwei Kinder. Im Jahre 1800 konvertierten alle vier, und Pessel nannte sich von nun an Philippine. Die Cohens bewohnten ein luxuriöses Haus direkt neben der Wollfabrik, die Ephraim Cohen und dem Staat gehörte und in der Hunderte von Arbeitern beschäftigt waren. In dem großen Cohenschen Haushalt herrschte ein ständiges Kommen und Gehen. Philippines Mutter, Madame Bernhard, besaß ein Haus auf dem Land, aber sie lebte häufig bei der Familie ihrer Tochter. Philippines Schwester, Frau von Boye, die von ihrem jüdischen Mann geschieden worden war und anschließend noch zwei Ehen mit adligen Männern führte, besuchte die Schwester oft. Zwei aufstrebende Schriftsteller, Wilhelm Neumann und Karl August Varnhagen, waren bei den Cohens angestellt und lebten im Haus, Neumann als Sekretär der Firma und Varnhagen als Hofmeister. Fast täglich gesellte sich noch eine größere Besucherschar zu den Mitgliedern des Haushalts. Man aß gemeinsam, plauderte, spielte Klavier und las aus Romanen und Tagebüchern vor. Karl August Varnhagen erinnerte sich, daß man dort Charakterskizzen der Gäste entwarf, sie laut vorlas und die Gäste erraten ließ, wen sie beschrieben. Philippines Schwester, Frau von Boye, verkehrte freundschaftlich mit einigen prominenten Intellektuellen, darunter Johann Gottlieb Fichte, Jean Paul (Richter) und Friedrich Schlegel. Von Zeit zu Zeit spielte sie die Gönnerrolle; so machte sie Neumann und Varnhagen mit ihren berühmten literarischen Freunden bekannt, indem sie alle in ihre Theaterloge einlud. Der Cohensche Salon wurde im Sommer 1804 geschlossen, denn Herr Cohen hatte den Annehmlichkeiten des Salonlebens mehr Aufmerksamkeit geschenkt als seiner Fabrik. Mißwirtschaft führte zum Zusammenbruch seiner Geschäfte. Seine Frau, seine Schwägerin und seine Schwiegermutter verloren ihr gesamtes Vermögen. Der Hof übernahm die Fabrik und erließ Haftbefehl gegen Cohen. Cohen floh nach Holland. Varnhagen, der für die Cohen-Geschichte unser Hauptinformant ist, verließ Berlin, kurz nachdem er seine Hofmeisterstelle verloren hatte, und so blieb das weitere Schicksal des Salons von Frau Cohen im dunkeln.

Im Jahr 1798, als sich die Salons von Herz, Levin, Levy und Cohen schon fest in Berlin etabliert hatten, schrieb Friedrich Schleiermacher, der 1796 nach Berlin gekommen war, seiner Schwester einen Brief, worin er ihr erklärte, warum sich die interessanteste Gesellschaft Berlins in den jüdischen Häusern treffe. Nach Schleiermachers Ansicht lag das nicht nur daran, daß die reichsten Männer in Berlin Juden waren, sondern auch daran, daß die Frauen und Töchter der jüdischen Finanziers sehr kultiviert waren und einen lockeren, lebendigen Stil der Geselligkeit pflegten. Schleiermachers Ausführungen, in denen er mit Nachdruck den besonderen Lebensstil der jüdischen Elite hervorhob, spiegelten Klagen aus adligen Kreisen wider, wo die steifen höfischen Zeremonien und Umgangsformen beklagt wurden.

Aber die Geschichte eines fünften Salons – des Salons der Herzogin von Kurland – zeigt, daß stilvolle, lebendige Geselligkeit keine Frage des Standes war, daß die durch die Starrheit der höfischen Gesellschaftsformen hervorgerufenen Probleme im Prinzip genausogut von Adligen wie von Juden gelöst werden konnten, auch von einer adligen Dame, wenn sie genug Geld besaß und die richtige Einstellung hatte.

Frau von Kurland stammte aus einer prominenten Adelsfamilie in den baltischen Provinzen. Sie und ihre jüngere Halbschwester Elizia erhielten eine gründliche Ausbildung von ihrer Stiefmutter, die sogar einen Hofmeister für die beiden Mädchen engagierte und gerne intellektuell interessante Gäste einlud. Der junge Mann, den sie als Hofmeister auswählte, war Daniel Parthey, der später, als er bei der Familie Nicolai Hofmeister war, Dorotheas Halbschwester Elizia bei Nicolais einführte. Mit achtzehn Jahren wurde die schöne Dorothea an den Herzog von Kurland verheiratet. Der Herzog, der viel älter und ziemlich gebrechlich war, kam den geistigen Interessen seiner Frau nach: Sie fuhren nach Italien, besuchten Immanuel Kant in Königsberg, Friedrich den Großen in Potsdam und Moses Mendelssohn in Berlin.

Im Jahr 1795 verlor der Herzog im Zuge der dritten Teilung Polens sein kleines Kurland an Rußland. Er war inzwischen immer kränklicher geworden. Dorothea, vierunddreißig Jahre alt, trennte sich von ihm. Nach seinem Tod im Jahre 1800 kaufte sie ein Landgut in der Nähe von Berlin für die Sommermonate und einen ehemaligen königlichen Palast Unter den Linden für den Winter. Hier eröffnete sie ihren Salon. Wegen ihres Rufes als fortschrittliche Adlige erntete sie sowohl Bewunderung als auch Kritik. Philanthropisch und großzügig, spendete sie jährlich ein Viertel ihres »Nadelgeldes« (4000 Taler im Jahr) für wohltätige Zwecke. Auf ihrem Landgut erhöhte sie die Löhne der Bauern und sorgte für Verbesserungen in der Dorfschule. Befreundeten verarmten Autoren ließ sie regelmäßig finanzielle Unterstützung zukommen. Jean Paul (Richter) und Ludwig Tieck verbrachten lange Zeit auf ihrem Gut. Die adligen Freunde der Herzogin, zu denen auch Königin Luise und andere Damen der königlichen Familie gehörten, teilten ihre Leidenschaft für Literatur, aber sie waren ausgesprochen schockiert über die Art und Weise, wie Dorothea ihre egalitären Prinzipien im Salon durchsetzte: Mit Vergnügen setzte sie ihre jüdischen und bürgerlichen Gäste direkt neben prominente Adlige an kleine Tischchen statt an die üblichen langen Tische. Auf diese Art baute die Herzogin die Grenzen ab, die die reichen Berliner voneinander trennten.

Dorothea Veit, das älteste Kind von Moses Mendelssohn, erhielt eine gründlichere Ausbildung als jedes andere jüdische Mädchen im damaligen Berlin. Aber wie im Fall von Henriette Herz, waren Mendelssohns Ansichten bezüglich Eheschließung weit weniger progressiv als bei der Frage der Ausbildung, und so wurde Dorothea im jugendlichen Alter an einen Mann seiner Wahl verheiratet, Simon Veit, einen freundlichen, aber völlig unintellektuellen Geschäftsmann. Dorotheas (oder Brendels, wie sie damals noch hieß) Anstrengungen, in den fünfzehn Jahren ihrer Ehe (zwischen 1783 und 1798) einen Salon zu führen, mündeten in die kleine, rein jüdische Vorlesungsgesellschaft, die sich jeden Donnerstagabend bei den Veits versammelte.

Aber dieser intellektuelle Verein entwickelte sich nicht zu einem Salon, was zum einen an dem mangelnden Interesse Simon Veits für avantgardistische Literatur lag, zum anderen an dem ernsten Wesen Dorotheas, die sich in Gesellschaft nie ganz wohl fühlte. Sie litt an ihrem Scheitern als Salonière aber nicht so sehr wie an ihrem Mann. Dennoch verließ sie ihn nicht, wie ihr von ihrer Freundin Henriette Herz angeraten wurde, und verschonte auch ihren Vater mit den traurigen Tatsachen, so daß Mendelssohn 1786 in dem Glauben starb, seine Tochter sei glücklich verheiratet. Noch vierzehn Jahre lebte Dorothea mit Simon und ihren beiden Söhnen zusammen, bis ein neuer Mann in ihr Leben trat: Friedrich Schlegel, der 1797 nach Berlin gezogen war. Sie begegneten sich im Salon der Herzens. Schlegel war fünfundzwanzig, Dorothea dreiunddreißig Jahre alt. Dorotheas intellektuelle Fähigkeiten und ihre Ernsthaftigkeit zogen Schlegel an, der solche Qualitäten als unverzichtbare Eigenschaften der neuen Frauengeneration proklamierte. Auch war Dorothea bereit, ihre Geisteskräfte ganz in den Dienst seiner Arbeit zu stellen. Ihre Opferbereitschaft kam sowohl Schlegels Vorstellung entgegen, daß eine emanzipierte Frau mit ihrem Lebensgefährten zusammenarbeiten sollte, als auch seinem Wunsch, eine Abschreiberin seiner Werke, eine Übersetzerin und Muse zu gewinnen.

Dorothea bezog allein eine kleine Wohnung in einem düsteren Stadtviertel und ließ ihre beiden Söhne bei Simon

Veit zurück. Ihre Verwandten rückten von ihr ab, weil sie traditionellen jüdischen Werten zuwidergehandelt hatte; die schroffe Abweisung durch viele ihrer gebildeten nichtjüdischen Freunde vergrößerte ihre Isolation. Theoretisch waren diese Freunde davon überzeugt, daß das Leiden in den arrangierten Ehen ein Ende haben müßte, doch praktisch distanzierten sie sich von der Rebellion Dorotheas. Hinzu kam, daß Schlegel sich etliche Feinde in den verschiedensten literarischen Bereichen gemacht hatte. Die einzigen Freunde, die der kranken Dorothea blieben, waren Schlegel, Schleiermacher und Henriette Herz, die sich über die Anordnung ihres Mannes, Dorothea nicht zu besuchen, hinwegsetzte. Als Schlegel seinen erotischen Roman ›Lucinde‹ veröffentlichte (1799), der allgemein als Beschreibung des neuen Lebens des Paares aufgefaßt wurde, verschärfte sich ihre gesellschaftliche Ächtung.

Dorothea Veit, die 1799 Berlin verließ, erreichte nie wieder in ihrem Leben den materiellen Komfort, die Stabilität und das gesellschaftliche Ansehen, die für die Führung eines Salons unabdingbar waren. In Jena, wohin das Paar zunächst zog, war Schlegel in erbitterte literarische Fehden verstrickt. Seine einflußreiche Schwägerin Caroline mochte Dorothea nicht. Das Paar war so arm, daß Dorothea einen Roman schreiben mußte, damit sie etwas zu essen hatten. Nachdem sie 1804 zum Protestantismus konvertiert war und Schlegel anschließend geheiratet hatte, erlangten beide eine gewisse gesellschaftliche Achtung. Doch zur Führung eines Salons reichte das nicht aus.

Nicht alle Salonières waren intellektuelle Persönlichkeiten. Sara und Marianne Meyer stammten aus einer reichen orthodoxen Familie und erhielten von ihren Eltern eine oberflächliche, modische Ausbildung. Wie bei Rahel Levin war das Elternhaus der beiden Schwestern vor 1780 als ein Ort der Geselligkeit bekannt. Dort begegneten die jungen Töchter zum ersten Mal einer Reihe von geschätzten nichtjüdischen Intellektuellen und ernteten deren Bewunderung. Die ältere Schwester Sara wurde von Lessing,

Herder und Goethe für ihre Persönlichkeit und Sprachbegabung gepriesen. Sie wurde in jungen Jahren mit Jacob Wulff verheiratet, ließ sich nach einem Jahrzehnt von ihm scheiden, konvertierte zum Protestantismus und trat später, aus unbekannten Gründen, wieder zum Judentum über. Sie konvertierte ein zweites Mal zum Protestantismus, um Baron von Grotthuss heiraten zu können. Der Salon, den sie als seine Frau führte, löste sich nach 1806, als Berlin unter Fremdherrschaft stand, auf: Der Baron hatte sein Vermögen verloren. Die elegante Sara von Grotthuss landete in Oranienburg, wo ihr verarmter Mann eine bescheidene Anstellung als Postmeister fand.

Der jüngeren Schwester, Marianne, machte zunächst Christian von Bernstorff, der Sohn des dänischen Botschafters in Berlin, den Hof, aber sein Vater verbot die Mesalliance. Dann verkündete Graf Gessler, der sächsische Botschafter am preußischen Hof, öffentlich, daß er Marianne heiraten wolle, doch er hielt sein Versprechen nicht. Schließlich heiratete Marianne Meyer den österreichischen Botschafter in Berlin, Fürst von Reuss. Sie muß ihren Salon vor seinem Tod im Jahre 1799 geführt haben, als sie noch die materiellen Vorteile und den Status einer Fürstin von Reuss besaß. Diese Vorrechte genoß sie, obwohl sie und ihr Mann in getrennten Haushalten lebten. Die Welt mit ihren Reglements warf Schatten auf diese Verbindung. Denn Marianne erhielt zwar den Titel ihres Mannes, sie wurde aber nicht als hoffähig betrachtet und durfte nie zusammen mit ihrem Gatten höfische Gesellschaften besuchen. Als Fürst von Reuss 1799 starb, zog sie nach Wien. Die Angehörigen ihres Mannes verweigerten es ihr, Namen und Titel weiterzuführen. Schließlich hatte ihre Eingabe beim österreichischen Kaiser Franz II. Erfolg: Sie durfte fortan den adligen Namen Frau von Eybenberg tragen. Ihr Einfluß in Wien als Salonière muß – trotz ihrer Freundschaft mit prominenten Adelsfamilien – sehr begrenzt gewesen sein, denn die Familie von Reuss nahm ihrer Schwiegertochter nicht nur den rechtmäßigen Titel einer Fürstin, sondern verweigerte ihr jegliche finanziellen Mittel und gab sie der Armut preis.

Die neunte Salonière war Rebecca Friedländer, geborene Solomon, die aus dem gleichen privilegierten Milieu stammte wie die anderen Salonières. Ihr Vater, der den Familiennamen Solomon in Saaling änderte, war Juwelenhändler des Hofes. Mit achtzehn Jahren heiratete Rebecca Moses Friedländer, den Sohn David Friedländers, eines reichen Seidenfabrikanten, der bei den Reformern innerhalb der jüdischen Gemeinde aktiv war. Aber die Ehe hielt nicht. Im Jahr 1804, Rebecca war dreiundzwanzig Jahre alt, ließ sie sich scheiden. Sie lebte allein in Berlin, verbrachte ihre Zeit damit, lange Briefe an ihre beste Freundin Rahel Levin zu schreiben, verfaßte eine Reihe mäßig rezipierter Romane und veranstaltete »Ästhetische Tees«. Sie konvertierte schließlich und nannte sich fortan Regina Frohberg, in der Hoffnung, daß das ihrer literarischen Karriere dienlich sei oder daß einer ihrer zahlreichen adligen Verehrer um ihre Hand anhalten würde. Aber keiner tat es, und Rebecca Friedländer blieb unverheiratet.

In den ersten Jahren nach ihrer Trennung von Moses Friedländer lebte Rebecca im Hause einer weiteren Salonière, Amalie Beer. Die Blüte ihres Salons fiel in die nachnapoleonische Zeit, seine Anfänge lassen sich vor 1806 zurückverfolgen. Amalie, ein Kind der Familie Liebmann, des ersten Hofjuden Berlins im 18. Jahrhundert, wurde mit sechzehn Jahren an Jacob Herz Beer, Besitzer von Zuckerfabriken in Berlin und Italien, verheiratet. Ihr Sohn Jacob Meyerbeer wurde später ein bekannter Komponist. Amalie Beer war eine »große Dame vom Scheitel bis zur Sohle, kultiviert, klug und charmant«. Ihre zahlreichen Reisen nach Italien, die wegen der Geschäfte ihres Mannes und der Erziehung ihrer Söhne unternommen wurden, machten sie noch welterfahrener. »Majestätisch und in vollendeter Perfektion« empfing sie Gäste aus allen Kreisen. An ihren Geburtstagen empfing sie Hunderte von Besuchern, die am frühen Morgen eintrafen und bis spät in die Nacht blieben. Später wurde das Haus der Beers ein Zentrum für die fortschrittlichsten Geister auf religiösem Gebiet und für die gesellschaftliche Elite. Israel Jacobson organisierte dort in den zwanziger Jahren des 19. Jahrhunderts eine »private« Reformsynagoge, nachdem sich die jüdischen Salons aufgelöst hatten.

Noch zwei andere Frauen sollen Salons geführt haben. Eine Skizze des Bildhauers Gottfried Schadow, die seine (konvertierte) Frau Marianne Devidel im Kreis der Graveursfamilie Abrahamson zeigt, wird als Beleg angeführt, daß die Abrahamsons einen Salon geführt haben. Andere Hinweise gibt es aber nicht. – Auch J. H. Unger, ein bekannter Herausgeber und Verleger, und Helene Unger, eine produktive Roman- und Sachbuchautorin, scheinen einen Salon geführt zu haben. Wie man aus Bemerkungen in ihren Veröffentlichungen schließen kann, scheint Helene Unger solchen Salongeselligkeiten eher feindlich gegenübergestanden zu haben. Ihre Schriften lassen keinen Zweifel daran, daß sie nur Verachtung für die Nachahmung des dekadenten, aristokratischen Lebensstils für die nach gesellschaftlicher Anerkennung lechzenden Bürger empfand. Ihr populärer Roman ›Julchen Grünthal‹ erzählt die Geschichte eines robusten jungen Mädchens vom Land, das in Berlin von ihrer französischen Gouvernante und jungen adligen Offizieren verdorben wird. In ihren ›Briefen über Berlin‹ verdammt sie die jüdischen Salondamen, weil sie intellektuell anmaßend seien. Manche glauben, Helene Ungers Angriff auf die jüdischen Frauen rühre aus einer enttäuschten Liebe her.

Zwei Salons wurden von Männern geführt. Andreas Reimer, Besitzer einer Buchhandlung, soll regelmäßig städtische Intellektuelle bei sich zu Hause eingeladen haben; nähere Einzelheiten darüber sind aber nicht bekannt. Der Bankier und Unternehmer Benjamin Veitel Ephraim scheint auch einen Salon geführt zu haben. Während des Siebenjährigen Krieges prägten sein Vater, Veitel Heine Ephraim, und Daniel Itzig die Münzen. Beide wurden beschuldigt, minderwertige Münzen in Umlauf gebracht zu haben, mit denen Friedrich der Große den Krieg finanzierte. Als Anerkennung für seine Dienste erhielt Ephraim die Erlaubnis, ein Palais auf dem Mühlendamm, im Zentrum der Stadt, zu errichten. Dort führte sein Sohn Benjamin ein luxuriöses Leben; er besaß sogar den einzigen weißen Teppich in Berlin. Doch das Glück währte nicht lange. 1787 und 1790 schickte Friedrich Wilhelm II. Benjamin Ephraim in geheimer Mission nach Brüssel und nach Paris, wo er im Interesse Preußens Verhandlungen mit den Franzosen führen sollte. Als Preußen ab 1805 einen Anti-Frankreich-Kurs steuerte, wurde er vollkommen diskreditiert und 1806 wegen seiner pro-französischen Haltung verhaftet. Er starb 1811, vereinsamt und verarmt.

Mit Ephraim schließt sich der Kreis der Personen, die nach Ansicht der Historiker zwischen 1780 und 1806 einen Salon in Berlin geführt haben. Nach gängigen Definitionen sind Salons häusliche Zusammenkünfte, die von einer Frau geleitet wurden und in denen intellektuelle Gespräche vorherrschten. Zwei weitere Definitionsmerkmale sind, daß die Salongäste aus verschiedenen Gesellschaftsschichten und Berufsgruppen stammten und daß keine offiziellen Einladungen verschickt wurden. Doch wenn wir uns zu streng an diese Definition halten, laufen wir Gefahr, daß uns die Vielfalt des vergangenen Lebens verlorengeht. Die Grenzen zwischen Salons, traditionellen geselligen Zusammenkünften und intellektuellen Vereinen waren fließend. Rahel Levin zum Beispiel hatte Geselligkeiten mal mit, mal ohne formelle Einladung gegeben. »Einen Salon zu führen« wird daher am besten als eine Tendenz oder als ein Idealtypus verstanden, der bei manchen Treffen mehr, bei anderen weniger in Erscheinung trat.

Salons waren sehr zerbrechliche Institutionen. Äußerst wichtig für einen erfolgreichen Salon waren Persönlichkeit und familiäre Umstände. Deutlich wird das beim plötzlichen Ende des Salons von Henriette Herz im Jahr 1803 und an den Schwierigkeiten, denen sich Dorothea Veit bei der Eröffnung eines Salons gegenübersah. Dennoch: Persönlichkeit und familiäre Verhältnisse mögen zwar entscheidend dafür gewesen sein, wer zu welcher Zeit als Salondame Erfolg hatte. Aber die sozialen Bedürfnisse bestimmter Schichten und Berufsgruppen sowie das politische Schicksal Preußens bildeten den größeren Hintergrund der Geschichte der Salons. Deutlich wird der Zusammenhang an dem Zusammenbruch des Salons der Rahel Levin, damals der populärste in Berlin. Anders als bei Henriette Herz im Jahr 1803 hatte sich Rahel Levins finanzielle Situation – und damit die Voraussetzung, Gäste zu empfangen – 1806 nicht dramatisch verändert. Aber in diesem Jahr verschwanden die gesellschaftlichen und ideologischen Voraussetzungen, unter denen Salons blühen konnten, und der charismatischen Rahel Levin gelang es nicht, ihren Kreis zusammenzuhalten.

Auch die Beziehungen der Salonteilnehmer untereinander waren äußerst zerbrechlich, denn diese Gesellschaft war außergewöhnlich heterogen. (Da es nicht möglich war, die Zusammensetzung jedes Salons zu rekonstruieren, bezieht sich der Begriff der Salongesellschaft auf die ungefähr einhundert Personen, die laut Quellen wenigstens einen Salon in jenem Vierteljahrhundert besucht haben.) Ein Drittel dieser hundert Personen waren Frauen *(s. Abb. 8)*. Schon in den letzten Jahrzehnten vor 1780 nahmen Frauen am Hofleben und an den kommerziellen Freizeitangeboten der Stadt teil, auch waren sie manchmal in intellektuellen Vereinen. Die Salons, die, statistisch gesehen, nur wenigen Frauen offenstanden, bedeuteten eine dramatische Veränderung für die wohlhabenden Frauen der Stadt. Im Hinblick auf symbolische und reale kulturelle Macht boten die Salons den glücklichen Teilnehmerinnen mehr Möglichkeiten als die anderen Freizeiteinrichtungen oder die intellektuellen Vereine; und zwar deshalb, weil Salons sich fast immer um bestimmte Frauen bildeten. Die Gäste teilten ihre Bewunderung für deren

Intellektualität und Persönlichkeit. Salons waren informelle Treffen, die zu Hause stattfanden, und es gab folglich kein männliches Auswahlkomitee, das über die Teilnehmer entschied.

Doch muß man bedenken, daß von den einunddreißig weiblichen Salongästen elf Salonières waren. In bestimmten Salons gab es also sicherlich nur sehr wenige Frauen, zum Beispiel im Salon der Rahel Levin. Bei Dorothea von Kurland fanden sich dagegen viele weibliche Gäste ein. Aber das hing mit ihrem hohen gesellschaftlichen Rang zusammen, der es ihr erlaubte, sich über Konventionen hinwegzusetzen. Auch war es Frauen nicht überall erlaubt, sich an philosophischen Gesprächen zu beteiligen, zum Beispiel nicht im Salon der Henriette Herz.

War die Anwesenheit von Frauen im Salon ein Zeichen für ihre Emanzipation, so scheint die jüdische Teilnahme keineswegs zwangsläufig über den Grad der jüdischen Emanzipation Auskunft zu geben. Zwanzig Juden gehörten zur Salongesellschaft. Die acht jüdischen Männer in den Salons stellten nur vierzig Prozent der männlichen Teilnehmer dar, während die zwölf jüdischen Frauen fast zwei Fünftel aller Frauen ausmachten. Neun von zwölf Frauen, die Salons führten, waren Jüdinnen. Die Gruppe der die Salons besuchenden Adligen zeigt ein ähnliches Muster: eine Überrepräsentation bei den Frauen, aber nicht bei den Männern. Ein Drittel der Salonteilnehmer war adlig. Neben der Hofgesellschaft hatten die Salons die höchste adlige Teilnehmerzahl von allen Freizeitmöglichkeiten in der Stadt. Weniger als ein Drittel der neunundsechzig männlichen Salonteilnehmer, aber mehr als zwei Fünftel der einunddreißig weiblichen Salongäste waren adlig. Unter den Salongästen waren nur wenige bürgerliche Frauen, die meisten bürgerlichen Salonteilnehmer waren Männer. Ein Viertel der Frauen, aber zwei Drittel der Männer in den Salons waren Bürgerliche *(s. Abb. 8)*.

Das Berufsprofil der männlichen Salongäste gleicht in etwa dem der Mitglieder intellektueller Vereine. Die Professoren waren unter den Salongästen überrepräsentiert, aber längst nicht so stark wie in den Vereinen. Beamte waren entsprechend ihrem Anteil an der gesamten Berliner Intelligenz vertreten. Pfarrer und Sekretäre fanden nur schwer Zutritt. Die meisten männlichen Salonteilnehmer kamen aus vier Berufsgruppen der oberen Einkommensschicht: Sie waren Gutsbesitzer, Beamte, Kaufleute und Professoren. Die hohe Zahl von Gutsbesitzern erklärt sich daraus, daß viele Adlige noch von der Landwirtschaft lebten. Die Beamten unter den Salongästen waren gleichermaßen Adlige und gut ausgebildete Bürgerliche. Die wenigen jüdischen Männer in den Salons waren fast ausnahmslos Kaufleute. Die Professoren, darunter viele Emporkömmlinge, hatten den Gipfel der institutionellen Karriere erreicht. Die Salonteilnehmer aus diesen vier Berufsgruppen waren verhältnismäßig jung. Im Jahr 1800 war ein Fünftel der Berliner Intelligenz unter fünfunddreißig Jahren, in den intellektuellen Vereinen ein Zehntel, in den Salons zwei Fünftel der Teilnehmer *(s. Abb. 10)*.

Im zweiten Kapitel untersuchten wir die sozialen Bedürfnisse in den beiden Ständen, deren Mitglieder so entscheidend für das Aufkommen der Salons waren. Das dritte Kapitel gab einen Überblick über die Intelligenz, die Zutritt zu den Salons suchte. Dann haben wir die öffentlichen Institutionen, zu denen auch die Salons gehörten, vorgestellt. Nun müssen wir uns in die Salons hineinbegeben, die Freundschaften, Liebesaffären und literarischen Werke näher betrachten, die die Männer und Frauen der Salons miteinander verbanden, und nach den persönlichen Motiven und Gründen fragen, aus denen man sich für einen bestimmten Salon entschied.

5

Die Männer der Salons

Friedrich Schleiermacher

Fürsten und Gelehrte

Als die französische Schriftstellerin und Salonière Germaine de Staël im Frühjahr 1804 Deutschland besuchte, war sie verzweifelt darüber, wie schwierig es sei, Fürsten und Gelehrte an einen Tisch zu bringen. Madame de Staël klagte, daß in Deutschland die Adligen zu wenig Ideen und die Gelehrten zu wenig Erfahrung in Geschäftsdingen hätten. Doch trotz dieser Mängel sei in Berlin das gesellschaftliche Leben viel ausgeprägter als in anderen Städten.

Der gesellige Umgang zwischen Männern aus verschiedenen »Klassen« hatte sich ganz allmählich seit 1780, als das Ehepaar Herz seinen Doppelsalon eröffnet hatte, entwickelt. Die reichen und kultivierten jüdischen Gastgeberinnen waren ein entscheidender Magnet, der diese heterogene Salongesellschaft zusammenschmiedete. Die neunundsechzig Männer der Salongesellschaft waren über Standes-, Religions- und Berufsschranken hinweg verbunden: Ohne diese Verbindungen wären die Salons niemals zusammengewachsen.

Am Anfang setzte sich die Salongesellschaft hauptsächlich aus älteren, gutsituierten männlichen Intellektuellen zusammen, die wie die meisten Intellektuellen einem aufgeklärten Rationalismus anhingen. Groß war die Bewunderung für die französische Kultur, und niemand ahnte, daß diese Frankophilie mit einem aufkommenden preußischen Nationalismus zusammenprallen würde. Berlins Intellektuelle verbanden Loyalität zu Preußen mit einem aufgeklärten Rationalismus, sie brachten beide Vorlieben zusammen, leidenschaftlich davon überzeugt, daß in Preußen ein aufgeklärterer Despotismus herrsche als einst in Frankreich. Auch junge Intellektuelle außerhalb Preußens dachten so, wie zum Beispiel Christian Wilhelm Dohm, der sich später in Berlin niederließ und als Verfasser der Abhandlung ›Über die bürgerliche Verbesserung der Juden‹ bekannt wurde. Er bewarb sich wiederholt um einen Posten in der fortschrittlichen preußischen Verwaltung, während er noch an der Göttinger Universität studierte. Der schwedische Diplomat Gustav von Brinkmann, der viele Adlige in den Salon von Rahel Levin einführte, faßte zusammen, was das Wort »Preußen« für seine Generation bedeutete. Eines Abends erklärte eine Freundin von Rahel Levin, Gräfin Schlabrendorf, daß Juden und Bürgerliche in die Klasse der Neger eingestuft werden müßten. Von Brinkmann war empört, denn mit diesem Satz hatte die Gräfin »Preußen gänzlich verdammt«, und ihrem unaufgeklärten und deshalb unpatriotischen Antisemitismus mußte widersprochen werden.

Die männlichen Gäste des Herz-Salons teilten 1780 von Brinkmanns aufklärerisches Engagement. Anfangs versammelten sich zum Abendessen bei Henriette und Markus Herz nichtjüdische bürgerliche Intellektuelle mit gepuderten und gelockten Haaren und in dunkelfarbigen Kniehosen, denen Markus Herz in den wenigen Gelehrtenvereinen begegnet war, die ihm Zutritt gewährten. Johann Biester gab die ›Berlinische Monatsschrift‹ heraus, die wichtigste Zeitschrift der Aufklärung in Berlin. Karl Philipp Moritz, Sohn eines Hutmachers, war Schriftsteller, Publizist und Professor an der königlichen Akademie der Wissenschaft und wurde wegen seines erstaunlichen Aufstiegs bewundert. Friedrich Nicolai, einer der angesehensten Verleger und Buchhändler Deutschlands, war ein treuer Freund von Moses Mendelssohn, dem Mentor von Markus Herz. Johann Reichert war ein einflußreicher Dirigent. Einer der wenigen jüdischen Männer, die den Salon Herz besuchten, war David Friedländer, Textilunternehmer, Privatbankier, Vorsteher der jüdischen Gemeinde und Autor. Wahrscheinlich traf Friedländer dort Pfarrer Wilhelm Teller. 1799 löste Friedländer mit einer Anfrage bei Teller eine große Kontroverse aus: Juden sollten durch eine »trokkene Taufe« zur protestantischen Kirche übertreten können, ohne sich zu den irrationalen Forderungen des Christentums bekennen zu müssen.

Adlige traf man im Salon Herz so selten wie Juden, auch wenn einige der angesehensten Adligen der Stadt, wie zum Beispiel Mitglieder der königlichen Familie, die wissenschaftlichen Vorlesungen von Markus Herz mit ihrer Anwesenheit beehrten. Im Jahr 1780 empfanden Fürsten es als deklassierend, in jüdischen Häusern zu speisen oder ohne förmliche Einladung und Anmeldung dort zu erscheinen. Eine Ausnahme war Graf Honoré de Mirabeau, der 1786 im Geheimauftrag der französischen Regierung nach Berlin gesandt worden war, um die Tragweite des zu erwartenden Todes König Friedrichs auszuloten. Aber Mirabeau war als ausländischer Adliger eine Ausnahme im Salon Herz, dessen Gäste Beamte, Professoren, Pfarrer und Schriftsteller zwischen vierzig und fünfzig Jahren waren. Viele von ihnen waren Mitglieder des Montagsvereins, der Mittwochsgesellschaft oder der königlichen Akademie der Wissenschaft; manche gehörten mehreren Gelehrtenvereinen an. Diese Gelehrten kamen zunächst wegen der naturwissenschaftlichen und philosophischen Vorlesungen über Kant zu Markus Herz nach Hause. Aber auch der Charme von Henriette sowie die Großzügigkeit, mit der das Paar seine Geselligkeiten pflegte, trugen zweifellos mit dazu bei, daß prominente Mitglieder der angesehenen Vereine zu ihnen kamen. Am Anfang war also der Herz-Salon, und folglich die Salongesellschaft insgesamt, ein im wesentlichen häuslicher, privater Ableger der intellektuellen Vereine, auch im Hinblick auf personelle Zusammensetzung und Ideologie.

In den neunziger Jahren, als Henriette ihren eigenen Kreis junger Freunde um sich schuf, die sich in den achtziger Jahren als Jugendliche noch am Rande des Salons bewegt hatten, wurde die Zusammensetzung der Gäste bunter. Wilhelm und Alexander von Humboldt wurden von ihrem Hofmeister Gottlob Kunth zum ersten Mal 1786 in den Salon mitgenommen. Wilhelm von Humboldt kam bald häufiger und wurde ein enger Freund von Henriette Herz. Sie unterrichtete ihn in Hebräisch, und er schrieb ihr von seinem Landgut in Tegel verschlüsselte Briefe, in denen er hebräische Schriftzeichen verwendete und klagte, wie sehr er Berlin vermisse. Betrübt nannte er sein Gut »Schloß der Langeweile«. Ausgedehnter Briefwechsel und eine enge Symbolsprache waren auch Merkmale des »Tugendbundes«, den beide 1787 gründeten und der weitere nichtjüdische junge Intellektuelle unter Henriettes Obhut brachte. Durch den Tugendbund lernte Henriette auch Karl La Roche, den attraktiven Sohn der berühmten Schriftstellerin Sophie La Roche, kennen sowie Caroline von Dacheröden, die spätere Frau Wilhelm von Humboldts.

Rahel Levin, Henriettes Kindheitsfreundin, die anfangs zu den jungen Leuten im Umfeld des Salons Herz gehörte, gründete Mitte der neunziger Jahre ihren eigenen Salon, wo sich noch bunter zusammengewürfelte prominente Gäste einfanden. Rahel mochte die Sentimentalität des Tugendbundes nicht. In den böhmischen Kurbädern befreundete sie sich mit rebellischen adligen Damen, mit deren Hilfe es ihr gelang, allmählich einen großen Kreis nichtjüdischer Bewunderer an sich zu binden. Der Diplomat und Sonntagsschriftsteller Gustav von Brinkmann war dabei die entscheidende Figur, weil es ihm enormes Vergnügen bereitete, neue Verbindungen zu fördern und jemanden in die Gesellschaft einzuführen, wie zum Beispiel die Gebrüder Humboldt und deren Freund Friedrich Gentz. Gentz brachte seinerseits Friedrich Schleiermacher mit, seinen theologischen Freund aus der gemeinsamen Universitätszeit in Halle. Schleiermacher lebte seit 1794 in Berlin und war ein treuer Hausfreund im Salon Herz; Graf von Dohna, dessen Kinder er unterrichtete, hatte ihn dort eingeführt. Als Friedrich Schlegel 1798 nach Berlin zog, führte ihn von Brinkmann bei Schleiermacher, dem Ehepaar Herz und Rahel Levin ein. Wilhelm von Burgsdorff, der mit den Humboldt-Brüdern befreundet war, brachte seinen Freund Ludwig Tieck mit zu den Zusammenkünften in Rahels Dachwohnung. Als der ehemals verarmte und jetzt gefeierte Schriftsteller Jean Paul (Richter) 1800 in Berlin ankam, war Rahels Salon eine der Hauptattraktionen der Stadt. Auch Johann Gottlieb Fichte, Deutschlands neuer Starphilosoph, der im Zuge eines öffentlichen Streits mit der Universität über seinen Atheismus aus Jena geflüchtet war, fand in Rahels Salon ein intellektuelles und gesellschaftliches Zuhause.

Die Männer, die das Ehepaar Herz in den frühen achtziger Jahren besuchten, unterschieden sich erheblich von denen, die in den neunziger Jahren nach dem Theater bei Rahel Levin vorbeischauten. Sie waren jünger, wenig etabliert, Verächter von Perücken und Puder, manche in knallgelben Kniehosen. Ihre Frauen und Schwestern legten die traditionellen Hauben ab und trugen ihre Haare einfach gelockt. Es gab in den vierzehn Berliner Salons nur wenige Frauen, doch die Frauen und die weibliche Sensibilität spielten für die jungen Männer der späteren Salons eine größere Rolle als für ihre älteren Vorgänger.

Die Intellektuellen der späteren Salons schrieben vor allem Gedichte und Romane, weniger naturwissenschaftliche und aufklärerische Abhandlungen, die von den Intellektuellen der früheren Salons favorisiert wurden. Angeführt von den Brüdern Schlegel und Friedrich Schleiermacher kämpften die Männer, die in den neunziger Jahren Salons besuchten, gegen den ihrer Meinung nach extremen Rationalismus der späten Aufklärung, dessen Hochburg Berlin vor fünfzehn Jahren gewesen war. Diese jungen Männer scharten sich um Goethe, dessen Romane von Nicolai, dem berühmtesten Intellektuellen der Aufklärung in Berlin, verrissen wurden. Die politischen Auseinandersetzungen zwischen den Verteidigern der Aufklärung und den Frühromantikern spitzten sich mit dem Fortschreiten der Revolution in Frankreich zu; viele Romantiker in Berlin bezogen schließlich gegen die Revolution Stellung. Es war Friedrich Gentz, der Edmund Burkes Buch gegen die Revolution übersetzte und verbreitete.

Rahel Levin empfing regelmäßig Besuch von Prinz Louis Ferdinand, dem schillernden Neffen König Friedrichs. Andere adlige Freunde von Rahel stammten aus mächtigen alten Adelsfamilien, zum Beispiel aus den Familien von Finckenstein, Schlabrendorf, Pachta, Radziwill und Dohna. Einige ihrer ausländischen adligen Freunde waren Aristokraten im Exil, geflohen aus dem revolutionären Frankreich, zum Beispiel Fürst von Ligne, Graf Alexander von Tilly und Madame de Genlis. Aber Rahel Levin war nicht die einzige jüdische Salonière, die mit ranghohen Adligen befreundet war. Sara und Marianne Meyer heirateten beide hochrangige Adlige und waren Freundinnen der Familien von Clary, Ligny und Kurland. Sara Levys Verbindungen zu einheimischen und ausländischen Adligen stammten zum Teil noch aus ihrem familiären Erbe: Ihr Vater, Daniel Itzig, war der erste Jude in Preußen, der die Rechte eines preußischen Bürgers zuerkannt bekam, der erste Jude, der Landbesitz in der Nähe von Berlin erwerben durfte, und der Privatbankier von Friedrich Wilhelm II. Ihre Schwestern, Fanny von Arnstein und Cäcelie von Eskeles, führten Salons in Wien, die von prominenten Adligen besucht wurden.

Natürlich hatten sich Adlige und Juden schon früher in den neuen öffentlichen Einrichtungen, die am Ende des 18. Jahrhunderts auftauchten, bei musikalischen, theatralischen oder intellektuellen Veranstaltungen getroffen. Die Zeitgenossen waren sich des großen Schrittes bewußt, den Mitglieder mächtiger adliger oder sogar königlicher Familien machten, als sie begannen, ihre Freizeit in jüdischen Privathäusern zu verbringen. Ein jüdisches Haus war kein neutraler Boden. Unabhängig davon, wie reich die Juden waren, wie großzügig sie die Geselligkeit pflegten oder wie kultiviert ihre Töchter waren, sie blieben auf der unteren Stufe der Ständehierarchie. Bis 1812 bestanden die hohe Besteuerung und die erniedrigenden Beschränkungen der jüdischen Gemeinde, und die Bevölkerung blieb offen antisemitisch. So wurde Moses Mendelssohn von einem betrunkenen Antisemiten auf offener Straße beschimpft und, als er Kants Seminar 1777 besuchte, von den Philosophiestudenten Immanuel Kants verhöhnt.

Das Haus eines reichen Juden zu betreten war aber nicht die höchste Ehre, die ein Adliger einem Juden gewähren konnte. Größer war die Ehre, wenn ein Fürst oder Adliger einen Juden in sein Haus einlud und alle anderen Gäste Adlige waren. Der Besuch eines Adligen war für den jüdischen Gastgeber mit einem immensen Statusgewinn verbunden. Vor der Zeit der späten Salons suchten Mitglieder der königlichen Familie oder hohe Adlige sehr selten jüdische Häuser auf oder luden Juden zu sich ein, und wenn, dann war dies als eine Geste der Anerkennung zu verstehen; so zum Beispiel die Gegenwart Prinzessin Anna Amalias, Schwester Friedrichs des Großen, anläßlich des Laubhüttenfestes von Henriette de Lemos oder Moses Mendelssohns Einladung zur Audienz beim König in Potsdam, die nie stattfand. Die Teilnahme von Adligen an den späten Salons erreichte einen Grad der Intimität, der weit über die früheren adlig-jüdischen Kontakte beim Promenieren, beim Konzert- und Theaterbesuch, bei Vorlesungen und gesellschaftlichen Sonderveranstaltungen hinausging. Bemerkenswert ist, daß Adlige dann Salons besuchten, als ihr Wohlstand gefährdet war. Als Junker in der Landwirtschaft oder als Beamte in der Verwaltung verdienten sie nicht genug Geld. Das hatte zur Folge, daß viele preußische Adlige die Schranken, die sie von den Reichen anderer Stände trennten, vertieften anstatt abbauten. Den Adligen blieben zwar weiterhin die Spitzenpositionen im Staats- und Militärdienst vorbehalten, aber gleichzeitig wurden immer mehr Bürgerliche in den Adelsstand erhoben. Als der Adel an ökonomischer Macht verlor, legten viele Adlige größeren Wert auf ihre exklusiven Titel, auf standesgemäße Heirat und auf ritualisierte Formen der Geselligkeit.

Die Abhängigkeit der Adligen von jüdischen Bankiers konnte dabei leicht in Antisemitismus umschlagen. Achim von Arnim zum Beispiel – er zählte zu den Gästen des Salons von Sara Levy – war ein offener Antisemit, der schließlich einen Verein gründete, von dem Juden und Frauen ausdrücklich ausgeschlossen waren. Sein Antisemitismus soll zum Teil von seiner Abneigung gegen die jüdischen Bankiers hergerührt haben, auf deren Anleihen seine Familie angewiesen war. Warum so viele Adlige die späten jüdischen Salons besuchten, kann also weder durch bereits bestehende kulturelle Kontakte noch durch die bedrohte Lage des Adels als Stand oder die ökonomische Abhängigkeit einiger Adliger von einzelnen jüdischen Bankiers erklärt werden.

Um dem Geheimnis auf die Spur zu kommen, muß man das Leben der neunundsechzig Männer, die wenigstens einen der vierzehn Salons zwischen 1780 und 1806 besuchten, unter die Lupe nehmen – ein kleiner Kreis, verglichen mit den Intellektuellen, die Gelehrtenvereinen angehörten. Die starke Konkurrenz unter den Intellektuellen um ein Entrée in die Salons hing sicherlich damit zusammen, daß viele Plätze in der Salongesellschaft für Nichtintellektuelle reserviert waren. Dreizehn der neunundsechzig männlichen Salonteilnehmer haben kein einziges gedrucktes Wort hinterlassen. Vielleicht waren sie große Briefschreiber oder brillante Unterhalter, aber Geld konnten sie mit dem Wort nicht verdienen. Diese männlichen Salonteilnehmer werden hier »Dilettanten« genannt in der Bedeutung, die der Begriff im späten 18. Jahrhundert hatte, als damit ein Enthusiast, ein Liebhaber der Kunst bezeichnet wurde. In einer Epoche, in der viele akademische und künstlerische Disziplinen neu waren und von Laien, die über Geld und Zeit verfügten, ausgeübt wurden, war es ein Lob, als Dilettant bezeichnet zu werden.

Weil die unbezahlte Beschäftigung mit den Künsten sich nur die Privilegierten mit genügend Geld und freier Zeit leisten konnten, überrascht es nicht, daß diese Salonbesucher eine privilegierte Untergruppe der Intelligenz in Berlin darstellten. Adlig waren sechsundzwanzig männliche Salonbesucher, fünfunddreißig waren Bürgerliche, und nur acht Männer waren Juden. Die intellektuellen Vereine hatten nur sechs Prozent adlige Mitglieder, die Intelligenz insgesamt nur fünfzehn Prozent. In der Salongesellschaft waren durchschnittlich mehr Beamte und viel weniger Professoren als in der Intelligenz insgesamt. Hofmeister und Schriftsteller gingen eher in die Salons als in die intellektuellen Vereine, während Sekretäre, Pfarrer und Lehrer in beiden Institutionen nur selten vertreten waren *(s. Abb. 9)*. Die Männer in den Vereinen waren in der Regel älter als der Durchschnittsintellektuelle. Im Jahr 1800 waren nur zwölf Prozent der männlichen Vereinsmitglieder fünfunddreißig Jahre oder jünger, während ein Fünftel der gesamten Intelligenz in dieser Altersklasse war. Die männlichen Salonbesucher waren im Jahr 1800 viel jünger, fast zwei Fünftel fünfunddreißig Jahre oder jünger.

Die Salons waren exklusiv und wurden von vielen Adligen frequentiert, gleichzeitig gab es unter den männlichen Salonbesuchern mehr Aufsteiger als unter den Intellektuellen, die keinen Salon besuchten. Die Intellektuellen in und außerhalb der Salons stammten zur Hälfte aus Familien der mittleren Einkommensstufe. Im Jahr 1800 kamen weniger männliche Salonbesucher (siebzehn Prozent im Vergleich zu fünfundzwanzig Prozent) aus der mittleren Einkommensschicht. Eine andere Statistik weist auf den gleichen Trend hin. Es blieben nicht nur weniger männliche Salonbesucher auf der Einkommensstufe ihrer Väter, es stiegen auch mehr von ihnen in höhere Einkommensschichten auf (über ein Drittel) als die Intellektuellen außerhalb der Salons (nur ein Viertel). Diese Zahlen lassen vermuten, daß der Salon ein Ort war, wo Emporkömmlinge mit der Creme der Berliner Gesellschaft verkehren konnten.

Den dreizehn adligen Dilettanten wurde die Salontür nicht wegen ihrer intellektuellen Fähigkeiten geöffnet. Ihre Anwesenheit in der Salongesellschaft war ein Zeichen dafür, daß man nur ein Aristokrat mit Titel, entsprechendem Auftreten und einflußreichen Freunden zu sein brauchte, um Zutritt zu den Salons zu erhalten. Wenn man dagegen als Bürgerlicher geboren war, spielte der literarische Ruf offenbar eine wichtige Rolle. Die Titel der adligen Dilettanten sind beeindruckend: drei Fürsten und sechs Grafen. Sie waren im diplomatischen Dienst oder Offiziere, Beamte oder Gutsbesitzer. Die Diplomaten waren häufig Ausländer, die einer fremden Macht in Berlin dienten: Graf Christian von Bernstorff gehörte in den neunziger Jahren der dänischen Botschaft in Berlin an; Graf Casa-Valencia und sein Assistent, der Legationsrat Raphael d'Urquijo, vertraten Spanien. Fürst Heinrich von Reuss war bis zu seinem Tod 1799 der österreichische Botschafter in Preußen; Graf Karl von Finckenstein wurde zum Diplomaten ausgebildet, bevor er 1799 Berlin verließ, um auf einem diplomatischen Posten Preußen in Wien zu vertreten. Der Italiener Major Peter von Gualtieri, der Jahre am Hof von Versailles verbracht hatte, diente schließlich Preußen im militärischen und diplomatischen Dienst.

Ausländer und Preußen, die in der Fremde arbeiteten, hielten an traditionellen Standesvorurteilen nicht so stark fest wie die einheimischen Adligen. Die Distanz der Diplomaten zu den Normen der preußischen Junker konnte sich nur vergrößern, wenn sie zugleich im Besitz hoher Titel waren und alten, mächtigen Adelsgeschlechtern im Ausland angehörten. Eine gesicherte Position ganz oben in der Standeshierarchie trug dazu bei, daß manche sich die Freiheit nahmen, mit bestimmten Traditionen zu brechen. Außerdem war es von großer Bedeutung, daß einige der ausländischen Dilettanten und der adligen Intellektuellen Franzosen waren oder lange in Frankreich gelebt hatten. Die meisten französischen Adligen wußten den Reiz einer bunt gemischten Gesellschaft besser zu schätzen als die einheimischen Junker, und sie waren meistens in den Künsten und Wissenschaften bewandert genug, um mit Intellektuellen ernsthafte Gespräche führen zu können. Das Ziel von Henriette Herz und Rahel Levin, die eine Synthese zwischen französischer und deutscher Kultur herstellen wollten, rückte durch die Anwesenheit von französischen Adligen unter ihren Freunden näher.

Natürlich sind Franzosen auch schon früher nach Berlin gekommen; das begann mit den Hugenotten im 17. Jahrhundert. Aber die Französische Revolution löste eine Emigrationswelle von Adligen nach Berlin aus, einem begehrten Zufluchtsort vor politischen Verfolgungen. Das Hofleben unter Friedrich Wilhelm II. (1786–1797) war luxuriös bis dekadent, und das allgemeine Gesetzbuch von 1794 sicherte dem Adel die traditionellen ökonomischen Standesprivilegien. Doch Adlige auf der Flucht vor der Revolution fielen manchmal aus der Rolle. Major Gualtieri machte sich zum Beispiel einen Spaß daraus, prominente Persönlichkeiten vor den Kopf zu stoßen, indem er sich mit Nichtadligen befreundete. Er ging oft aus der Hofgesellschaft weg, um – wie er bewußt darauf hinwies – zu den Levins zu gehen, wo die klügsten Leute zusammenkämen, und sogar gegenüber Königen rühmte er mit Absicht diesen geselligen Kreis als einen, der jeden anderen in den Schatten stelle.

Auch emigrierte dilettierende Adlige beeinflußten durch Stil und Kultiviertheit einheimische Standesgenossen, mit denen Freundschaften entstanden. Als Prinz Louis Ferdinand neunzehn Jahre war, nahmen seine Eltern ihn in einen nahegelegenen Kurort mit. Die dort weilenden französischen Immigranten faszinierten den jungen Prinzen. Ihr Stil wurde ihm vorbildhaft. Zurück in Berlin, fanden ihn seine Familie und Freunde »vollkommen verwandelt«. Prinz Louis Ferdinand blieb dem französischen Lebensstil treu, sogar als seine Politik entschieden antifranzösisch wurde. Seine Begeisterung für die sexuelle Libertinage des französischen Adels blieb ungebrochen, und obwohl er ein eifriger Gegner Napoleons war, pflegte er weiterhin seine Freundschaften mit französischen Adligen. Seine Verehrer schockierte er mit seiner öffentlichen Liebesaffäre mit Pauline Wiesel, einer engen Freundin von Rahel Levin. Später lebte er offen mit der Bürgerlichen Henriette Fromm zusammen und hatte Kinder mit ihr.

Viele der einheimischen dilettierenden Adligen wurden durch Freunde Rahel Levins in die Salons eingeführt. Burgsdorff zum Beispiel wurde von Gustav von Brinkmann im Sommer 1795 der Levin in Bad Teplitz vorgestellt. Rahel Levin war die enge Vertraute von Prinz Louis Ferdinand. In ihrer Dachwohnung spielte er den Freunden seine Kompositionen auf dem Klavier vor, und nachmittags, wenn sie allein waren, erzählte er Rahel von seinen Liebesaffären. Noch enger war Rahels Beziehung zu Graf Karl von Finckenstein, einem Mitglied der mächtigsten Adelsfamilie in Preußen. Von 1795 bis 1799 waren die beiden verlobt und hatten wahrscheinlich eine intime Liebesbeziehung. Auch Graf Alexander von Dohna stammte aus einer alten mächtigen Adelsfamilie. Er war ein Studienfreund Alexander von Humboldts an den Universitäten in Frankfurt an der Oder und Göttingen und wurde von Friedrich Schleiermacher, dem Hofmeister seiner Kinder, in den Herz-Salon eingeführt.

Die ausländischen dilettierenden Adligen in den Salons waren meistens ältere Männer, während die einheimischen adligen Salonbesucher erheblich jünger waren. Wilhelm von Burgsdorff, Graf Alexander von Dohna, Prinz Louis Ferdinand, Fürst Anton Radziwill und Graf von Finckenstein waren in den neunziger Jahren zwischen zwanzig und dreißig Jahre alt.

Die Teilnahme an den neuen Bildungseinrichtungen beeinflußte oft die Wertvorstellungen des einheimischen

Adels. Diese neuen Wertvorstellungen gaben den Anstoß zum Salonbesuch. Die Geschichten der Vettern Wilhelm von Burgsdorff und Graf Karl von Finckenstein zeigen, wie drastisch die Transformation adliger Werte sein konnte. Die Freundschaften der beiden erhellen nicht nur diese Wertvorstellungen, sondern auch die Bedeutung, die sie für den gesellschaftlichen Aufstieg der weniger angesehenen Männer, die mit ihnen befreundet waren, hatten. Von Burgsdorff, 1772 in eine alte preußische Adelsfamilie hineingeboren, besuchte das Friedrichswerder Gymnasium in Berlin und begegnete dort dem ein Jahr jüngeren Ludwig Tieck, Sohn eines Seilers. 1791 begannen beide ihr Studium an der Universität in Halle. Tiecks Vater glaubte, daß nur die Theologie seinem Sohn zu der nötigen Gelehrsamkeit und einer späteren Anstellung verhelfen könnte; Burgsdorff studierte auf Familienwunsch Jura. Durch Burgsdorffs finanzielle Großzügigkeit konnte Tieck schließlich die verhaßte Theologie aufgeben; später wurde er für seine Verschwendungssucht berühmt.

Tiecks Freundschaft mit Burgsdorff erwies sich gerade in dieser Beziehung als sehr nützlich. Im Herbst 1792 schrieb er seiner Schwester aus Halle, sie solle sich über seine Armut keine Sorgen machen: »Ich gehe viel mit Burgsdorff um... er ist unter allen hier mein bester Freund! Von ihm kann ich auch so viel Geld leihen, als ich will, wenn ich es sehr nötig brauche; also mache Dir ja keine unnötige Sorge.« Burgsdorff erfüllte zunächst (1795 bis 1796) die Wünsche seines Vaters: Er war als Junioranwalt für den preußischen Hof tätig. Aber schon bald tauschte er das Leben eines Staatsbeamten gegen das eines umherschweifenden literarischen Dilettanten ein, der ganz der Kunst und der Freundschaft lebte. Er wohnte 1797 in Jena bei Wilhelm und Caroline von Humboldt und traf dort auch Friedrich Schiller. Mehrmals verbrachte Tieck den Sommer zusammen mit Burgsdorff und gemeinsamen Freunden auf dessen Landsitz in Ziebingen. Im Sommer 1796 besuchten Burgsdorff und Rahel Levin die Kurorte

Karlsbad und Teplitz. Burgsdorffs Rebellion beschränkte sich nicht darauf, daß er mit verarmten Schriftstellern und jüdischen Frauen umherzog. Er weigerte sich auch, eine Frau zu heiraten, die seine Familie ausgewählt hatte. Statt dessen richtete sich seine romantische Vorliebe auf die Frauen seiner besten Freunde, Humboldt und Tieck. Burgsdorff wurde nachgesagt, daß er der Vater jeweils eines Kindes sei, das die beiden Frauen in jenen Jahren zur Welt brachten. Trotz dieser Affären blieben alle freundschaftlich verbunden, was beweist, wie emanzipiert das Sexualleben in diesem Kreis war.

Obwohl Burgsdorff genügend Bargeld besaß, um Tiecks Champagner zu bezahlen, plagten auch ihn finanzielle Sorgen: 1807 mußte er sein Landgut verkaufen. Seine Beziehung zu Tieck zeigt, wie egalitär sich das literarische Mäzenatentum seit der Zeit gestaltet hatte, da der Patronatsherr die Bücher eines Schriftstellers publizieren und verbreiten ließ. Tieck war in dieser Hinsicht nicht auf die Hilfe von Burgsdorff angewiesen, denn er beherrschte die Gesetze des literarischen Marktes sehr gut, wie sein Sieg im Prozeß gegen Nicolais Sohn und Nachfolger zeigte, der in seinem Werk herumgepfuscht hatte. Tieck war aber auf Kredite von seinem adligen Freund angewiesen, auf seine Gastfreundschaft und auf seine Beziehungen. Burgsdorff half Tieck, weil er über die intellektuellen Fähigkeiten verfügte, um Tiecks Talent einzuschätzen, und weil er selbst nicht am literarischen Leben teilnahm – und nicht etwa deshalb, weil er Ansehen als Mäzen gewinnen wollte.

Burgsdorffs Cousin, Karl von Finckenstein, wurde ebenfalls vom Wandel adliger Werte erfaßt. Er suchte die Nähe der Salongesellschaft, konnte sich aber nicht entschließen, die neuen Werte zum Maßstab seines Handelns zu machen, wenn er damit die Ächtung durch seine Familie riskierte. Der Graf hatte keine besonderen Talente, Interessen oder Projekte, durch die er die Salonunterhaltungen bereichern konnte. Sein Selbstverständnis beschränkte sich darauf, seinen Stand zu repräsentieren – zu wenig für die Salongesellschaft. Rahel Levin verliebte sich in ihn, doch zur Heirat kam es nicht, da er Rahel Levins Forderung, er solle sich über die Einwände seiner Familie gegen die Verbindung mit einer Jüdin hinwegsetzen, nicht erfüllen wollte. Er brach mit Rahel. Wilhelm von Burgsdorff stand auf Rahels Seite und tröstete sie über das Leid hinweg, das sein standesbewußter Cousin ihr zugefügt hatte.

Die gesellschaftlichen Veränderungen bewirkten einen Wandel des individuellen Selbstverständnisses, wie bei von Burgsdorff, der eine dauerhafte Freundschaft mit einem armen Bürgerlichen schloß, wie bei von Finckenstein, der aber letztlich davor zurückschreckte, eine nicht standesgemäße Beziehung einzugehen. Das Bemerkenswerte an der Geschichte von Karl von Finckenstein und Rahel Levin ist nicht die Tatsache, daß er sie schließlich zurückwies, sondern daß er ihr im Theater begegnen konnte, daß einige seiner adligen Freunde, darunter Prinz Louis Ferdinand, mit Rahel eng befreundet waren, daß er die Salons für einen akzeptablen, wenn auch nicht unproblematischen Treffpunkt hielt, daß er die Verlobung mit einer Jüdin wagte und sie vier Jahre aufrechterhielt.

Alle dreizehn adligen Intellektuellen, die die Salons besuchten, publizierten. Doch ihre intellektuelle Begabung war unterschiedlich stark, und folglich waren nicht alle Publikationen von bleibendem Wert. Graf Alexander von Tilly, Fürst von Ligne und Gustav von Brinkmann waren den ausländischen Adligen im Hinblick auf Herkunft, Beruf, Alter und Lebensstandard in vielem ähnlich, denn auch sie waren Ausländer im Militär- oder diplomatischen Dienst. Alle drei hatten ungehinderten Zutritt zur Hofgesellschaft, und es machte ihnen Vergnügen, sich in die »Niederungen« der Salons zu begeben. Alle drei veröffentlichten Bücher, doch sie waren wegen ihrer gesellschaftlichen Position und nicht wegen ihrer intellektuellen Taten bekannt.

Die Prominenz des Grafen von Tilly gründete ganz und gar auf unintellektuellen Umtrieben. Über ihn wurde wegen seiner »endlosen Anzahl von Abenteuern« öffentlich geredet, und sein Name war in aller Munde, als sich die Frau eines Staatsbeamten, deren Liebe er nicht erwidert hatte, in die Spree stürzte. Der Graf beendete seine Memoiren 1816, kurz darauf setzte er seinem Leben ein Ende, indem er sich eine Kugel in den Kopf schoß. – Fürst von Ligne, der jahrelang die Runde durch die eleganten Höfe in Spanien, Frankreich und Rußland gemacht hatte, genoß einen seriösen Ruf. Er galt als »epikureischer Philosoph« und veröffentlichte in vierunddreißig Bänden seine gesammelten Essays. – Auch von Brinkmann besaß einen guten literarischen Ruf, seine unter Pseudonym veröffentlichten Gedichte wurden wohlwollend aufgenommen, und einmal holte selbst Goethe seinen poetischen Rat ein. Trotzdem war von Brinkmanns bevorzugtes Medium nicht das gedruckte Wort, sondern der Brief. Mehr als tausend Briefe schrieb er an einen fiktiven Freund. Als Prinz Louis Ferdinand davon erfuhr, stichelte er: »Brinkmann ist wirklich göttlich, die Liebenden schreiben der Liebe wegen, der liebt der Briefe wegen.«

Die ausländischen adligen Intellektuellen in Berlin gereichten der sich herausbildenden Salongesellschaft zum Vorteil. Mit ihnen kam nach Preußen, was dort unbekannt war: die Lust am amourösen Abenteuer und an der lockeren Konversation. Aber noch bedeutsamer für die Salons war der entscheidende Bruch, den die einheimischen adligen Intellektuellen mit der Welt, aus der sie stammten, vollzogen. Ihr Wertewandel war dramatischer als der Wertewandel der einheimischen adligen Dilettanten. Es war für einen Adligen durchaus nicht ungewöhnlich, seine Freizeit lesend und mit bürgerlichen Freunden über Literatur diskutierend zu verbringen, oder auch diese Freunde finanziell diskret zu unterstützen.

Etwas anderes war es, wenn ein junger Adliger einen Posten im Militär-, Verwaltungs- oder diplomatischen Dienst nicht annahm oder aufgab. Wenn adlige Intellektuelle die geistige Arbeit ins Zentrum ihres Lebens stellten, dann machten sie mit dieser Rebellion gegen Tradition und Familie nicht nur Sozialgeschichte, sondern auch Geistesgeschichte. Zu den einheimischen adligen Intellektuellen, die die Salons besuchten, gehörten der politische Philosoph Wilhelm von Humboldt und sein Bruder, der Naturwissenschaftler Alexander von Humboldt, der Dramatiker und Erzähler Heinrich von Kleist, der Dichter und Sammler von Volksliedern Achim von Arnim, der Dichter Adelbert von Chamisso, der Dichter Friedrich von Hardenberg (Novalis) und Baron Friedrich de la Motte Fouqué, Verfasser von populären historischen Romanen.

Wenn man erklären kann, warum sich diese Männer so ernsthaft der geistigen Arbeit widmeten, dann wird sich auch teilweise beantworten lassen, warum die Adligen in die Salons gingen. Je leidenschaftlicher sie sich dem geistigen Leben verschrieben, desto wahrscheinlicher ist es, daß sie ihr gesellschaftliches Leben nach selbstgewählten und nicht nach tradierten Kriterien planten. Die meisten adligen Salonbesucher waren sehr jung (im Jahr 1800 betrug ihr Durchschnittsalter siebzehn Jahre), jung genug, um nach diesen selbstgewählten Prinzipien bei der Wahl ihrer Karriere, ihrer Freunde und Geliebten zu handeln. Ihre Freunde, meistens Bürgerliche, gehörten ebenfalls zu den publizierenden Intellektuellen. Adelbert von Chamisso, Karl August Varnhagen und Wilhelm Neumann arbeiteten gemeinsam an einem Roman; Chamisso übernahm darauf die Produktionskosten und stellte sich so als Gönner und Autor in einer Person dar.

Mancher adlige Intellektuelle konnte seinen bürgerlichen Kollegen mit Geld unterstützen. Doch viele steckten selbst in finanziellen Nöten. Der Vater von Heinrich von Kleist verlor sein Vermögen an seine Brüder und erbte nur das Familienhaus in Frankfurt an der Oder. Fürst von Ligne verschwendete sein großes Vermögen. Die ursprünglich aus Frankreich stammende Familie Adelbert von Chamissos verlor ihr Vermögen im Verlauf der Französischen Revolution und der Emigration.

Die finanzielle Not machte vielen adligen Intellektuellen die Entscheidung, eine intellektuelle Karriere zu verfolgen, zur Qual. Nach seinem abgeschlossenen Universitätsstudium in Halle widmete sich Achim von Arnim ausschließlich seiner literarischen Arbeit, trotz der andauernden Geldprobleme seiner Familie. Als sich Heinrich von Kleist entschloß, den Militärdienst zu quittieren und zu studieren, stieß er auf den Widerstand seiner Familie. Kleist schrieb seinem früheren Hofmeister: »Man stellte mir mein geringes Vermögen vor; man zeigte mir die zweifelhafte Aussicht auf Brot auf meinem neuen Lebenswege; die gewisse Aussicht auf dem alten. Man malte mir mein bevorstehendes Schicksal, jahrelang eine trockene Wissenschaft zu studieren, jahrelang und ohne Brot mich als Referendar mit trockenen Beschäftigungen zu quälen, um endlich ein kümmerliches Brot zu erwerben...« Auch Chamisso hatte vor, in Halle zu studieren, sehr zum Mißvergnügen seiner Eltern, die seine naturwissenschaftlichen Ambitionen als unnütz und nicht standesgemäß verurteilten.

Der Widerstand der Familien gegen die Absicht der Söhne, sich ganz dem Geistesleben zu widmen, hatte zwei Gründe: Das Streben nach Wissen konnte viel Geld verschlingen, und akademische Arbeit wurde schlecht bezahlt und genoß nur niedriges Ansehen. Frau von Humboldt zum Beispiel mußte Hypotheken auf ihren Landbesitz aufnehmen, um die Kosten für die Ausbildung ihrer beiden Söhne – Hofmeister, Aufenthalt in Berlin, Abonnement für Vorlesungen, Universitätsstudium – bestreiten zu können.

Ihre Universitätserfahrung war entscheidend für den Entschluß der Adligen, sich ganz der intellektuellen Arbeit zu verschreiben. Für Adlige, die auf eine Anstellung in der Verwaltung angewiesen waren, war der Besuch einer Universität eine willkommene Unterbrechung vor dem Beruf. An der Universität nahmen auch lebenslange Freundschaften über Standesgrenzen hinweg ihren Anfang: Gustav von Brinkmann traf Friedrich Schleiermacher an der Universität in Halle; Alexander von Humboldt lernte Georg Forster in Göttingen kennen. Die privaten Vorlesungsreihen boten dazu ebenfalls Gelegenheit; in der Mathematikvorlesung von Professor Fischer traf man die Humboldt-Brüder zusammen mit Joseph Mendelssohn, dem Sohn von Moses Mendelssohn.

Ironischerweise hatte das Universitätsstudium bei manchen Adligen zur Folge, daß sie auf eine Karriere in der Bürokratie verzichteten, für die es ursprünglich geplant war. In diesen Fällen erfuhr die staatliche Rettungsstrategie für den Adel einen Rückschlag. Fouqué, Kleist und Chamisso quittierten den Militärdienst, um mehr Zeit zum Schreiben zu haben; Wilhelm von Humboldt arbeitete nur ein Jahr lang als Staatsbeamter in Berlin und zog sich mit seiner jungen Familie nach Tegel zurück, um in Abgeschiedenheit zu lesen und zu schreiben – was er sich nur deshalb leisten konnte, weil er nach dem Tod seiner Mutter 1796 in den Besitz eines großen Erbes gekommen war.

Adlige Intellektuelle lehnten in den neunziger Jahren des 18. Jahrhunderts den Dienst in der Armee oder Verwaltung zum Teil deshalb ab, weil sie das korrupte Regime Friedrich Wilhelms II. verabscheuten. Die klügsten unter ihnen wollten mehr: Sie strebten nach einer neuen Lebensweise. Wie groß die Privilegien ihres Standes auch waren, sie waren bereit, ihren Geburtsadel in den Hintergrund zu drängen und der Gelehrtenrepublik beizutreten. Alexander von Humboldt vertraute einem Freund an, daß er und sein Bruder das »von« möglichst vermieden.

Die Humboldts konnten es sich erlauben, auf ihren Titel nicht so viel Wert zu legen: Sie wurden von allen wie Adlige behandelt und genossen entsprechende materielle Sicherheit und Prestige. Aufstrebende bürgerliche Intellektuelle versuchten dagegen, einen Titel zu erwerben. Sie stimmten zweifellos mit Rahel Levin überein: »Solang es einen Adligen gibt, muß man auch geadelt werden.«

Von den neununddreißig Salonteilnehmern bürgerlicher Herkunft wurden nur sieben zu ihren Lebzeiten geadelt. Diese geadelten Männer waren zu der Zeit, als sie die Salons besuchten, erheblich älter (1800 betrug ihr Durchschnittsalter sechsunddreißig Jahre) als die Adligen von Geburt. Der Erhebung in den Adelsstand gingen langwierige Bemühungen voraus. Für die beiden Pfarrerssöhne Christian Wilhelm Dohm und Friedrich Stägemann verlief der Weg in den Adelsstand auf traditionellen Bahnen: Beide studierten Jura und dienten dem preußischen Staat treu als Staatsbeamte; dafür wurden sie durch beruflichen und gesellschaftlichen Aufstieg belohnt.

Die Karriere von vier weiteren geadelten Salonteilnehmern zeigt jedoch, daß man auch mit Veröffentlichungen im Leben weiterkommen konnte, und zwar auf eine Weise, die es bisher noch nicht gegeben hatte. Sie wurden dank ihrer Publikationen in den Adelsstand erhoben, nachdem sie sich mit Hinweis auf deren Erfolg um diese Auszeichnung beworben hatten. Friedrich Schlegels Ruf als Literaturhistoriker, Kritiker, Publizist und Dozent sowie seine konservative Einstellung waren nützlich beim Versuch, einen Posten und einen Titel vom österreichischen Kaiser zu bekommen. Friedrich Gentz hatte schon als Autor und Journalist Berühmtheit erlangt, als ihn die österreichische Monarchie mit Gehalt und Titel belohnte. Der Schweizer Intellektuelle Johannes Müller wurde wegen seiner konservativen historischen Schriften sowie seiner diplomatischen Missionen in den Adelsstand erhoben. Karl August Varnhagen dagegen verdankte sein »von Ense« keinem König oder Kaiser. »Von Ense« war tatsächlich ein alter, in Vergessenheit geratener Familientitel, den Varnhagen in einem alten Stammbaum wiederentdeckte. Der Titel erwies sich als nützlich, nachdem sich Varnhagen endlich entschlossen hatte, die Medizin, den Beruf seines Vaters, aufzugeben und eine diplomatische Karriere zu beginnen. Sein Entschluß, das Leben eines »bürgerlichen Hausvaters« aufzugeben und sein Glück als

»vagabundierender Abenteurer« zu machen, ähnelte dem Austritt Burgsdorffs und Wilhelm von Humboldts aus dem Beamtenstand – mit dem Unterschied, daß Varnhagen, der kein ererbtes Vermögen besaß, eine Stelle benötigte, um Rahel Levin ein angemessenes Leben zu bieten und selbst genügend Zeit zum Schreiben zu haben. Die Antwort hieß Diplomatie, und sein neuentdeckter Titel verhalf ihm zu einem Posten.

Die Karriere von Friedrich Gentz zeigt, wie literarische Begabung und taktisch klug ausgewählte Freundschaften innerhalb und außerhalb der Salons einen Salonteilnehmer in den Adelsstand versetzen konnten. Gentz begann seinen Aufstieg nicht auf einer unteren Stufe der bürgerlichen Hierarchie; sein Vater war ein prominenter Staatsbeamter, seine Mutter stammte aus einer der führenden Hugenottenfamilien in Berlin. In den achtziger Jahren hatte Gentz einen schlechtbezahlten Verwaltungsposten in Berlin inne. Aber neue Freundschaften mit älteren adligen Dilettanten und mit gleichaltrigen adligen Intellektuellen ermöglichten ihm ein gesellschaftliches Leben, glanzvoller als das seiner Kollegen in der Verwaltung. Er genoß die »zwiespältige Ehrsamkeit« der jüdischen Salons und die nächtlichen Stunden mit seinem Freund Prinz Louis Ferdinand in dem Café »Stadt Paris«, an Berliner Spieltischen und in den eleganten Bordellen der Stadt. Seine Schulden stiegen. Seit 1792 war er verheiratet und verdiente immer noch weniger als achthundert Taler im Jahr. Als Verfasser von antinapoleonischen politischen Schriften konnte er sich schließlich mit seinen publizistischen Fähigkeiten und zunehmend konservativen Ansichten eine Position (verbunden mit einem Titel) in der österreichischen Monarchie sichern. Er ging nach Wien. Obwohl er die Verbindung zu Humboldt und Brinkmann aufrechterhielt, begann er, Juden und Gelehrte zu verachten, und er wandte sich den eleganten adligen Familien zu. 1803, als er Berlin endgültig verließ, war ihm klargeworden, daß Professoren, Schriftsteller und die kleineren Beamten nun einmal bedauerlicherweise der Mittelklasse angehörten, während, politisch gesehen, die Welt von Grafen, Prinzen und Herzögen bestimmt wurde und seine Aufgabe folglich darin bestünde, deren Welt zu seiner Welt zu machen. Doch schon 1801 hatte er sich in einem Brief an Brinkmann beklagt, daß sein Freund, der gute Verbindungen zu höfischen Kreisen hatte, ihn vernachlässige. Er vertraute ihm an, daß er sich damit tröste, Umgang mit Juden und Gelehrten zu pflegen, während diejenigen, um deren Freundschaft er werbe, zu seiner Verzweiflung unerreichbar blieben.

Nicht jedem Intellektuellen gelang der Sprung vom bürgerlichen in den adligen Stand. Wer auf einer hohen Sprosse der bürgerlichen Stufenleiter stand, konnte seinen Weg in die Aristokratie gehen: Erfolgreichen Journalisten, die adlige Freunde und gute Beziehungen hatten, gelang dies oft. Da der König aber über die Aufnahme in den Adelsstand wachte, war es noch wichtiger, daß der intellektuelle Parvenu eine opportune politische Auffassung vertrat. Die österreichische Monarchie belohnte diese Treue mit Erhebung in den Adelsstand häufiger als die preußische. In Preußen wurde dies erst Brauch nach dem Niedergang der Berliner Salons. Der Salonbesuch war eine wichtige Station auf diesem Einschmeichelungsweg. Friedrich Schlegel, Karl August Varnhagen und Friedrich Gentz freundeten sich in den Salons mit Adligen an. Gentz war jedoch, wie Rahel Levin verbittert feststellte, schnell bereit, seine jüdischen Freunde, die ihn bei den Mächtigen und Angesehenen eingeführt hatten, aufzugeben.

Die einen erhielten einen Adelstitel, die anderen wechselten in eine höhere Gehaltsstufe innerhalb des bürgerlichen Standes, wieder andere mußten sich mit einem Berufswechsel in der gleichen Einkommensstufe begnügen. Aus der Statistik wissen wir, daß der Salonbesuch mit gesellschaftlichem Aufstieg verbunden war, denn es wechselten anteilig mehr männliche Salonteilnehmer in eine höhere Einkommensstufe als Nichtsalonbesucher. Aus den Quellen können wir nicht ersehen, welche Berufe die männlichen Salonteilnehmer direkt vor und nach ihrer Salonzeit ausgeübt haben. Einen indirekten Aufschluß über ihre neugefundenen Berufe erhalten wir durch einen Vergleich mit den übrigen Intellektuellen der Stadt. Beamte waren in den Salons geringfügig, Professoren deutlich überrepräsentiert *(s. Abb. 9)*. Das bedeutet, daß die Aufsteiger innerhalb der Salons diese beiden Positionen erreicht haben könnten. Das gilt nicht für verschiedene andere Berufe, die unter den männlichen Salonteilnehmern nur gering vertreten waren. Kaufleute traten innerhalb und im Umkreis der Salons nur selten in Erscheinung. Pfarrer, Sekretäre und Lehrer fehlten in den Salons fast völlig, während fast ein Drittel der Berliner Intellektuellen in diesen drei Berufen der mittleren Einkommensstufe beschäftigt waren. Da Pfarrer und Lehrer nur schwer Zutritt zu der Welt der Salons fanden, hatten sie auch kaum Gelegenheit, in Berufe der oberen Einkommensstufe aufzusteigen. Männer, die in anderen Berufen der mittleren Einkommensstufe tätig waren, zum Beispiel als Hofmeister, Buchhändler und freie Schriftsteller, waren dagegen in den Salons sogar überrepräsentiert, legt man ihren Anteil an der Intelligenz insgesamt zugrunde. Diese Hofmeister, Schriftsteller und Buchhändler (nur fünfzehn Prozent der neunundsechzig Salonteilnehmer) werden den Salon wahrscheinlich als

Sprungbrett benutzt haben. Für Schriftsteller und Buchhändler waren Kontakte besonders wichtig, denn anders als die Hofmeister und Sekretäre arbeiteten sie nicht in einem Umfeld, in dem sie mit prominenten adligen Kollegen zusammenkamen.

Einige der berühmtesten Männer in den Salons, wie Karl Philipp Moritz und Ludwig Tieck, stiegen von der mittleren in die obere Einkommensstufe auf, als sie zu publizieren begannen. Johann Gottlieb Fichte wurde 1762 als Sohn eines Leinwebers in Rammenau geboren. Der dortige Pfarrer fand Interesse an dem frühreifen Knaben und organisierte ein Treffen mit einheimischen Adligen, vor denen der achtjährige Fichte seine erstaunlichen Talente vorführen durfte. Bei dieser Gelegenheit fand Fichte seinen ersten Gönner, den Freiherrn von Miltitz, der ihn auf sein Schloß einlud und später einen Pfarrer bezahlte, bei dem Fichte Logis und Unterricht fand. Fichte besuchte darauf ein Internat, und mit 18 Jahren schrieb er sich an der Universität in Jena ein. Von Miltitz starb, und Fichtes Familie konnte das Universitätsstudium nicht mehr bezahlen. Fichte verdiente sich seinen Lebensunterhalt als Hofmeister. Acht Jahre später, immer noch in diesem Beruf tätig, gewann er als Sechsundzwanzigjähriger in Zürich durch seine Schriften die Freundschaft der »geistvollen und angesehensten Männer«. Als er die Stadt verließ, hoffte Fichte, daß er dank seiner Züricher Verbindungen eine Anstellung finden werde, entweder als Begleiter eines jungen Fürsten an der ritterlichen Akademie oder als Lehrer an einem fürstlichen Hof. Doch seine Hoffnung erfüllte sich nicht, und seine Lage verschlimmerte sich. Sein Züricher Gönner Rahn verlor sein Vermögen und konnte Fichte nicht mehr unterstützen. Fichte schickte Immanuel Kant seine Abhandlung über dessen Werke. Im Begleitbrief wies er darauf hin, daß er in sein Heimatdorf zurückkehren und seine Habe verpfändet werden müsse. Kant verschaffte Fichte eine Hofmeisterstelle bei der Familie eines Grafen in Danzig. Fichte überwarf sich mit der Familie, kehrte nach Zürich zurück, heiratete die Tochter seines Gönners und zog in dessen Haus.

Mit einunddreißig Jahren war seine materielle Situation noch völlig unsicher. Doch seine Schriften hatten bei seinen prominenten Freunden einen solchen Eindruck hinterlassen, daß sie ihm zuredeten, eine Vorlesungsreihe in Zürich zu veranstalten. Dazu kam es aber nie, denn im selben Jahr, 1793, wurde Fichte eine Professur in Jena angeboten, das sich durch Goethe und Schiller zu einem der geistigen Zentren Deutschlands entwickelt hatte. Aber der finanzielle Abstand zu den oberen Einkommensschichten war immer noch erheblich: Sein Jahresgehalt betrug zweihundert Taler, hinzu kamen Honorare aus Veröffentlichungen und Vorlesungsgelder, die die Studenten direkt an den Professor bezahlen mußten. Seine Vorlesungen waren bei den Studenten beliebt, und unter seinen Kollegen wurden seine Kritik an Kant und seine Unterstützung der Französischen Revolution begrüßt. Doch es kam zum folgenschweren Streit mit der Administration, als er sich weigerte, seinen öffentlich erklärten Atheismus zu widerrufen. Mit Hilfe von Christian Wilhelm Dohm, der stolz auf seine Bekanntschaft mit Fichte war, mußte er 1799 in das tolerante Berlin flüchten.

Trotz seines Antisemitismus besuchte er gerne die jüdischen Salons, wo er und sein Werk mit Bewunderung aufgenommen wurden und die Möglichkeit bestand, engere Kontakte zu einzelnen Juden zu knüpfen. Rahel Levin und ihr Bruder, der Dramatiker Ludwig Robert, nahmen mit Interesse an seiner Vorlesungsreihe im Jahr 1806 teil, deren Ziel es war, die Berliner gegen die französischen Besatzer im Namen eines neuen preußischen Patriotismus zu mobilisieren. Als Fichte 1814 starb, war er Professor für Philosophie an der neugegründeten Universität in Berlin. Sein Gesamteinkommen muß zu dieser Zeit über sechshundert Taler betragen haben, womit er in die obere Einkommensstufe fiel.

So hatte er, der Sohn eines Webers, am Ende den gesellschaftlichen Aufstieg bis zum berühmten Professor geschafft. Die Patronage war für diesen Aufstieg entscheidend. Wie bei vielen anderen männlichen Salonteilnehmern entwickelte sich die Beziehung zu seinem Gönner zu einem Freundschaftsverhältnis, schließlich wurden sogar Familienbande geknüpft. Interessant ist die Geschichte dieses gesellschaftlichen und beruflichen Aufstiegs auch deshalb, weil Fichte eine egalitäre und antiaristokratische Sozialphilosophie vertrat.

Jean Paul (Richter) gilt als der erste Autor in der deutschen Geschichte, der sich ausschließlich vom Schreiben ernähren konnte. Seine Lebensgeschichte zeigt, mit welchem Leid er sich diese Auszeichnung erkaufen mußte. Die Buchproduktion hatte damals zwar schon kapitalistische Formen angenommen, Jean Paul litt aber unter dem Einfluß, den sich die adligen Gönner auf das Werk herausnahmen – ein Einfluß, dem ein Autor auf akademischem Gebiet nicht unterworfen war. Mit der Fähigkeit eines Autors, eine persönliche Beziehung zu einem adligen Gönner zu entwickeln, stieg seine Chance, sich nur dem Schreiben widmen zu dürfen (siehe das Beispiel Ludwig Tieck).

Jean Paul stammte, wie Tieck und Fichte, aus einer Familie der untersten Stufe der mittleren Einkommensschicht. Sein Vater und sein Großvater waren verarmte Schulmeister in Hof. Auch Johann Paul, der sich erst später den Namen Jean Paul zulegte, verdiente sein Geld lange Zeit als Schulmeister in Hof, wo er im Elternhaus lebte. Mit achtzehn Jahren ging er nach Leipzig, um an der Universität Theologie zu studieren, mit zwanzig hatte er bereits eine satirische Novelle veröffentlicht, für die er einhundertsechsundzwanzig Taler Honorar erhielt. Geldmangel trieb ihn zurück nach Hof; Leipzig verließ er inkognito, wahrscheinlich war seine Habe verpfändet oder nicht bezahlt.

Die folgenden dreizehn Jahre lebte Richter zu Hause in Hof und gab Schulunterricht. Seine freie Zeit widmete er dem Schreiben satirischer Romane, mit denen er schließlich Erfolg hatte. Dank seiner Popularität bei adligen Lesern erhielt er im Jahr 1800 eine Einladung von Herder und Goethe nach Weimar; ein Besuch in Berlin schloß sich an. In diesen literarischen Hochburgen wurde er enthusiastisch empfangen. Sein Aufstieg nach Weimar bot ihm Gelegenheit, seinen literarischen Ruhm mit gesellschaftlichem Erfolg zu krönen.

Mit Vergnügen verkehrte er bei adligen und anderen kultivierten Damen, die er in seinen Romanen karikiert hatte. Er besuchte die Herzogin Dorothea von Kurland auf ihrem Landgut in Löbichau und war mit Henriette Herz eng befreundet, die ihm später als Zeichen ihrer Freundschaft das von ihm bevorzugte Bier schickte. Doch kehrte Jean Paul dieser Welt bald den Rücken und ging zurück nach Hof in den kleinen Kreis seiner Familie und Nachbarn. Wirkliche Freundschaften zwischen Adligen und Bürgerlichen waren in seinen Augen nicht möglich. Der lockeren Moral und Künstlichkeit der aristokratischen Gesellschaft wollte er sich nicht anpassen. Die Freiheit, die er seinen Romanhelden gewährte, indem er sie adlige Frauen heiraten ließ, war nicht die Freiheit, die er für sich selbst wünschte. Seine Freunde glaubten schließlich, daß er die Bekanntschaft mit adligen Damen nur aus literarischem Interesse gesucht habe.

Jean Paul teilte Fichtes radikal-demokratische Einstellung und war nicht bereit, sich und seine Welt dem beruflichen Aufstieg zu opfern. Für Friedrich Gentz, der skrupellos nach oben wollte, standen die Salons jenseits aller Kritik; für Jean Paul, der aus schlechten sozialen Verhältnissen stammte und nicht um jeden Preis aufsteigen wollte, repräsentierten sie die aristokratische Gesellschaft schlechthin.

Am Lebensweg einiger männlicher Salonbesucher wird deutlich, wie wichtig Freundschaften für die Karriere waren. Freundschaft setzt zumindest eine gemeinsame Sprache voraus. Im Deutschland des 18. Jahrhunderts sprachen die meisten Juden nur Jiddisch, da sie von weltlichen Bildungseinrichtungen ausgeschlossen waren und nur im Finanzbereich arbeiten durften. Dabei waren die Beherrschung von Deutsch und Französisch sowie die Fähigkeit, eine literarische Konversation zu führen, notwendig, um Freundschaften mit Nichtjuden schließen zu können.

Berliner Juden besaßen andere Voraussetzungen für eine intellektuelle Karriere. Viele Juden in der Berliner jüdischen Gemeinde waren außerordentlich reich. Ihr Reichtum veränderte auch das Leben einiger ärmerer jüdischer Männer, wenn sie das Glück hatten, in den reichen Haushalten als Hofmeister oder als Kaufmannslehrling eingestellt zu werden. Hinzu kam, daß innerhalb der jüdischen Kultur das Lernen und die Gelehrsamkeit hoch geschätzt wurden. In den letzten Jahrzehnten des 18. Jahrhunderts wurde der traditionelle, orthodoxe Themenkreis immer häufiger überschritten. Berlin wurde ein Zentrum für die Wiederbelebung des Hebräischen und für eine neue, kritisch-aufgeklärte jüdische Gelehrsamkeit. Die intellektuellen Ursprünge des Reform-Judentums gehen auf die Debatten zurück, welche die Berliner jüdische Gemeinde in diesen Jahren erschütterten.

Trotz der finanziellen und intellektuellen Vorteile, die das jüdische Leben in Berlin im späten 18. Jahrhundert bot, waren die Nachteile für die männlichen jüdischen Intellektuellen gravierend. Der Anteil der jüdischen Männer in der Berliner Intelligenz war gering, während in der kleinen Welt der Salons immerhin acht der neunundsechzig männlichen Salonbesucher Juden waren. Bemerkenswert ist, daß mehr jüdische Frauen die Salons besuchten als jüdische Männer. Die Salons boten den jüdischen Frauen eine öffentliche Auftrittsmöglichkeit zu einer Zeit, als der Einfluß jüdischer Männer auf das deutsche Geistesleben noch nicht so stark war wie Jahre später.

Die männlichen jüdischen Salonbesucher gehörten fast zu gleichen Teilen der älteren und der jüngeren Generation an; zur älteren zählten Mendelssohn und seine Freunde Markus Herz und David Friedländer, in der Jahrhundertmitte geboren und längst erwachsen, als die Salons in den beiden letzten Jahrzehnten des Jahrhunderts ihre Blütezeit hatten. Obwohl sie publizierende Autoren waren – Mendelssohn der eifrigste und bekannteste –, verdienten sie ihr Geld nicht in einer intellektuellen Institution. Berufswahl und beruflicher Aufstieg entsprachen der Tradition.

Mendelssohn folgte 1743, als vierzehnjähriger Schüler und ohne einen Pfennig in der Tasche, seinem Rabbi von Dessau nach Berlin. Er war zunächst Hofmeister der Kinder Isaak Bernhards, darauf Sekretär und schließlich Geschäftsführer der Seidenfabrik Isaak Bernhards. – David Friedländer wurde in Königsberg als Kind gutsituierter Eltern geboren und kam 1772, mit zweiundzwanzig Jahren, nach Berlin, wo er in der Firma von David Itzig arbeitete; später gründete er seine eigene Seidenfabrik. – Markus Herz kam aus ähnlich armen Familienverhältnissen wie Mendelssohn. Sein Vater war Thoraschreiber und Hofmeister in Berlin, und Markus sollte Rabbi werden. Doch er studierte Medizin und Philosophie an der Universität in Königsberg, wo er in Immanuel Kant einen Freund fand. Nach abgeschlossenem Medizinstudium 1770 wieder in Berlin, arbeitete er im jüdischen Krankenhaus, das von seinem zukünftigen Schwiegervater, Dr. Benjamin de Lemos, geleitet wurde.

Mendelssohn, Friedländer und Herz wählten nicht nur traditionelle jüdische Berufe, sie heirateten auch jüdische Frauen, die, mit einer Ausnahme, von den Vätern ausgewählt worden waren. Sie konvertierten nicht. Alle drei hatten berufliche Kontakte zu nichtjüdischen Männern, aber diese Beziehungen entstanden aus zielgerichteten Interessen, und selten wurden die Schwestern und Frauen mit einbezogen. Mendelssohns Freunde, Gotthold Ephraim Lessing und Friedrich Nicolai, öffneten Mendelssohn die Tür zur deutschen Intellektuellenbühne, indem sie, ohne ihn zu fragen, einen seiner Aufsätze veröffentlichten. David Friedländers Beziehung zu Wilhelm von Humboldt war anfangs rein ökonomisch; er war der persönliche Bankier von Humboldts. Allmählich entwikkelte sich ein etwas distanziertes, wenngleich freundschaftliches Verhältnis daraus. Markus Herz lernte seine nichtjüdischen Freunde in der Arztpraxis kennen, in den wenigen intellektuellen Vereinen, zu denen er zugelassen war, und an seinen Vorlesungsabenden. Wichtiger noch: Mendelssohn, Herz und Friedländer waren publizierende Autoren, bekannt als Vertreter des liberalen Flügels der jüdischen Gemeinde. Ihre nichtjüdischen Freunde vertraten in den Diskussionen über die Gleichstellung der Juden aufgeklärte Positionen. Die drei hatten viele Verbindungen zu Nichtjuden, darunter aber nur wenige wirkliche Freundschaften. In der intellektuellen Welt hatten sie vor allem Alibifunktionen.

Die fünf jüngeren Salonmänner, 1800 durchschnittlich zweiundzwanzig Jahre alt, waren stärker assimiliert. Zunächst einmal verfügten sie dank der ökonomischen Erfolge ihrer Väter – Julius Itzig, Israel Stieglitz, Hermann (Ephraim) Eberty und Ludwig (Levin) Robert hatten reiche Kaufleute zu Vätern; David Koreffs Vater war ein reicher Arzt – über genügend Zeit und Geld, um ihren intellektuellen Interessen nachgehen zu können. Die Vereine und Salons sowie der expandierende literarische Markt ermöglichten ihnen einen höheren Grad der Integration in die nichtjüdische Gesellschaft. Stieglitz, Eberty und Koreff blieben in den traditionell jüdischen Berufen ihrer Väter, Hitzig und Robert bewegten sich beide auf dem literarischen Markt: als Verleger der erste, als freier Schriftsteller der andere. Drei änderten ihren Namen, vier konvertierten. Die fünf waren mit Nichtjuden eng befreundet, und zwar bevor sie auf intellektuellem Gebiet irgend etwas Bedeutendes geleistet hatten. Eberty, Hitzig und Robert waren Mitglieder des Polarsternbundes, eines literarischen Vereins, dem auch Karl August Varnhagen, Adelbert von Chamisso und Wilhelm Naumann angehörten. Israel Stieglitz zählte während seiner Studentenzeit zu den engsten Freunden Wilhelm von Humboldts.

Halten wir fest: Männer stellten in den Salons die Mehrheit, sie waren schon miteinander befreundet, bevor die Salons eröffnet wurden, und natürlich entstanden Freundschaften auch außerhalb der Salons. So kann man einen Grund für die Entstehung der Salons in den Freundschaftsbeziehungen von neunundsechzig Männern sehen, deren gesellschaftliche und intellektuelle Bedürfnisse die Salons gleichzeitig befriedigten.

Dennoch waren es Frauen, die die Salons führten und den Mittelpunkt der Salongesellschaft bildeten. Ihren Lebensgeschichten wenden wir uns nun zu.

Henriette Herz

Die Frau in der Öffentlichkeit und die Veröffentlichungen von Frauen

Bei ihrem Besuch 1804 quittierte Madame de Staël das gesellschaftliche Leben in weiten Teilen Deutschlands mit Geringschätzung. Nur Berlin war in ihren Augen eine rühmliche Ausnahme. Ihr gefiel die bunte Männergesellschaft, die sich in den Salons versammelte. »Diese glückliche Mischung hat sich noch nicht auf die Gesellschaft der Frauen ausgedehnt: unter ihnen sind einige, deren Talente und Fertigkeiten alles, was Rang und Namen hat, in ihre Kreise ziehen, aber allgemein gesprochen, ist die weibliche Gesellschaft in Berlin, sowie im übrigen Deutschland, mit der männlichen nicht gut zusammengewachsen.« Zwar empfindet sie die Frauen »affektiert« und »sentimental«, doch insgesamt den Männern überlegen: »es gibt nichts plumperes und verräucherteres im körperlichen, wie im moralischen Sinn, als die deutschen Männer.«

Madame de Staël war Berliner Salondamen vorgestellt worden – durch Gustav von Brinkmann, der sie mit Dorothea von Kurland bekannt machte und ein Gespräch mit Rahel Levin im April 1804 arrangierte. Man muß die tiefgreifenden Unterschiede zwischen der öffentlichen Macht der reichen, gebildeten Französinnen und ihren deutschen Zeitgenossinnen berücksichtigen, um die Enttäuschung Madame de Staëls über die Berliner Damen der Gesellschaft zu verstehen. Zwar war die Zahl der publizierenden Frauen in Deutschland am Ende des Jahrhunderts gestiegen, aber es war weiterhin schwer für sie, durch das gedruckte Wort öffentliche Anerkennung zu erlangen und in den männlichen intellektuellen Kreisen eine Rolle zu spielen. Ein Pendant zu Madame de Staël gab es in Deutschland nicht. Madame de Staël – durch ihren französischen Blickwinkel wahrscheinlich beeinträchtigt – konnte nur schwer den Platz der Berliner Salondamen bestimmen.

Dennoch: Sie bemerkte, daß einige Berliner Frauen »Talente und Fertigkeiten« besaßen und alles, »was Rang und Namen hatte«, in ihre Kreise ziehen konnten. Welche »Talente und Fertigkeiten« waren es?

Die weibliche Salongesellschaft war nur halb so groß wie die männliche – ja der Anteil der weiblichen Gäste war sogar noch geringer, da zehn der einunddreißig Salonfrauen ihren eigenen Salon führten, also nur einundzwanzig Frauen als Gäste übrigblieben. Weil Frauen insgesamt in der Minderheit waren, waren sie auch innerhalb der Salongesellschaft nicht dominierend; in den einzelnen Salons fanden sich zu wenig Frauen ein, um einen eigenständigen, von dem der Männer getrennten intellektuellen Kreis zu bilden.

Madame de Staëls Behauptung, daß die »Klassen« bei den Frauen nicht so »glücklich« gemischt waren, ist korrekt, wenn man zwischen Klassen und Ständen unterscheidet. Die Frauen adliger und jüdischer Herkunft waren stark vertreten, im Gegensatz zu den Bürgerlichen, die sich mühsam in die höheren Einkommensschichten hinaufarbeiteten. Dieses Mißverhältnis hat Madame de Staël richtig erkannt. Doch die adlig-jüdische Mischung war im Deutschland des 18. Jahrhunderts so ungewöhnlich wie die Mischung von Einkommensgruppen unter den bürgerlichen Männern. War die Zahl der daran beteiligten Individuen auch sehr klein – sie hatte eine flüchtige symbolische Bedeutung für die zeitgenössische Berliner Gesellschaft. Diese »glückliche Mischung« unter den Salonfrauen nahm Madame de Staël nicht wahr. Sie war daran gewöhnt, daß adlige Frauen die feine Gesellschaft beherrschten. Es kann auch sein, daß sie die führende Rolle der jüdischen Frauen in der Berliner Gesellschaft als anstößig empfunden hat.

Ein Fünftel der Salonmänner waren Dilettanten, das bedeutet, sie fanden nicht wegen ihrer literarischen Publikationen Einlaß in die Salons, sondern wegen einer Kombination aus Stand, Beruf, Charme, Freundschaft und unveröffentlichten Schriften. Aufgrund der institutionellen und ideologischen Schranken, die Frauen im 18. Jahrhundert im Wege standen, wenn sie Autorinnen werden wollten, lag der Anteil weiblicher Dilettanten in den Salons weit über dem der Männer. Von den einunddreißig Salonfrauen haben einundzwanzig nichts veröffentlicht. Die soziale Zusammensetzung der weiblichen Dilettanten entsprach nahezu der sozialen Zusammensetzung der Salonfrauen insgesamt – während alle männlichen Dilettanten adlig waren. Es gab ebenso viele adlige Autorinnen wie Dilettantinnen. Im Vergleich zu den Männern war also der Anteil der publizierenden Frauen verhältnismäßig hoch. Umgekehrt fanden, im Verhältnis gesehen, mehr nicht-adlige Frauen, die noch nichts publiziert hatten, Zutritt in die Salongesellschaft als nicht-adlige Männer. Veröffentlichungen bedeuteten für die Salonfrauen offensichtlich etwas anderes als für die Männer.

Von den zehn Autorinnen waren fünf adliger Herkunft. Daß adlige Frauen in Preußen Autorinnen wurden, stellt eine doppelte Errungenschaft dar. Wie die adligen Autoren mußten diese Frauen die Verachtung der preußischen Junker gegenüber dem städtischen, intellektuellen und kultivierten Lebensstil überwinden. Mit diesem Sieg über die traditionellen Werte ihres Standes ging ein Triumph über eine standesübergreifende Tradition einher, welcher die Zahl der weiblichen Autoren im 17. und 18. Jahrhundert niedrig gehalten hatte.

Die Lebensgeschichte der Elisabeth von der Recke zeigt, daß eine adlige Frau, die Autorin werden wollte, gegen ihre Familie und gegen die Tradition zu kämpfen hatte. Dank ihrer guten finanziellen Lage hatte sie Zeit zum Lesen, Schreiben und Reisen. Ihre Hauptverbindung zur Berliner Salongesellschaft war ihre Halbschwester Dorothea von Kurland. Elisabeth besaß eine Wohnung in Dorotheas Stadtpalais Unter den Linden und verbrachte zahlreiche Winter dort; ihre beiden Brüder waren hohe Staatsbeamte in Berlin. Dank ihres familiären Hintergrundes hatte sie Zugang zum Berliner und Potsdamer

Hof. Schon von Kindesbeinen an hatten Elisabeth und Dorothea von Medem eine Welt außerhalb des elterlichen Gutes und außerhalb der höfischen Gesellschaft entdeckt. Als Mädchen wurden sie von Hofmeister Daniel Parthey, dem späteren bekannten Verleger und Buchhändler in Berlin, unterrichtet. Dann wurde Parthey Hofmeister der Kinder von Friedrich Nicolai; er führte Elisabeth und Dorothea, wenn sie in Berlin weilten, bei führenden Autoren der Stadt ein, so bei Moses Mendelssohn, Johann Biester und Johann Spalding. Die rationalen und egalitären Wertvorstellungen, die Elisabeth durch diese Freundschaften entwickelte, stießen im elterlichen Haus in Kurland auf Widerstand. Im Alter von sechzehn Jahren wurde Elisabeth, gegen ihren Willen und nach heftigen Kämpfen mit ihrem Vater, an Herrn von der Recke verheiratet. Ihr reicher, gutsituierter Mann unternahm alles in seiner Macht Stehende, um die geistigen Interessen seiner Frau zu ersticken. Nach fünf Jahren trennten sie sich, und im selben Jahr starb ihre dreijährige Tochter.

In den folgenden Jahren unternahm Elisabeth viele Reisen durch Europa und blieb manchmal monatelang in Hamburg, Dresden oder Petersburg. Jahre später, gesundheitlich stark geschwächt, folgte sie dem Rat ihres Arztes und zog nach Italien. Sie hatte Freunde, die den Ideen der Aufklärung anhingen und schrieb ein Buch, in dem sie den italienischen Mystiker Graf Alessandro Cagliostro denunzierte, dem sie zum ersten Mal in ihrem Elternhaus begegnet war; das führte zum Bruch mit ihrer Familie.

Ihre acht Bücher und zahlreichen Artikel gingen alle direkt auf persönliche Erfahrungen zurück. In einem Buch beschreibt sie zum Beispiel ihre Reise mit der Autorin Sophie Becker; ein Kritiker behauptete später, daß Elisabeth von der Recke mit diesem Buch die Reisebeschreibung zu einer Kunst erhoben hätte. Die Frage, ob sie aus materiellem Interesse veröffentlichte, läßt sich nicht beantworten – es fehlen hierfür Quellen. Welchen finanziellen Gewinn sie aus ihren Schriften auch ziehen mochte – ihre Hinwendung zur Aufklärung und zum literarischen Leben brachte sie in erheblichen Konflikt mit der Welt, aus der sie stammte.

Ideologisch und gesellschaftlich war Helene Unger von der höfischen und der Salongesellschaft weiter entfernt als Elisabeth von der Recke. Trotzdem und obwohl sie die jüdischen Salons nicht regelmäßig besucht hat, ja sogar öffentlich schrieb, daß sie die jüdischen Salondamen verachte, wird Helene Unger hier als Salondame klassifiziert, weil sie ihre eigene informelle Vorlesegesellschaft leitete. Als Autorin, Herausgeberin, Übersetzerin und Mitarbeiterin im Verlag ihres Mannes schuf sich Helene Unger einen sicheren Platz in der literarischen Szene Berlins. Sie kümmerte sich nicht um die Vorurteile, die ihre zum städtischen Adel gehörende Familie gegenüber dem literarischen Leben hatte: Sie heiratete unter ihrem Stand den Bürger J. H. Unger, der zu Berlins führenden Verlegern und Buchhändlern zählte. Nach seinem Tod 1804 führte sie das Unternehmen allein weiter. In den neunziger Jahren des 18. Jahrhunderts gehörte Helene Unger zu den produktivsten Romanschriftstellerinnen Berlins. Bis zu ihrem sechsunddreißigsten Lebensjahr hatte sie ihre Arbeiten anonym erscheinen lassen. Helene Unger übersetzte Rousseau, schrieb Kinderbücher und ein Kochbuch und veröffentlichte eine Sammlung von Briefen an einen fiktiven Bruder unter dem Titel ›Briefe über Berlin‹. Ihr berühmtestes Buch, ›Julchen Grünthal‹, schlug beim deutschen Publikum »wie eine Bombe« ein. Der Roman erzählt die Geschichte eines tugendhaften jungen Mädchens vom Lande, das von ihren Eltern auf eine höhere Töchterschule in der Stadt geschickt wird. Ihre Mitschülerinnen stiften sie dazu an, größte Aufmerksamkeit auf Toilette und Kleidung zu verwenden und adlige Verhaltensweisen nachzuahmen. Schließlich läuft sie mit einem Verehrer davon und wird in mißliche und unglückliche Abenteuer verstrickt. Im zweiten Band kehrt Julchen

Grünthal zu ihrer Familie zurück, zerknirscht darüber, daß die Töchterschule ihr Leben zerstört hat.

Die Botschaft von ›Julchen Grünthal‹ war klar: Ein ausschweifender und im Niedergang befindlicher Adel korrumpiert die Moral der ehrenwerten Bürger durch Romanzen und Heiraten, die gesellschaftlichen Aufstieg versprechen. Unger legte allen Müttern ans Herz, ihre Töchter zu Hause zu erziehen und in ihrem Stand zu halten, und war sowohl gegen eine aktive Rolle der Frauen in der Öffentlichkeit als auch gegen die von den Romantikern favorisierte freie Moral eingestellt.

Ungers Ablehnung der Salons entsprach ihrer Antipathie gegenüber jüdischen Salondamen, deren Leben eindrucksvoll belegte, daß freie Moral und eine öffentliche Rolle Eheschließungen über die Standesgrenzen hinweg förderten. Ihr Modell einer aufs Private konzentrierten und der Tugend verpflichteten weiblichen Intellektualität war anachronistisch: Seine Blütezeit lag in den frühen Jahren der Aufklärung, vor allem im Leipziger Kreis um Johann Gottsched in den vierziger Jahren. Dieses Frauenbild wurde erst wieder in den neunziger Jahren, als sich die Salonkultur im Niedergang befand, von den Spätromantikern aufgegriffen, die von Sinnlichkeit, Ehescheidungen und der kulturellen Macht von Frauen nichts wissen wollten. Die intellektuelle Kultur der jüdischen Salons bedeutete in den Augen mancher eine Gefahr: Im Zuge der gemeinsam verfolgten literarischen Interessen entwickelten sich Liebesaffären, die auf Standesgrenzen und Einkommensschichten keine Rücksicht nahmen. Diese Liebesbeziehungen stellten, wenn sie in Ehen mündeten, eine Herausforderung für die gesellschaftliche Hierarchie dar.

Wie Helene Unger gehörte auch Caroline de la Motte Fouqué nur peripher zur Salongesellschaft. Sie stand vor allem über ihren zweiten Mann, der enge literarische Beziehungen zu Karl August Varnhagen und Adelbert von Chamisso unterhielt, in Verbindung mit der Salonwelt. Mit Rahel Levin war sie weitläufig befreundet. Sie verbrachte die meiste Zeit des Jahres auf ihrem Landsitz, kam aber regelmäßig in die Stadt, um ihre literarischen Freunde zu treffen. Wie Helene Unger sprach sie sich dagegen aus, daß Frauen öffentliche Aufgaben erfüllten, und distanzierte sich von den prominenten Salondamen.

Sie stammte aus einer ländlichen, kultivierten Adelsfamilie, bei der sich oft prominente Berliner Intellektuelle einfanden. Ihr erster Mann, ein junger Offizier und Spieler, erschoß sich. Die junge Witwe kehrte auf das elterliche Gut zurück. Darauf heiratete sie Friedrich de la Motte Fouqué, einen Schriftsteller, der das Jurastudium in Halle aufgegeben hatte und eine militärische Laufbahn anstrebte. Seine Militärkarriere hängte er später aus gesundheitlichen Gründen, wie er angab, an den Nagel. Er folgte seiner Frau auf ihren Familiensitz und widmete sich dem Schreiben von populären romantischen Historienromanen. Caroline schrieb dreizehn Romane und drei Sammelbände mit Kurzgeschichten, doch wurde sie in den literarischen Kreisen Berlins vor allem durch ihre Briefe und ihre Rolle als inspirierende Muse bekannt, da ihre literarische Produktion hinter der ihres Mannes in den Schatten gedrängt wurde.

Die Verbindungen von Elisabeth von der Recke, Helene Unger und Caroline de la Motte Fouqué zur Salongesellschaft waren sehr locker und hielten sich in bestimmten Grenzen. Anders gestaltete sich die Beziehung der adligen Salonfrau Madame Félicité de Genlis zur Salongesellschaft. Sie lehrte manche Salondame Französisch und schloß mit dieser und jener Freundschaft.

Félicité, 1746 als Kind der angesehenen adligen Familie Ducrest geboren, wurde mit sechzehn Jahren an den Grafen de Genlis verheiratet, einen Oberst, den ihr Vater in englischer Gefangenschaft kennengelernt hatte. Der Reichtum des Obersts war für die Familie Ducrest ein Segen, denn Félicités Vater war kurz nach ihrer Hochzeit gestorben und hatte keine Erbschaft hinterlassen. Doch die Eltern des Grafen akzeptierten die Wahl ihres Sohnes nicht, und die Hochzeit mußte vor ihnen geheimgehalten werden. Das Paar zerstritt sich und führte schon bald getrennte Haushalte. Madame de Genlis, die sich im Laufe ihrer Ehe eine fundierte Bildung angeeignet hatte, verdiente sich ihren Unterhalt als Gouvernante; sie unterrichtete die Kinder des Bruders von Ludwig XIV., des späteren Herzogs von Orléans. Auf der Grundlage der dabei gesammelten pädagogischen Erfahrungen schrieb sie über Erziehungsfragen. Ihr erstes Buch, 1786 veröffentlicht, entwarf ein pädagogisches Programm der Prinzenerziehung. Ihr großer Erfolg als Autorin (ihr zweites Buch befaßte sich mit Fragen der Religion) und als öffentliche Persönlichkeit konnte nicht verhindern, daß politisches Mißtrauen und Verdächtigungen die Beziehung zur herzoglichen Familie zerstörten. Im Jahr 1793 in der Schweiz erhielt sie die Nachricht, daß ihr Mann guillotiniert worden war; von seinem großen Besitz ging nichts auf sie über. Sie selbst kam auf die Liste der Personen, deren Leben in Frankreich in Gefahr war.

So ging sie 1794 nach Berlin, um sich eine neue Existenz aufzubauen. Doch in den Augen Friedrich Wilhelms II. war sie zu liberal gesinnt. Er verwies sie aus der Stadt, und Madame de Genlis mußte außerhalb der preußischen Grenzen Unterschlupf suchen. Als Friedrich Wilhelm III. 1797 den Thron bestieg, durfte sie nach Berlin zurückkehren. Hier begann für sie eine Zeit fieberhafter Aktivität. Während ihres dreijährigen Aufenthaltes in Berlin schrieb sie drei Romane und verdiente sich ihren Lebensunterhalt mit Französischunterricht für junge Damen. Unter ihren Schülerinnen waren Dorothea Veit und deren Freundin Esther Gad. Ihre engste Freundin wurde Helmina von Chézy, die Madame de Genlis nach Paris folgte. Madame de Genlis kam, nachdem sie Berlin 1800 verlassen hatte, zu einigem Wohlstand: Napoleon versetzte sie in den Genuß einer geräumigen Wohnung und einer Pension und bat sie um regelmäßige politische und gesellschaftliche Kommentare. Sie schrieb bis zu ihrem Tod. Madame de Genlis muß eine vorbildliche Rolle für die jüngeren Frauen in den Salons gespielt haben.

Helmina von Chézy profitierte vom Einfluß und der Patronage der Madame de Genlis. Sie gehörte zur dritten Generation einer matriarchalischen, der Literatur verpflichteten Familie, eine im Berlin des 18. Jahrhunderts ungewöhnliche Erscheinung. Obwohl als Adlige geboren, hatte sie, wie ihre Mutter und Großmutter, keinen privilegierten Status. Zahlreiche Hindernisse standen allen dreien bei ihren literarischen Karrieren im Weg. Patronage war für sie genauso wichtig wie für Ludwig Tieck oder Johann Gottlieb Fichte. Hinzu kam, daß die literarische Karriere durch Eheschließung, die die Mütter stifteten, behindert wurde: Ein Ehemann, der wegen seines Reichtums oder Titels, nicht wegen seines Interesses für die intellektuellen Projekte seiner Frau, ausgewählt worden war, konnte diesen sehr schaden. Der gesellschaftliche Ehrgeiz der Mutter, den sie für sich und ihre Tochter hegte, siegte über ihre eigenen Erfahrungen als unglücklich verheiratete Schriftstellerin und versetzte der intellektuellen Entwicklung der Tochter einen Rückschlag.

Die Großmutter der Helmina von Chézy war die 1722 in Polen geborene Dichterin Anna Louise Karsch, die mit einem Schneider verheiratet war. Im Alter von neununddreißig Jahren ging sie mit einem gewissen Baron von Kottwitz nach Berlin. Er wollte die Dichterin aus ihrer unglücklichen Ehe, ihrem Schattendasein und ihrer Armut befreien. Dem Baron glückten nur die ersten beiden Aufgaben; sie blieb arm, vor allem deshalb, weil der Baron kurz nach ihrer Ankunft starb. Glücklicherweise fand sie schnell Freunde unter den prominentesten der aufgeklärten Intellektuellen, die für sie sorgten. Ihr ungewöhnlicher Lebensweg war für ihren Ruhm in Berlin entscheidender als ihre literarischen Werke. Ihre Freunde Johann Sulzer und Johann Gleim gaben ihre Gedichte auf Subskription heraus und verhalfen ihr zu Auftragsgedichten für nationale Feierlichkeiten. Friedrich Wilhelm II. schenkte ihr am Ende ihres Lebens ein Haus.

Als Anna Louise Karsch nach Berlin kam, brachte sie ihre sechsjährige Tochter Caroline mit. Die neunjährige Caroline besuchte ein Berliner Mädcheninternat, wo sie vor allem in Religion und Hauswirtschaft unterrichtet wurde. Mit sechzehn wurde sie von ihrer Mutter an einen unbedarften jungen Mann namens Hempel verheiratet, den Anna Karsch etliche Jahre zuvor adoptiert hatte. Die Ehe lief sehr schlecht. Hempel fehlte jegliches intellektuelle Interesse. Tagsüber war Caroline mit Hausarbeiten beschäftigt, nur nachts, wenn ihr Mann und ihr Sohn schliefen, konnte sie schreiben. Prinzessin Amalia, die Schwester Friedrichs des Großen, förderte Carolines schriftstellerische Begabung. Die Früchte dieser Patronage waren eine Ode, die ohne Wissen Carolines publiziert wurde, und ein Theaterstück, dessen Aufführung in Berlin großen Anklang fand. Nach zehn unglücklichen Ehejahren überwand Caroline schließlich ihre religiösen Bedenken und ließ sich scheiden. Mit ihrem Sohn kehrte sie zu ihrer Mutter zurück und lebte dort, bis ihre Mutter mit Herrn von Klencke, Sohn einer adligen Witwe, einen neuen Bräutigam ins Haus brachte. Dessen Mutter war zwar gegen die Heirat mit der gesellschaftlich tieferstehenden Caroline, doch die Verbindung kam 1782 zustande. Das Paar hatte eine Tochter, Helmina. Die Schwiegermutter aber ließ nicht nach und hatte schließlich Erfolg: Die Ehe zerbrach. Caroline, arm und verzweifelt, lebte fortan im Haus ihrer Mutter, stickte und schrieb kaum noch.

Helmina von Chézy war im Hinblick auf ihre veröffentlichten Schriften erfolgreicher als ihre Mutter und Großmutter. Mit vierzehn Jahren vollendete sie einen satirischen Roman im Stil Jean Pauls. Als sie sechzehn Jahre alt war, wurde sie von ihrer verarmten Mutter mit Carl Freiherr von Hastfer verheiratet, der sie vor Armut bewahren sollte. Die Ehe wurde nach einem Jahr geschieden. Im darauffolgenden Jahr, 1801, machte sich Helmina auf den Weg nach Paris zu ihrer Freundin und Lehrerin Madame de Genlis. In Paris konnte sie nur mit Hilfe ihrer Freunde aus den Berliner Salonkreisen überleben. Sie wohnte bei Dorothea Veit und Friedrich Schlegel, die 1801 von Jena nach Paris gezogen waren. Ein Berliner Buchhändler und Redakteur gab Helmina den Auftrag, regelmäßig Artikel über Paris für deutsche Leser zu schreiben. Dann arbeitete sie als Redakteurin für eine von Johann Friedrich Cotta verlegte Zeitschrift. Ebenfalls von Berlin nach Paris war David Koreff, der bei vielen prominenten Salongästen beliebte jüdische Arzt, gezogen. Er bat Julius Hitzig in Berlin, der verzweifelten Helmina Übersetzungsaufträge zu vermitteln. Madame de Genlis versuchte, Helmina bei einer bekannten französischen Familie als Gouvernante unterzubringen, aber sie wurde wegen ihrer Jugend abgelehnt. Kurz nach ihrer Ankunft in Paris heiratete Helmina Anton von Chézy, Professor der Orientalistik, den sie bei Veit/Schlegel kennengelernt hatte. Auch diese Ehe scheiterte. Mit ihren beiden Söhnen verließ sie 1810 Frankreich und reiste einige Jahre quer durch Deutschland, um für Krankenhäuser finanzielle Unterstützung von den Höfen zu bekommen, ein patriotisches Unterfangen und gleichzeitig eine mögliche berufliche Aufgabe. Daneben schrieb und veröffentlichte Helmina weiter. Sie übersetzte Schriften von Madame de Genlis, schrieb eine Biographie über ihre Mutter, ›Die Töchter der Karsch‹, veröffentlichte Reiseberichte und Gedichte mit dem Zusatz »von der Enkeltochter der Karschin«.

Von Elisabeth von der Recke bis zu Helmina von Chézy war es für keine der adligen und bürgerlichen Autorinnen, die einen Salon besuchten, leicht, ihr literarisches Talent zu entfalten. Auch die jüdischen Autorinnen, die immerhin aus einer die geistigen Werte hochschätzenden Kultur und Familie kamen und deren Väter und Ehemänner zudem meistens reich und intellektuell bedeutend waren, hatten Schwierigkeiten, Schreiben und Ehe miteinander in

Einklang zu bringen. Für drei der vier jüdischen Autorinnen führte der Ausbruch aus der früh von ihren Eltern arrangierten Ehe zwar zu einem an geistigen und emotionalen Erfahrungen reicheren Leben. Doch dieses Leben hielt auch schmerzhafte Erlebnisse bereit, die der literarischen Produktivität nicht immer förderlich waren.

Dorothea Veit hatte dank ihres intellektuell bedeutenden Vaters Moses Mendelssohn eine fundierte Ausbildung genossen. Doch während ihrer Ehe, bis zu ihrem dreißigsten Lebensjahr, veröffentlichte sie nichts. Der Bruch mit dem finanziell erfolgreichen, aber kulturell desinteressierten Mann schien eine Chance zu sein, intellektuell produktiv zu werden. Schlegel war nicht nur von der geistigen Kraft Dorotheas im besonderen beeindruckt, er sprach sich auch ganz allgemein für die intellektuelle Bildung von Frauen in seinen Schriften aus. Nach der Scheidung schrieb und veröffentlichte sie nun vor allem deswegen, weil Schlegel mit seinen Vorlesungen und Veröffentlichungen für seine Frau und ihre beiden Söhne, die sie schließlich zu sich holte, nicht ausreichend sorgen konnte. Aber von ihrer Produktivität ahnte die Öffentlichkeit nichts: Weder ihre Artikel und ihre Übersetzungen, auf die sie finanziell angewiesen war, noch ihr Roman ›Florentin‹ wurden unter ihrem Namen veröffentlicht. Hinzu kam die Ächtung von seiten ihrer Familie und ihrer Freunde nach der Trennung von Simon Veit. Schlegels erotischer Roman ›Lucinde‹, dem – wie allgemein angenommen – seine Beziehung zu Dorothea Veit zum Vorbild diente, vergrößerte die Isolation des Paares sogar innerhalb der Salongesellschaft. Das blieb auch so in Jena, wohin sie 1801 umzogen. Dank Friedrich Schlegels öffentlicher Angriffe auf einflußreiche Schriftsteller waren beide auch in Jena in kürzester Zeit unbeliebt.

Dorothea Veits wichtigste Veröffentlichung war der in Jena geschriebene Roman ›Florentin‹, dessen Figuren sich an ihre adligen Freunde in Berlin – eine Frau kleidet sich wie ein Mann, eine andere hat eine Abtreibung hinter sich –

anlehnten. Der Roman wurde damals nicht gut aufgenommen, und Dorothea schrieb nie den angekündigten zweiten Band. Dorothea, die auf der öffentlichen literarischen Bühne keinen Platz einnahm, wurde von bekannten Autoren hochgeschätzt. Clemens von Brentano schickte ihr Manuskripte zur Begutachtung, mit Ludwig Tieck unterhielt sie einen Briefwechsel über literarische Fragen. Später, als die Armut weitgehend aus dem Haushalt vertrieben war, veröffentlichte Dorothea – inzwischen mit Schlegel verheiratet – immer weniger. Sie schrieb die Manuskripte ihres Mannes ins reine, überarbeitete Artikel für von ihm herausgegebene Zeitschriften und fühlte sich ansonsten vor allem für den Haushalt zuständig. Sie verstand sich als »Reisebegleiterin« im Leben ihres Mannes. Beobachter der späteren Jahre zeigten sich bestürzt über ihre Unterordnung unter die intellektuelle Karriere ihres Mannes. Ihre Konversionen – 1804 zum Protestantismus und 1808, gemeinsam mit Schlegel, zum Katholizismus – bestärkten die Auffassung, daß es ihr an Integrität fehle. Doch man muß sehen, was Dorothea riskierte, als sie 1798 Simon Veit verließ, und wie sie ihren Entschluß als emanzipatorischen Akt verteidigte. Die extreme Loyalität zu Schlegel mag eine (trotzige) Gegenmaßnahme gewesen sein, um sich von ihrer Familie und ihren Freunden, die ihren Schritt verurteilten, zu lösen.

Die Hindernisse, auf die Henriette Herz stieß, als sie sich als Schriftstellerin zu profilieren versuchte, scheinen eher in ihr selbst gelegen zu haben. Denn sie brach nicht mit der jüdischen Gemeinde und hatte, charmant wie sie war, bei nichtjüdischen Höflingen und Intellektuellen Erfolg. Der soziale Status ihres Mannes, seine Verbindungen und die Vorlesungsabende halfen ihr dabei, ihre eigene Rolle als Salonière zu finden. Friedrich Schleiermacher hörte auf Henriettes literarisches Urteil und gab ihr seine Manuskripte zu lesen. Mit seiner Hilfe übersetzte sie zwei Romane aus dem Englischen; gegen Ende ihres Lebens schloß sie ihre Memoiren ab. Das Paar blieb kinderlos.

Nach dem Tod ihres Mannes 1803 verdiente sie sich ihr Geld nicht durch Schreiben, sondern suchte sich eine Gouvernantenstelle und vermietete Zimmer in ihrem Haus.

Esther Gad, die aus einer relativ unbekannten Familie kam, besaß innerhalb und außerhalb der Salonkreise nicht den Bekanntheitsgrad von Dorothea Veit oder Henriette Herz. Sie wuchs in ihrer Geburtsstadt Breslau auf. Ihr Bruder gab an sie weiter, was er auf der Schule lernte; Französisch, Englisch und Italienisch brachte sie sich selber bei. Im Jahr 1791 heiratete sie Samuel Bernard, einen reichen Geschäftsmann aus Frankfurt an der Oder. Das Paar zog nach Berlin. Dort freundete sich Esther Bernard mit Madame de Genlis und Dorothea Veit an. Sie begann Gedichte und Artikel in angesehenen Zeitschriften zu veröffentlichen; in einem 1778 erschienenen Artikel setzte sie sich mit der Produktivität von schreibenden Frauen auseinander, was ihr den Ruf einer zweiten Wollstonecraft, der bedeutenden englischen Frauenrechtlerin, einbrachte. Schon bald nach ihrer Ankunft in Berlin war es zu entscheidenden Veränderungen in ihrem Privatleben gekommen: 1796 wurde sie geschieden, 1800 konvertierte sie. Zwei Jahre später heiratete sie einen in England lebenden Hofarzt, Dr. Wilhelm Domeier, Mitglied verschiedener Gelehrtengesellschaften und Autor medizinischer Zeitschriften. Während ihrer zweiten Ehe – das Paar hatte sich schließlich in Portugal niedergelassen – schrieb und veröffentlichte sie kontinuierlich weiter. Sie übersetzte zwei Bücher ihrer Freundin Madame de Genlis und arbeitete an einem unvollendet gebliebenen Roman, dessen frühen Entwurf Jean Paul, dem sie das Manuskript geschickt hatte, sehr schätzte. Esther Gad starb 1823.

Rebecca Friedländer, die jüngste der vier jüdischen Autorinnen unter den Salonfrauen, war im Hinblick auf die Anzahl ihrer veröffentlichten Romane – es waren schließlich fünfzehn – am produktivsten. Im Alter von fünfundzwanzig Jahren erschien ihr erster Roman. Dieser Schlüsselroman über die Salongesellschaft – Gespräche im Salon einer Gräfin von Aarberg wechseln ab mit ausgewählten Briefen – entfremdete Rebecca von ihrer damals besten Freundin, Rahel Levin. ›Schmerz der Liebe‹ erzählt vom Kampf um Liebe, von der Angst vor unglücklicher Heirat, von der Rebellion gegen die arrangierte Ehe und von der Lust am Luxus. Die Reaktion auf diesen Roman war, wie auf fast alle ihre Werke, ziemlich vernichtend. Ihr Neffe, Paul Heyse, bezeichnete sie als eine Frau ohne Begabung. Im Jahr 1811 veröffentlichte Karl August Varnhagen unter einem Pseudonym eine vernichtende Rezension über drei Friedländer-Romane. Er sah in der Teilnahme von Frauen an intellektuellen Zirkeln den Grund für die anwachsende zweitklassige Frauenliteratur, weil diese die Frauen zu der Annahme verleite, sie seien selber Intellektuelle. Seine Kritik an den Büchern der Rebecca Friedländer ist grundlegend: die Charaktere seien platt, die Handlung zeuge von geistiger Unbedarftheit, der Dialog sei geschraubt. Er hoffte, daß der Autorin in anderen Kreisen der Erfolg beschieden sein möge, der ihr in diesem versagt sei.

Es ist unklar, ob Rebecca Friedländer mit ihren Romanen Geld verdienen mußte und wieviel sie verdiente. Die Scheidung von Moses Friedländer, Sohn eines reichen Bankiers und Unternehmers, hat sie sicherlich nicht in Armut gestürzt. Ihr eigener, nicht »übermäßig« reicher Vater hinterließ ein Erbe, das gerecht unter den sechs Geschwistern aufgeteilt wurde und jedem ermöglichte, weiterhin finanziell sorglos zu leben. Wenn ihre Romane auch nicht gut aufgenommen wurden und ihr keinen Reichtum bescherten, so konnte sie doch auf der literarischen Bühne Kontakt zu adligen Dilettanten finden, das heißt zu möglichen Heiratskandidaten.

In den Jahren 1805 und 1806 war Graf von Egloffstein ihr Hauptberater in literarischen Fragen – sie hoffte, diese Beziehung in eine Romanze und Ehe verwandeln zu können. Ihr Traum erfüllte sich nicht. So verliebte sie sich in den in Berlin stationierten französischen Offizier Graf

Friedrich d'Houdetôt, einen eifrigen Leser moderner Literatur. Aber auch dieser Graf wollte sie nicht heiraten. In dieser Zeit war Rahel Levin ihre engste Vertraute, die in solchen Beziehungsfragen erfahren war. Die Freundschaft erkaltete später jedoch, weil Rahel glaubte, daß die negativ gezeichnete Salondame in ›Schmerz der Liebe‹ ihr nachgebildet sei. Rebecca Friedländer, die unter dem nichtjüdisch klingenden Namen Regina Frohberg veröffentlichte und reiste, konvertierte später und ging keine Ehe mehr ein.

Alle elf Autorinnen der Salons nutzten bestimmte Konstellationen ihres Lebensbereiches auf dem Weg zum gedruckten Wort. Nur wenige Autorinnen – vor allem die jüdischen – hatten zu Hause eine solide Erziehung erhalten. Die Teilnahme am Salon half einigen Autorinnen bei ihren Veröffentlichungsabsichten, wobei sie öfter von den Männern als von den Frauen der Salons unterstützt wurden. Doch wie auch immer diese elf Frauen zu ihren Veröffentlichungen kamen, die Tatsache, daß sie einer der ersten Generationen von Autorinnen angehörten, ließ sie Geschichte machen. Eine vergleichbare Hinterlassenschaft konnten die nichtpublizierenden Frauen zwar nicht vorweisen, doch mit ihren Briefen, den unter Freunden kursierenden Charakterskizzen und ihren literarischen Konversationen machten zweifellos auch sie Geschichte.

Für die Entstehung der Salons waren die adligen Dilettantinnen entscheidender als die Autorinnen, stellten sie doch zwei Drittel der weiblichen Salongesellschaft. Ihre sachkundigen Konversationen wurden von der Salongesellschaft als ein Beitrag zur inhaltlichen wie formalen Entwicklung der deutschen Literatur aufgenommen. Die romantische Literatur mit ihrem bekennerischen, gefühlsbetonten Stil wies verblüffende Ähnlichkeiten mit dieser Kultur der Salongespräche und Briefe auf.

Eine Dilettantin in Deutschland war eine Frau, die den französischen adligen Stil in das lange Zeit im Provinziellen und Professoralen steckengebliebene intellektuelle Leben Deutschlands einführte. Die damalige Briefkultur stand in ihrer glorreichen Blüte, von inhaltlichen und stilistischen Grenzen war der Briefschreiber im Ausdruck und Gedankenlauf weniger eingeengt als je zuvor. Briefe spielten eine zentrale Rolle im kulturellen Leben, doch ging ihre Bedeutung mit der Verfestigung intellektueller Institutionen im folgenden Jahrhundert verloren. Die wenigen regelmäßig erscheinenden Zeitungen im Deutschland des späten 18. Jahrhunderts unterlagen der Zensur – die Briefe wurden folglich zu einem entscheidenden Übermittler von Neuigkeiten und Informationen. Neue Wissenschaften und Literaturgattungen gingen aus dieser Briefkultur hervor, wie die Anthropologie, die Reiseberichtsliteratur, der Briefroman und schließlich der psychologische Roman. Der Schriftwechsel zwischen Gelehrten wurde in Gelehrten-Blättern abgedruckt und so zu einer gewinnbringenden »halböffentlichen« Angelegenheit. Briefe wurden oft laut vorgelesen oder an eine dritte Person weitergereicht; auch konnte wichtigen Persönlichkeiten zu Ohren kommen, wie und mit welchem Inhalt ein Brief abgefaßt war. Sowohl die Briefe als auch die Salons waren mehr oder minder halböffentliche Kommunikationsformen. Beide boten Frauen eine Möglichkeit, sich am literarischen Leben zu beteiligen, zu einer Zeit, als ihnen noch die offiziellen Bildungs- und Arbeitsbereiche verschlossen waren. Briefen kam eine Schlüsselrolle in der literarischen Kultur des späten 18. Jahrhunderts zu, als die belles lettres sich aus den privaten Briefen entwickelten. In Deutschland entstanden die belles lettres daheim – ein entsprechendes Berufsbild gab es nicht. Ob die Wohnungen der intellektuellen Frauen nun der Ort waren, an dem man Briefe schrieb oder Gespräche mit Gästen führte – sie waren in beiden Fällen öffentliche Räume. Es war diese Halböffentlichkeit der Brief- und Salonkultur, die den begabten Frauen die Möglichkeit bot, berühmt zu werden, ohne das Haus verlassen oder publizieren zu müssen.

Die zehn adligen Dilettantinnen, entscheidende Mitglieder der weiblichen Salongesellschaft, trugen zwar alle ein »von«, doch sie gehörten drei verschiedenen gesellschaftlichen Welten an. Die höfischen Dilettantinnen hielten sich meistens von den jüdischen Salons fern, ließen sich aber genau berichten, was dort geschah. Die mit Beamten verheirateten Dilettantinnen waren oft mit den jüdischen Salondamen befreundet. Doch die Freundschaften zerbrachen in vielen Fällen am Antisemitismus. Die dritte Gruppe – Frauen, die als Katalysator bei der Bildung der Salongesellschaft wirkten – umfaßte die Rebellen unter den adligen Dilettantinnen, die zwar Zutritt zu Hof- und Beamtenkreisen hatten, sich aber so benahmen, daß sich ihre adligen Freunde von ihnen distanzierten.

Die führende adlige Dilettantin am Hof nach 1797 war Königin Luise, die Gattin Friedrich Wilhelms II. Entscheidend für ihre Popularität bei der Intelligenz war ihre Liebe zur Kultur. Ihren Freundinnen übersandte sie Gedichte auf reich verzierten Karten; eifrig besuchte sie die Oper und das Ballett; oft wurde sie um Unterstützung von literarischen Projekten gebeten (und wahrscheinlich kam sie dem Gesuch manchmal nach). Eine wichtige Dilettantin am Hof war die einflußreiche Hofdame Frau von Berg, Organisatorin gesellschaftlicher Ereignisse am Hof. Sie war mit wichtigen Salonteilnehmern befreundet, wie Fürst von Ligne, Friedrich Gentz, Jean Paul und Gustav von Brinkmann. Aus den geschwätzigen Briefen Brinkmanns an Julie von Voss, der Tochter Frau von Bergs, geht hervor, daß beide, Mutter und Tochter, über die Salongesellschaft auf dem laufenden gehalten werden wollten, während sie öffentlich Geringschätzung bekundeten.

Die Erfahrungen der Caroline von Humboldt – eine der beiden mit Beamten verheirateten adligen Dilettantinnen – sind am aufschlußreichsten für die jüdische Salongesellschaft. (Die zweite ist Elisabeth von Stägemann, in den neunziger Jahren des 18. Jahrhunderts eher am Rand der jüdischen Salongesellschaft stehend; sie und ihr Mann eröffneten 1808 ihren eigenen, eher antisemitischen Salon.) Caroline von Dacheröden war, vor ihrer Hochzeit 1791 mit Wilhelm von Humboldt, eng mit einigen jüdischen Salondamen befreundet. Zusammen mit Henriette Herz und Dorothea Veit war sie Mitglied des »Tugendbundes«, mit Rahel Levin verband sie eine Freundschaft, die ein wenig von der Eifersucht auf Rahels intellektuelle Kapazität getrübt war. Nach der Hochzeit verließen Caroline und Wilhelm von Humboldt Berlin. Sie hätten sich wahrscheinlich auch dann, wenn sie in der Stadt geblieben wären, aus der jüdischen Salongesellschaft zurückgezogen, denn Caroline nahm eine immer stärker werdende antisemitische Haltung ein. Im Jahr 1803 brach sie die Freundschaft mit Rahel Levin.

Diese Dilettantinnen wandten sich später entweder Hof- oder Beamtenkreisen zu und hielten sich vom jüdischen Salon fern. Wahrscheinlich ist, daß einige den Salon der Dorothea von Kurland besuchten; möglich ist, daß sie oberflächliche Freundschaften mit den jüdischen Salondamen eingingen. Mit Recht dürfen sie Salonteilnehmerinnen genannt werden, spielten sie doch keine zentrale Rolle bei der komplizierten Entwicklung der Salons. Ihre ambivalente Haltung zu den jüdischen Salondamen markiert eine bezeichnende gesellschaftliche Entwicklung. Daß so berühmte Frauen wie Caroline von Berg und Caroline von Humboldt, die mit den jüdischen Salonières verbunden waren, wissen wollten, was in ihren Salons vorging, beweist die gesellschaftliche Macht der jüdischen Frauen im Berlin der achtziger und neunziger Jahre des 18. Jahrhunderts.

Die rebellischen adligen Frauen gehörten dagegen zu den ausschlaggebenden Kräften, die die jüdischen Salons ins Leben riefen. Sie hatten enge Verbindungen zu den jüdischen Frauen, zu den progressiven adligen Männern und zu den avantgardistischen bürgerlichen Geistesgrößen in den Salons. Wenn wir ihr gesellschaftliches Umfeld rekonstruieren, gelangen wir zum treibenden Kern der Salongesellschaft, zu einem sehr kleinen, in seiner religiösen, sozialen und geschlechtlichen Zusammensetzung äußerst bunt gemischten Insiderkreis. Zwischen den rebellischen adligen Frauen, den Bürgerlichen und den jüdischen Dilettantinnen herrschte jene intime Gemeinschaft, die es unter den Autorinnen der Salons nicht gab. Doch hatte dieses Band nicht zur Folge, daß die rebellischen adligen Frauen mit Disziplin und Ehrgeiz Bücher veröffentlichten. Selbstverständlich sprachen sie über die literarischen Werke anderer. Ihre literarische Bildung war die Grundlage ihrer Gespräche, ihrer Tagebücher, ihrer unveröffentlichten Szenen und Gedichte sowie ihrer Kritikfähigkeit an den Manuskripten und veröffentlichten Werken, die Freunde der Salongesellschaft vorstellten. Für die Geschichte der Berliner Salons war aber nicht die literarische Bildung dieser Frauen ausschlaggebend. Wichtig war ihre Gabe, ihr literarisches Interesse und ihre nonkonformistischen Werte Unbekannten und Freunden mitzuteilen. Dorothea von Kurland beispielsweise brachte, allen Etiketten trotzend, die verschiedensten Gäste zusammen, wobei sie Wert darauf legte, daß diese sich als Individuen, ohne gesellschaftliche Masken, gegenübertraten.

Der Nonkonformismus der Gräfin Caroline von Schlabrendorf trat eher im persönlichen Bereich zutage. Ihre engsten Freunde aus der Salongesellschaft waren Rahel Levin und Gustav von Brinkmann. Sie stammte aus einer sehr fortschrittlichen Familie; ihr Onkel, Graf Gustav von Schlabrendorf, lebte während der Französischen Revolution in Paris und lieferte von dort begeisterte Berichte an die deutsche Presse. Carolines Mann, der ein entfernter Verwandter von ihr gewesen sein soll und sich dem mystischen Kreis um Friedrich Wilhelm II. angeschlossen hatte, starb früh. Sie wandte sich daraufhin vom Hof ab und widmete sich ihren Freunden. Sie war bekannt dafür, daß sie in Männerkleidung reiste – um unabhängiger zu sein und um »nicht jeden Moment daran erinnert zu werden, daß sie bloß eine Frau war«. Caroline von Schlabrendorf begleitete Rahel Levin im Sommer 1801 nach Paris, als diese sich von ihrer gescheiterten Liebesaffäre mit Karl von Finckenstein erholen wollte. Es zählte zu ihren Eigenarten, verschiedene Standpunkte einzunehmen: »Sie verteidigte die Französische Revolution in Preußen, die Rechte der Emigranten und den Hof in Paris.«

Weit mehr als Dorothea von Kurland und Caroline von Schlabrendorf trug die unbekanntere Josephine von Pachta dazu bei, diese kleine gemischte Gruppe im Zentrum der Salongesellschaft zusammenzuschmieden. Sie stieß zu diesem Freundeskreis im Sommer 1795, als Fürst von Ligne sie mit Rahel Levin im Kurbad Teplitz bekannt machte. Josephine von Pachta, Katholikin aus Böhmen, war für ihre bestimmende, rationale Art bekannt. Sie las Kant, verteidigte demokratische Rechte und bezog Stellung gegen die Ungerechtigkeit des Geburtsadels. Durch Rahel Levin, mit deren engsten Familienangehörigen sie sich befreundete, machte sie die Bekanntschaft mit anderen jüdischen Salonfrauen, wie zum Beispiel mit den Schwestern Meyer, mit Frederike Liman und Dorothea Veit. Sie besaß diverse Häuser in Österreich und Böhmen und besuchte Berlin oft. Außerdem mischte sie sich in den Kurorten unter Salon-Bekanntheiten, die dort den Sommer verbrachten. Ihre engsten adligen Freunde waren meistens die Liebhaber und Gönner der jüdischen Frauen: Karl von Finckenstein, Wilhelm von Burgsdorff, Fürst von Reuss, Friedrich Schleiermacher und Friedrich Schlegel. Damit nahm Josephine von Pachta eine ideale Vermittlerposition ein. Die Vermittlerrolle spielte sie oft, besonders zwischen Rahel Levin und Karl von Finckenstein bei deren Versuch, einen Ausgleich zwischen Liebe und Status zu finden.

Ihr selbst war dieser Konflikt nicht fremd. Trotz der Bitterkeit, die solche Konflikte hervorrufen konnten, verlor Josephine von Pachta nie ihre Souveränität. Das mag teilweise bedingt gewesen sein durch ihren fortschrittlichen Vater, durch die tolerante Atmosphäre in Prag und Wien, wo sie, mit Unterbrechungen, die meiste Zeit ihres Lebens verbrachte, und vielleicht durch ihren Widerspruchsgeist. Ihre Ehe war nicht glücklich, aber eine Scheidung stand für die Katholikin außer Frage. Josephine befürchtete zudem, sie könnte ihr beträchtliches Erbe, das sie in die Ehe eingebracht hatte, im Falle einer Scheidung verlieren. Die Eheleute lebten getrennt. Die Feindseligkeiten zwischen beiden verschärften sich durch die Tatsache, daß sie jahrelang mit dem Hofmeister ihres Sohnes, Professor Joseph Meinert, zusammenlebte. Josephine wurde Förderin und lebenslange Partnerin von Meinert. Das Paar pflegte einen komfortablen, doch nicht aufwendigen Lebensstil und verschaffte sich dadurch den Respekt derjenigen, die sich andernfalls wahrscheinlich über ihren Status als Unverheiratete empört hätten.

Auch Pauline Wiesels Rebellion vollzog sich mehr in der privaten als in der öffentlichen Sphäre. Sie stammte aus einer adligen Familie, die in höfischen Kreisen verkehrte, und heiratete, unter ihrem Stand, einen französischen Staatsbeamten. Sie lebte bis 1808 in Berlin, wo sie nicht mit ihrem Mann zusammenwohnte, sondern mit ihrer Mutter in einem Berliner Gasthaus. Ihre älteste Freundin unter den Salondamen war Rahel Levin, von Pauline Wiesel glühend für ihren emanzipierten, sinnlichen Lebensstil bewundert. Als Bühne für ihre Rebellion wählte auch sie die Leidenschaft. Der prominenteste unter ihren Liebhabern war Prinz Louis Ferdinand, dem sie auf einem Ball bei Sara (Meyer) von Grotthuss begegnet war. Major Gualtieri und Gustav von Brinkmann kamen auch in diese Gunst. Wilhelm von Humboldt drückte ihr seine Dankbarkeit dafür aus, daß sie ihm »einige der glücklichsten Stunden seines Lebens« geschenkt habe.

Formal gesehen entsprachen diese adligen Frauen den männlichen adligen Dilettanten in den Salons. Ihre Zuneigung bedeutete für ihre weniger privilegierten Freunde Statusgewinn, Zunahme der auf sie gerichteten Aufmerksamkeit, manchmal auch informelle Patronage.

Zu den vier bürgerlichen Dilettantinnen gab es innerhalb der Salongesellschaft kein männliches Pendant. Drei von ihnen waren Schauspielerinnen: Frederike Unzelmann, Christel Eigensatz und die Marchetti. (Zu den Dilettantinnen gehören also auch alle Frauen, die nicht publizierten, nicht nur die Verfasserinnen literarisch bedeutender Briefe und anderer ungedruckter Schriften.) Die Freundschaften – meistens Liebesbeziehungen – einiger Schauspielerinnen mit prominenten adligen Salonmännern beweisen, daß sich das Ansehen der Schauspieler in Deutschland stark verbessert hatte. Das damals bekannteste Paar waren Christel Eigensatz und Friedrich Gentz. Die Anwesenheit von Schauspielerinnen in den Salons war eine Ursache für den zweifellos unberechtigten Ruf, den die Salongesellschaft genoß: Ort der Unsittlichkeit zu sein. Andererseits weist die Anwesenheit bürgerlicher Dilettantinnen darauf hin, daß Frauen der gesellschaftliche Aufstieg durch die Salons erleichtert wurde.

Die verbleibenden sechs Dilettantinnen der Salongesellschaft waren Jüdinnen. Sie bildeten die Mehrzahl der Berliner Salondamen. Alle sechs jüdischen Dilettantinnen führten ihren eigenen Salon. Ihr intellektuelles Niveau lag oft über dem von jüdischen Autorinnen. Zum Beispiel Rahel Levin: Wegen ihrer Konversationen, Briefe und ästhetischen Urteilskraft wurde sie von vielen wichtigen Männern bewundert. Nur einige ihrer Briefe wurden zu ihren Lebzeiten veröffentlicht. Daß die Schwestern Sara und Marianne Meyer die französische Sprache perfekt beherrschten, Charakterskizzen entwerfen konnten und geübte Briefeschreiberinnen waren, erwies sich als vorteilhaft, um prominente adlige Gäste in ihre Salons zu ziehen. Amalie Beer, Philippine Cohen und Sara Levy – nicht so perfekt wie die Meyer-Schwestern oder so ernsthaft mit Kultur beschäftigt wie Rahel Levin – waren für ihre gebildeten Unterhaltungen bekannt, was sicherlich zu ihrem Erfolg als Salonières beitrug.

Drei der sechs jüdischen Dilettantinnen und die vier jüdischen Autorinnen heirateten Männer anderen Glaubens und verbesserten dadurch ihre gesellschaftliche Position.

Diese Mischehen bedeuteten für die Frauen einen Sieg über ihre Diskriminierung als Jüdinnen. Wenn es auch nur wenige interkonfessionelle Hochzeiten gab – aus der Sicht der Sozialgeschichte waren sie das bedeutsamste Ereignis innerhalb des Beziehungsgeflechts.

Wie kamen diese Mischehen zustande? Um diese Frage beantworten zu können, müssen wir den Moment im Leben der jüdischen Frauen untersuchen, in dem sie, noch in jüdischen Kreisen verharrend, zum ersten Mal in den Genuß der weltlichen Kultur kamen. Als die Frauen der Salons noch ledig oder gerade verheiratet waren, hätte man zu der Ansicht gelangen können, ihnen sei ein erfolgreicher Ausgleich zwischen Tradition und Innovation gelungen. Doch wenn wir die latenten Widersprüche dieser Jahre näher beleuchten, werden wir verstehen, warum es später zu Scheidung, Konversion und Mischehen kam.

Sozialisation und frühe Heirat

Lange vor der Zeit der Salons hatte sich innerhalb der jüdischen Familien in Deutschland durchgesetzt, daß die Mädchen nicht dieselbe religiöse Erziehung genossen wie ihre Brüder; das heißt, sie wurden nicht regelmäßig in Hebräisch oder im Talmud unterrichtet. Auch waren sie, nach dem jüdischen Gesetz, nicht zum regelmäßigen Besuch der Synagoge verpflichtet. Nach einer Quelle des 18. Jahrhunderts war es den Mädchen sogar nicht gestattet, sich in demselben Haus aufzuhalten, wo der den Jungen der jüdischen Gemeinde von Privatlehrern erteilte Unterricht in diesen Fächern stattfand. Der traditionelle Lehrstoff wurde Mädchen und Frauen vor allem durch das Studium der ›Tzenah Urenah‹, einer Moralpredigten und Parabeln enthaltenden jiddischen Bibel, vermittelt. Durchgesetzt hat sich deshalb unter Historikern die Ansicht, daß die Frauen der Salons sich von ihrem Glauben und ihrer Gemeinde nicht abgekehrt hätten, wenn ihre jüdische Erziehung strenger gewesen wäre und sie intellektuell stärker mit ihrer Tradition verbunden hätte. Die Entfremdung der Frauen von ihrem Glauben habe sich noch dadurch verstärkt, daß auch ihre weltliche Erziehung nur sehr oberflächlich war. Das heißt, ihnen wurden neue Welten erschlossen, ohne sie mit fundierten Kenntnissen der alten, traditionellen auszustatten. Für sie wurden Hofmeister engagiert, die sie in Deutsch, Englisch, Französisch und Cembalospielen unterrichteten. Sie durften Leihbüchereien aufsuchen, um wenigstens einen Teil der unzähligen Romane, die damals in Deutschland gedruckt wurden, lesen zu können. Ihre Utensilien waren Federhalter, Briefpapier und in Leder gebundene Tagebücher, in denen sie sich die neue, weltliche Kultur mit ihren Worten aneigneten – eine Welt, die sie mit ihren jüdischen und manchmal auch nichtjüdischen Freundinnen gemeinsam erlebten.

Bei ihren Brüdern und ihren Ehemännern dagegen war der Anreiz gering, sich im Deutschen zu vervollkommnen und die französische Sprache zu beherrschen, weil sie später wegen der auf den Handel und den Finanzbereich begrenzten Berufswahl fast ausschließlich mit jüdischen Männern zusammenarbeiten mußten.

Die Bereitschaft der Eltern, soviel Geld für den Sprach- und Anstandsunterricht ihrer Töchter auszugeben, hatte wahrscheinlich ihre historische Ursache darin, daß die Väter gegenüber der religiösen Erziehung ihrer Töchter gleichgültig eingestellt waren. Sie gestatteten ihnen deshalb, den eigenen Vorlieben nachzugehen. Es gibt dafür auch praktische Gründe. Im Gegensatz zu den meisten jüdischen Familien in West- und Osteuropa waren die sehr reichen Juden Berlins nicht auf die Hilfe der Töchter im Haushalt, im Geschäft oder bei kommerziellen Unternehmungen angewiesen. Die vielfältigen praktischen Fertigkeiten, die zum Beispiel Glückel von Hameln am Anfang des Jahrhunderts noch beherrscht hatte, waren für den Bestand der Familienunternehmen der reichen jüdischen Oberschicht Berlins nicht mehr notwendig.

Ein näherer Blick läßt allerdings Zweifel aufkommen, ob die unterschiedliche religiöse oder weltliche Erziehung Grund für den unterschiedlichen Assimilationsverlauf bei Männern und Frauen war. Es ist richtig, daß die Frauen keine fundierte jüdische Erziehung erhielten. Fraglich ist aber, in welchem Maße die Söhne traditionell erzogen wurden bzw. ihnen ihre Eltern eine weltliche Erziehung vorenthielten. So wurde über die religiöse Erziehung der Söhne oft geklagt, weil die Lehrer, junge Hofmeister aus Polen, eine streng traditionelle Pädagogik vertraten. Im Jahr 1772 verfaßte ein Berliner Lehrer eine Abhandlung, in der er Friedrich dem Großen riet, die Einreise polenstämmiger Hofmeister zu verbieten. Dieser Lehrer, der sich seinen polnischen Kollegen überlegen fühlte, weil er in Deutschland geboren war, kritisierte die »fanatischen«, »barbarischen« Ideen, die diese verarmten östlichen Schulmeister verbreiteten.

Wegen der Mängel der traditionellen Erziehung wandten sich junge jüdische Männer weltlichen Studien zu, und es gelang einigen, sich eine erstklassige weltliche Bildung anzueignen. Zum Beispiel wurde Aaron Gumperts schon in den dreißiger Jahren des 18. Jahrhunderts von Privatlehrern und einem Berliner Rabbi in Deutsch, Französisch und Mathematik unterrichtet, und er belegte Kurse am ersten Gymnasium der Stadt sowie an der königlichen Akademie der Wissenschaften. Lazarus Bendavid lernte in den sechziger Jahren Deutsch bei seiner Mutter, Französisch bei einem Hofmeister und Latein bei einem Gymnasialprofessor. In den neunziger Jahren durfte Ludwig Robert, der Bruder von Rahel Levin, das französische Gymnasium der Stadt besuchen. Als Moses Mendelssohn in der jüdischen Gemeinde stärkere Unterstützung für sein Credo fand, die

Erneuerung des Judentums könne nur durch den Einbezug weltlicher Bildung gelingen, öffneten sich für viele einst nur wenigen vorbehaltene Lernmöglichkeiten. Die von David Friedländer gegründete »Freischule« bot den Jüngeren und Ärmeren der männlichen jüdischen Jugend sowohl eine religiöse als auch eine weltliche Ausbildung.

Ob die Bildung der reichen jüdischen Mädchen unfundiert war, ist zweifelhaft. Henriette Herz und Dorothea Veit erhielten eine gründliche Bildung von ihren Vätern. Rahel beklagt, daß sie wie eine »Wilde« aufgewachsen sei, ohne die Fähigkeiten zu erwerben, die Voraussetzung für eine Teilnahme am intellektuellen Leben ihrer Zeit waren. Immerhin lernte sie bei Privatlehrern Französisch, und später diente ihr der Briefwechsel mit dem jüdischen Medizinstudenten David Veit dazu, ihr Deutsch aufzubessern. Sie nahm bei einem Privatlehrer Mathematikunterricht, las Voltaire, Kant, Rousseau und Fichte. Gewiß, ihr Deutsch war grammatikalisch holprig, ihre Handschrift oft unleserlich. Doch ihr Ärger über eine fehlende gründliche Erziehung entzündete sich wahrscheinlich mehr an ihren selbstgesteckten hohen Zielen als an der mangelhaften Ausbildung, bedenkt man die stark begrenzten Bildungsmöglichkeiten für Frauen in allen Regionen Europas im 18. Jahrhundert.

Wenn wir dies alles bedenken: die Schwierigkeiten, für die Söhne eine fundierte jüdische Erziehung sicherzustellen; die erfolgreiche Aneignung weltlicher Bildung in manchen Fällen; den gründlichen weltlichen Unterricht, den einige jüdische Töchter genossen – dann erscheint es problematisch, eine geschlechtsspezifische Erziehung für die unterschiedliche Assimilation von Männern und Frauen verantwortlich zu machen. Daß jüdische Historiker des 19. Jahrhunderts die Defizite in der Erziehung der jüdischen Salonfrauen hervorhoben, mag mit ihren Anstrengungen zusammenhängen, die religiöse Erziehung der Mädchen zu ihrer Zeit verbessern zu wollen. Bedenkt man die Besonderheit der Berliner Gesellschaft, wird jeder

Versuch, die spätere Assimilation mit der Erziehung zu erklären, noch problematischer. Wenn auch eine Voraussetzung für eine spätere Assimilation der frühe Erwerb von Kenntnissen in weltlicher Kultur gewesen ist – eine notwendige Folge von einem zum anderen ist damit nicht bewiesen. Die Erziehung jüdischer Frauen in Hamburg, Wien und Frankfurt ähnelte der Erziehung der Berliner Salonfrauen, aber den Mädchen aus diesen Städten wurde später nie die gesellschaftliche Anerkennung zuteil, die die Berliner Salonfrauen genossen.

Bei näherer Betrachtung sieht es so aus, daß bestimmte gesellschaftliche Konstellationen die über zwanzig Jahre alten jüdischen Frauen zur Erweiterung ihrer weltlichen, intellektuellen Kenntnisse angehalten und befähigt haben. Die Erfahrungen, die die Männer und Frauen während ihrer Jugend machten, unterschieden sich damals nicht so sehr voneinander wie später im Hinblick auf die neuen, öffentlichen Freizeiteinrichtungen Berlins. Wie oben beschrieben, hatten Berlins kulturell angepaßte Juden große Schwierigkeiten, Mitglieder der Gelehrtenvereine der Stadt zu werden, und mußten sich schließlich mit der Gründung eigener, rein jüdischer Vereine zufriedengeben. Natürlich gab es wichtige Ausnahmen in der Generation der damals, Mitte des Jahrhunderts, gerade Erwachsenen, so zum Beispiel David Friedländer, Markus Herz und Moses Mendelssohn. Unter den gerade Erwachsenen der nächsten Generation – darunter Julius Hitzig, Ludwig Robert, Benjamin Ephraim, Israel Steiglitz und David Koreff – war die Zahl der jüdischen Männer, die nichtjüdischen Vereinen beitraten oder nichtjüdische Freunde gewannen, höher; einigen gelang auch der Zutritt zu den Salons. Unter den neunundsechzig Männern, die einen oder mehrere Salons besuchten, waren acht Juden *(s. Abb. 8)*. Da Juden nur zwei Prozent der städtischen Bevölkerung und drei Prozent der Intelligenz ausmachten, waren sie, statistisch gesehen, in den Salons gut repräsentiert. Die zwölf jüdischen Frauen waren im

Vergleich dazu weit überrepräsentiert, denn sie stellten siebenunddreißig Prozent aller Frauen in den Salons.

Der Erfolg dieser Frauen in den Salons – viel mehr als ihre Erziehung – führte später zu ihrer Heirat mit Nichtjuden. Die Teilnahme an der Salongesellschaft regte zwar die Frauen zur Perfektionierung ihrer weltlichen Fertigkeiten an. Wichtiger war aber, daß sie in den Salons hochangesehenen potentiellen Heiratskandidaten begegneten. Daß so viele davon jüdische Frauen heirateten, schockierte die Zeitgenossen. Im Leben der Frauen des 18. Jahrhunderts war die Heirat das zentrale Ereignis. Ob, wen und wann sie heiratete – dies hatte Einfluß auf ihren Lebensstandard, ihren sozialen Status und auf ihre Möglichkeit, einen Salon zu führen. Für die Männer war die Ehe nur ein ihre Stellung in der Gesellschaft mitbestimmender institutioneller Faktor.

Bevor wir den Weg zum Altar nachgehen, müssen wir uns ein genaues Bild von diesen Frauen machen. Zwischen 1780 und 1806 leiteten neun jüdische Salonières verschiedene – von berühmten, regelmäßig besuchten Zusammenkünften bis zu sporadischen Treffen reichende – gesellschaftliche Kreise *(s. Abb. 11)*. Drei weitere jüdische Frauen waren Salonbesucherinnen. Zu diesen zwölf jüdischen Frauen, deren Gegenwart in Salons belegt ist, wurden noch acht Freundinnen oder Schwestern der zwölf in die kollektive Biographie mit aufgenommen, obwohl es keine eindeutigen Beweise dafür gibt, daß diese acht Frauen Salons besucht haben. In diesem und dem folgenden Kapitel wird das Leben dieser größeren Gruppe von zwanzig jüdischen Frauen untersucht. Sie wurden zwischen 1761 und 1787 geboren und waren in der Blütezeit der Salons erwachsen.

Fast alle ihre Väter gehörten der jüdischen Finanzelite an, und dank ihrer Mitgliedschaft in der Salongesellschaft hatten diese Frauen Zutritt zu einer angesehenen und heterogenen Welt. Doch da sich die Zahl der erwachsenen jüdischen Frauen in Berlin bei ungefähr siebenhundert bewegte, ist die Stellung dieser Salonfrauen in der Tat nicht repräsentativ für die jüdische Gemeinde.

Für die Familie der jüdischen Oberschicht war die Hochzeit ein wichtiges Mittel, um ihren Reichtum und ihre Macht zu erhalten und zu erweitern. Schon früh wurden Ehen arrangiert, um die gewünschte Verbindung mit der entsprechenden Familie sicherzustellen. Die Jugend der Tochter garantierte ihre Jungfräulichkeit. Weil in der jüdischen Gemeinde Reichtum und eine rechtlich unsichere Lage aufeinandertrafen, kam der sorgfältigen Auswahl der Ehepartner eine ausschlaggebende Bedeutung zu. Die wohlhabenden jüdischen Väter waren darauf bedacht, reiche Schwiegersöhne oder Töchter aus gutem Hause mit Beziehungen an ihre Familie zu binden. Die königliche Erlaubnis, in Berlin leben zu dürfen, war ein Privileg. Neben Geld und Beziehungen spielte bei der Auswahl eines geeigneten Ehepartners noch diese Tatsache eine wichtige Rolle. Größe und Reichtum der jüdischen Gemeinde wurden durch strikte Bestimmungen zum Niederlassungsrecht der Kinder kontrolliert. Töchter konnten den Schutzbrief ihrer Väter nur unter bestimmten Bedingungen erben. In allen, selbst den privilegierten Familien mußte der Schutzbrief an den ältesten Sohn weitergegeben werden; die jüngeren Söhne sahen sich folglich oft dazu gezwungen, Frauen, die außerhalb der Stadt wohnten, zu heiraten und sich dort niederzulassen. Um unter diesen restriktiven Umständen ein Maximum an generationsübergreifendem Zusammenhalt zu sichern, versuchten die Eltern, ihre Töchter mit ansässigen Männern zu verheiraten, die bereits den Schutzbrief ihrer Väter geerbt hatten oder ihn erben würden. Die Hochzeit war teuer: Zu der Mitgift, den Ausgaben für das Hochzeitsfest und dem neugegründeten Haushalt kam noch eine sich an der Höhe der Mitgift bemessende Steuer hinzu.

Dieses Heiratssystem schien, zumindest am Beginn der Salon-Ära, gut zu funktionieren. Mit Ausnahme von zweien heirateten alle zwanzig Salonfrauen; fünfzehn heirateten jüdische Männer. Wie der Bräutigam ausgesucht wurde, ist nur von einigen der berühmtesten Frauen bekannt. Henriette Herz war zwölf Jahre alt, als ihr Vater, Direktor des jüdischen Krankenhauses in Berlin, zwei geeignete Heiratskandidaten, einen Rabbi und einen Arzt, für sie aussuchte. Sie durfte zwischen beiden wählen und entschied sich für den Arzt, Dr. Markus Herz, mit dem sie kurz darauf verlobt war, obwohl sie ihn bislang nur einmal gesehen hatte. Mit fünfzehn war sie verheiratet, mit einem Mann, der mehr als doppelt so alt war wie sie. Moses Mendelssohns Tochter Dorothea wurde im Alter von neunzehn Jahren mit Simon Veit verheiratet. Pessel Zülz, deren Vater Besitzer einer großen Seidenmanufaktur war, wurde mit Ephraim Cohen verheiratet. Der Bräutigam, der aus Holland stammte, eröffnete nach seiner Niederlassung in Berlin eine riesige Wollmanufaktur im Zentrum der Stadt, in der Hunderte von Arbeitern beschäftigt waren. Rebecca Itzig, eine der neun Töchter von Daniel und Miriam Itzig, heiratete David Ephraim, Sohn von Veitel Heine Ephraim, dem dritten Partner in der Münzprägerei von Daniel Itzig und Moses Isaac, die im Siebenjährigen Krieg eine wichtige Rolle gespielt hatte. Die Unterschriften im Poesiealbum des jungen Paares aus den Jahren 1784 bis 1796 belegen ein engmaschiges Beziehungsnetz mit Geschwistern und anderen Verwandten. Rebecca Solomon, deren Vater Hofjuwelier unter Friedrich dem Großen war, heiratete Moses Friedländer, dessen Vater, David Friedländer, ein reicher Seidenfabrikant war und dessen Mutter aus der Itzig-Familie stammte.

Den Eltern war daran gelegen, eine »gute Partie« so früh wie möglich sicherzustellen. Das Heiratsalter der jüdischen Frauen variierte nach Zeit und Ort, denn es hing von den ökonomischen und rechtlichen Beschränkungen bei der Partnerwahl ab. Das durchschnittliche Heiratsalter der jüdischen Salonfrauen lag bei achtzehn Jahren – das war im Vergleich zu den anderen jüdischen Frauen im damaligen Berlin sehr früh. Nach einer Auswertung der einhundertsiebzig jüdischen Ehen, die zwischen 1780 und 1790 in Berlin geschlossen wurden, lag deren durchschnittliches Heiratsalter bei vierundzwanzig Jahren. Eine jüngere Behauptung, daß das Heiratsalter von Henriette Herz typisch für die jüdische Frau im damaligen Berlin war, ist deshalb ganz falsch. Das durchschnittliche Heiratsalter jüdischer Frauen in Osteuropa lag dagegen bei achtzehn Jahren. Im 18. und bis ins 19. Jahrhundert hinein waren dort junge Bräute von dreizehn Jahren eine häufige Erscheinung.

Damals wurden Bedenken laut gegen die arrangierten frühen Eheschließungen in der jüdischen Elite Berlins. Harry Abt war zum Beispiel überzeugt, daß Mendelssohns eigenes Reformprogramm zum Scheitern verurteilt war, da er an der Tradition festhielt, die Töchter an die von den Vätern ausgewählten Männer zu verheiraten. Arrangierte Ehen und mangelhafte religiöse Erziehung wurden für die Abkehr der Frauen von ihrem Glauben verantwortlich gemacht. Und mancher Kritiker, der glaubte, daß diese Konversionen die Arbeit der religiösen Reformer erschwerten, sah das zukünftige Schicksal des Judentums in Deutschland in düsteren Farben. Die jungen Bräute dagegen hatten über die arrangierte frühe Eheschließung nicht durchgehend eine so schlechte Meinung. Henriette Herz war froh, die Privilegien einer verheirateten Frau genießen zu dürfen. Verheiratete Frauen waren damals in einer besseren Position als ledige, da sie gesellschaftlich und finanziell durch ihre Ehemänner abgesichert waren. Mit Ausnahme von Rahel Levin waren alle erfolgreichen Salonfrauen zu der Zeit, als sie ihre Salons führten, mit wohlhabenden jüdischen Männern verheiratet.

Manche Frau, die gegen ihren Willen verheiratet wurde, kompensierte ihre Unlust im Ehearrangement, indem sie ihre persönliche Entwicklung vorantrieb. Als Ignatius Fessler, ein militanter Freimaurer, 1791 die Familie Benjamin Ephraim besuchte, nahm er besonderen Anteil an dem Schicksal einer der Ephraim-Töchter – wahrscheinlich

Adele –, zeigte großes Verständnis für ihr Unglück, sich ihren Ehemann nicht selbst aussuchen zu dürfen, und wies begütigend darauf hin, sie werde in der Kunst Trost finden.

Partnerschaft in arrangierten Ehen

War das Scheitern der Ehen vieler Salonfrauen auf mangelnde eheliche Partnerschaftlichkeit zurückzuführen? Es gibt die Ansicht, daß sich die Praxis der arrangierten Ehe bei den Juden seit einigen Jahrzehnten auf dem Rückzug befand, als die Salonfrauen den Heiratsmarkt betraten. Daneben besteht die konträre Ansicht, daß dieser moderne Zug in der Heiratspraxis innerhalb der jüdischen Gemeinde während des 17. und 18. Jahrhunderts eben nicht bestand; erst am Ende des 18. Jahrhunderts habe sich die freie Wahl des Ehepartners, wenn nötig auch gegen die Eltern, die den Familienreichtum und den Familienstatus vergrößern wollten, durchgesetzt. Eine dritte Ansicht geht dahin, daß Ehearrangement und Partnerschaftlichkeit sich nicht ausschließen; daß die Paare innerhalb eines begrenzten, von den Eltern kontrollierten gesellschaftlichen Rahmens zueinanderfanden; und daß sie sich, wenn sie ihre Heirat auch nicht selbst initiiert hatten, mit der Zeit schätzen und lieben lernen konnten.

Es ist schwierig, sich für eine dieser drei Ansichten zu entscheiden. Es gibt zuwenig aussagekräftige Primärbelege, an denen sich der experimentelle Charakter bestimmter Ehebeziehungen ablesen ließe. Wenn man die Frage klären möchte, in welchem Maße einzelne Ehen partnerschaftlich gewesen sind, sieht man sich auf eine schwierige

Beweislage verwiesen. Die in Memoiren und Briefen dargestellten emotionalen Ansprüche sind sorgfältig zu prüfen, denn in solchen Aussagen spiegeln sich eher zeitgenössische Erwartungen und Ideale als reale Erfahrungen wider.

Es gibt jedoch Hinweise, die über die Partnerschaftlichkeit etwas auszusagen vermögen, so zum Beispiel der Altersunterschied zwischen Braut und Bräutigam. Ein geringer Altersunterschied erhöht die Chance partnerschaftlichen Umgangs. Wir kennen das Heiratsalter von acht jüdischen Salonfrauen und sechs ihrer Ehemänner. Ganz bestimmt war der Unterschied zwischen Henriette und Markus Herz – er war zweiunddreißig und sie fünfzehn Jahre alt – ungewöhnlich in dieser Gruppe. Sara Itzig war zweiundzwanzig und Solomon Levy dreiundzwanzig Jahre alt, als sie heirateten; Dorothea Mendelssohn und Simon Veit waren beide neunzehn; Amalie Lipmann sechzehn und Jakob Herz Beer neunzehn; Pessel Zülz zweiundzwanzig und Ephraim Cohen sechsundzwanzig; Rebecca Solomon neunzehn und Moses Friedländer siebenundzwanzig. Der durchschnittliche Altersunterschied betrug also 3,2 Jahre – gering, verglichen mit den siebzehn Jahren, die das Ehepaar Herz trennten.

Nur in wenigen Fällen gibt es Dokumente über die Gefühle, die die Ehepartner füreinander hegten – aus ihrer oder aus dritter Hand. Das Leben der Henriette Herz ist gut dokumentiert. Das Verhältnis zwischen Henriette und Markus Herz wird als distanziert beschrieben, und es wird berichtet, daß Markus Herz seine Frau »das Kind« nannte; daß es nicht gerade eine »glückliche Ehe«, aber doch eine »glückliche Beziehung« gewesen sei. In den Augen dieses Chronisten trieben fehlende Leidenschaft und Kinderlosigkeit Henriette, auf der Suche nach Glück, in die Arme von »Freunden, Literatur und Kunst«.

Dorothea Veit fand wenig Freude an ihrem Gatten Simon – das ist ausreichend belegt. Unklar ist, inwieweit dies mit seiner äußeren Erscheinung – er soll nicht gut ausgesehen haben – zusammenhing. Vom Tag ihrer Hochzeit an habe Dorothea sich zurückgezogen und sei »verschlossen« gewesen. Ihr Mann sprach vor allem jiddisch und kümmerte sich hauptsächlich um Geschäftsangelegenheiten; sie sprach Französisch und Deutsch und verfolgte die neueste literarische Entwicklung. Der Vater glaubte, daß seine Tochter glücklich verheiratet sei. Sie wollte ihren Vater in diesem Glauben lassen und sich nicht von Simon Veit trennen, was Henriette Herz ihr angeraten hatte. Nach dem Tod ihres Vaters 1786 wurden zwei Söhne geboren – und sie blieb bei ihrem Mann. Nach elf Ehejahren trennten sie sich. Es muß eine insgesamt »schöne« Zeit gewesen sein, denn anders lassen sich die Freundlichkeiten, die Simon Veit seiner Frau nach der Trennung bezeugte, nicht erklären. Ein starkes Band bestand zwischen den beiden weiter.

Aus Karl August Varnhagens Beschreibung der Familie Cohen, deren Kinder er unterrichtete, geht hervor, daß deren großer Reichtum eine emanzipierte Umgangsweise ermöglichte und eine enge Partnerschaft für die familiäre Harmonie nicht erforderlich war. Unter adligen Ehepaaren – besonders in Frankreich, aber auch in Preußen – war seit langem ein Leben in räumlicher und emotionaler Distanz üblich. Einige Paare aus der jüdischen Elite imitierten diesen Lebensstil. Während Varnhagens Anstellung fand Herr Cohen zeitweilig großen Gefallen an der Sängerin Mademoiselle Seiler, während Varnhagen einen Flirt mit Frau Cohen hatte.

Reichtum, Freundschaften und intellektuelle Interessen scheinen für diese drei nicht überglücklich verheirateten Frauen eine Art Kompensation gewesen zu sein. Henriette Herz blieb bis zu seinem Tod mit Markus Herz verheiratet; Philippine Cohen scheint ihrem Mann auch nach dessen Flucht aus Berlin – infolge des Bankrotts seiner Firma – treu geblieben zu sein; die Veits waren elf Jahre lang ein Paar, bis Dorothea mit Friedrich Schlegel ein neues Leben begann.

Wie sich die anderen zwölf mit jüdischen Männern verheirateten Salonfrauen als Ehefrauen fühlten, wissen wir nicht. Fünf Frauen, Sara Levy, Amalie Beer, Rebecca Ephraim, Fradchen Liebmann und Jente Steiglitz, blieben mit ihrem Partner bis zu dessen Tod zusammen. Sara Levy und Amalie Beer spielten eine führende Rolle im gesellschaftlichen Leben der Stadt und behielten den jüdischen Glauben. Beide beherrschten Fremdsprachen, waren bei wichtigen nichtjüdischen Freunden geachtet und führten populäre Salons. Manchmal konvertierten in einer stabilen jüdischen Ehe beide Partner, oder nur einer, und änderten ihren Namen, ohne daß daran ihre Ehe zerbrochen wäre. Die Cohens konvertierten 1800 zusammen mit ihren Kindern; Rebeccas Mann, David Ephraim, konvertierte vor 1811 und nannte sich darauf Andreas Johannes Schmidt; Fradchen und Abraham Liebmann konvertierten 1809 und nannten sich darauf Frederike und August Liman. Der Ehemann von Jente Steiglitz, ein Arzt und enger Freund Wilhelm von Humboldts, konvertierte 1800.

Rahel Levin andererseits heiratete erst mit einundvierzig Jahren. Man weiß nicht genau, warum so spät. Sicherlich nicht – wie behauptet wurde –, weil ihre Familie zu arm war, um sie mit einer Mitgift auszustatten; sie erbte immerhin 18000 Taler (Philippine Cohen 100000 Taler, 80000 Taler alle Töchter von Moses Isaac). Warum heiratete sie keinen jüdischen Mann aus der oberen Kaufmannsschicht? Wahrscheinliche Gründe sind ihre Rebellion gegen das Judentum und ihr besonderer Erfolg in der »Gesellschaft«. Zweimal war sie mit Adligen verlobt, zwischen 1795 und 1799 sowie 1801, mit neunundzwanzig Jahren. Infolge des Napoleonischen Krieges und des Streits mit ihrer Mutter und ihren Brüdern hatten sich ihre Bezüge auf achthundert Taler im Jahr reduziert. Achthundert Taler waren nicht wenig, aber Rahel Levin war einen aufwendigen Lebensstil gewöhnt. Bis 1809 bewohnte sie die oberste Etage ihres großen Elternhauses im Zentrum der Stadt, dann zog sie dort aus, weil sie sich mit ihrer Mutter nicht verstand. Als alleinstehende Frau gab sie einen großen Teil ihrer Bezüge für einen männlichen Diener aus; und weil sie oft krank war, für teure medizinische Versorgung. Ihr Salonkreis hatte sich schon 1806 aufgelöst. Gesellschaftliche Einsamkeit wurde für sie zu einer bedrückenden Tatsache, die ohne Aussicht auf Ehe und Familie noch schwerer zu ertragen war.

Auch die gesellschaftliche und ökonomische Lage von Henriette Herz veränderte sich, als ihr Mann 1803 starb. Die Ersparnisse waren gering, denn einen Großteil des Einkommens hatte das Paar für die kostspielige Gestaltung der Salonzusammenkünfte ausgegeben. Bei Henriette wohnten ihre Mutter und ihre alleinstehende blinde Schwester, für deren beider Unterhalt sie sorgen mußte. Sie nahm keine Gouvernantenstelle an, denn in diesem Fall hätte sie konvertieren und ihren Namen ändern müssen. So vermietete sie Zimmer an Mädchen vom Lande und half ihnen, eine Stelle als Hausmädchen in der Stadt zu finden. Diese Bezüge erlaubten ihr nur einen spartanischen Lebensstil. Hinzu kam, daß der städtische Witwenfond seine Zahlungen während des Napoleonischen Krieges radikal kürzte. Schließlich erhielt sie die notwendige finanzielle Hilfe durch ihren alten Freund Wilhelm von Humboldt, der sich 1845 darum bemühte, ihr eine jährliche Pension von der Krone zu sichern.

Trotz der gesellschaftlichen und ökonomischen Vorteile der Ehe ließen sich neun Salonfrauen von ihren jüdischen Ehemännern scheiden. Warum war die Scheidungsrate so hoch, und warum wurden nach der Scheidung häufig Mischehen geschlossen? Neben persönlichen Motiven spielten neue Auffassungen über Religion und sexuelle Freiheit beim Zustandekommen dieser ungewöhnlichen Verbindungen eine Rolle. Die Konversion war ein notwendiger Schritt vor der Mischehe.

Vor Scheidung, Taufe und Mischehe hatten die jüdischen Salonfrauen nur ab und an am Leben der glänzenden nichtjüdischen Welt teilgenommen. Nach dem entscheidenden Schritt aus der jüdischen Welt gewannen sie zwar ihre persönliche Freiheit zurück. Doch damit einher gingen Einsamkeit und Ächtung durch alte Freunde, deren Freundschaft wiederum notwendig war, um ein neues Leben aufzubauen. Wie kam es, historisch gesehen, zu diesem Schritt?

7
Taufe und Mischehe

Rebecca Friedländer

Scheidung und Konversion

1776 starb Moses Isaacs in Berlin, der zusammen mit Isaac Daniel Itzig und Veitel Heine Emphraim während des Siebenjährigen Krieges durch Münzprägung und Heeresversorgung ein Vermögen erworben hatte. Er hinterließ ein Erbe von einer Dreiviertel Million Goldtaler, die zum großen Teil in einem Familienfonds angelegt wurden und noch der Versorgung der Enkelkinder dienten. Die einzige einschränkende Klausel seines Testamentes besagte, daß im Falle des Übertritts eines seiner fünf Kinder zum Christentum dessen Erbanspruch verlorengehen solle. Seine beiden Töchter, Rebecca und Blümchen, ließen sich taufen und heirateten anschließend Adlige. 1786 baten ihre beiden nichtkonvertierten Brüder Friedrich den Großen, das Testament des Vaters zu vollstrecken und die Schwestern zu enterben. König Friedrich handelte im Sinne der Brüder – wohl mehr aus Loyalität zu Moses Isaacs als aus Aversion gegen die Konversion von Juden zum Christentum. Die Schwestern fühlten sich ungerecht behandelt. Im selben Jahr gingen sie vor Gericht, um die Antikonversionsklausel für ungültig erklären zu lassen. Der erste Gerichtsbeschluß gab ihnen recht mit der Begründung, daß eine solche Klausel in einem christlichen Staat unzulässig sei, da sie mit dem Erbrecht christlicher Untertanen, in diesem Fall den protestantisch gewordenen Schwestern, nicht vereinbar sei. Im selben Jahr revidierte eine höhere Gerichtsinstanz diese Entscheidung, die sich auf den Standpunkt der jüdischen Eltern stellte. Dieses zweite Gerichtsurteil räumte den jüdischen Eltern das Entscheidungsrecht darüber ein, wer was erben solle. Nach einer erneuten Revision wurde die Antikonversionsklausel für ungültig erklärt, und die Schwestern traten ihr Erbe an.

Als Friedrich Wilhelm II. 1786 den Thron bestieg, folgte er im Testamentstreit dem Beispiel seines Onkels; die

Schwestern – jetzt von Runkel und von Bose – sahen ihr Erbe von jeweils 80000 Talern bedroht. Ein gewaltiger Verlust, wenn man bedenkt, daß ein hoher Beamter in Berlin damals 2500 Taler im Jahr, ein gutbezahlter Professor in Deutschland achthundert Taler verdiente. Der Einspruch der Schwestern gegen die endgültige Vollstreckung des Urteils erregte öffentliche Aufmerksamkeit. Die nicht-konvertierten Brüder arrangierten sich mit ihren Schwestern: Die vier erhielten jeweils 75000 Taler. Schließlich konvertierte einer der beiden Brüder – mit der Folge, daß seinen Kindern das Erbe verweigert wurde. In der Mitte des 19. Jahrhunderts war der konvertierte Sohn des einzigen nicht-konvertierten Sohnes von Moses Isaacs der alleinige Nutznießer des Erbes. Streit über Konversion und Mischehe in Berliner jüdischen Familien war damals keine Seltenheit. Und es waren eher die Töchter als die Söhne aus der jüdischen Oberschicht, die diesen Streit provozierten. Die jüdischen Frauen waren nicht die einzigen Rebellen in den Salons. Auch Salonfrauen anderer Konfession und aus anderen Ständen ließen sich von ihren Ehemännern scheiden, die einst von ihren Eltern ausgewählt worden waren und nun ihre intellektuelle Entwicklung behinderten. Der Konflikt, dem sich diese verheirateten Frauen in ihrer öffentlichen Rolle auf der literarischen Bühne ausgesetzt sahen, wurde durch Scheidung drastisch gelöst. Mit einschneidender Intensität erlebten die jüdischen Salondamen diesen Konflikt. Ihre Wiederverheiratung mit meist andersgläubigen und adligen Männern führte Angehörige zweier radikal verschiedener Gesellschaftsgruppen zusammen, wenn sich auch deren beiderseitige Bedürfnisse und Eigenschaften mittlerweile angenähert hatten. Den Weg, den die Salondamen mit den Mischehen einschlugen, wollen wir im folgenden nachvollziehen. Sie mußten sich zunächst von ihren jüdischen Ehemännern lösen und für sie einen akzeptablen Ersatz finden. Dann mußten sie ihren Glauben wechseln, damit eine neue Ehe überhaupt möglich wurde.

Es ist schwierig, aus den vorhandenen Quellen Genaueres über die Befindlichkeit der Salondamen zur Zeit ihrer arrangierten Ehen zu erfahren oder darüber zu spekulieren, warum und wie es zu den Scheidungen im Kreis der zwanzig Salonfrauen kam. Wir können das kulturelle Niveau von Dorothea Veit, den Meyer-Schwestern, Rebecca Friedländer, Esther Gad und Pessel Zülz einschätzen; Dorothea war umfassend belesen und besuchte einige intellektuelle Vereine. Die sprachlichen und literarischen Fähigkeiten von Sara und Marianne Meyer wurden von Goethe und Herder geschätzt. Rebecca Friedländer lud zu »Ästhetischen Tees« ein und schrieb mehrere Romane. Esther Gad schrieb Artikel. Pessel Zülz, die Schwester von Philippine Cohen, spätere Baronin von Boye, war mit Johann Gottlieb Fichte und Ludwig Tieck befreundet. Über ihre Ehemänner wissen wir wenig; die meisten waren Bankiers oder Unternehmer. Ob kulturelles Desinteresse von seiten der Ehemänner der Scheidungsgrund war, wissen wir nicht. Bekannt ist nur, daß Simon Veit seiner Frau durch seine sprachliche Unbeholfenheit und intellektuelle Begrenztheit einigen Kummer bereitete. Außerdem wäre es falsch anzunehmen, es hätte in Berlin keine jüdischen Männer mit entsprechender Qualifikation (Assimilation) gegeben – doch der Heiratsmarkt war eben kompliziert. Für die jüdische Oberschicht, die am Ehe-Arrangement festhielt – mit welchen unter rein praktischen Gesichtspunkten einleuchtenden Argumenten auch immer –, war kulturelle Harmonie nicht ausschlaggebend, wenn es um Familiengründung ging.

Neun der geschiedenen Frauen haben wieder geheiratet, und zwar Nichtjuden. Rebecca Friedländer dagegen ließ sich mit dreiundzwanzig Jahren von Moses Friedländer scheiden, konvertierte, änderte ihren Namen in Regina Frohberg und blieb ledig. Keiner ihrer nichtjüdischen Bewunderer – meistens adlige Offiziere mit literarischen Interessen – machte ihr einen Heiratsantrag. Ihre Freundinnen aus den Salons, die sich von ihren jüdischen Ehemännern scheiden ließen, als sie noch nicht dreißig Jahre alt waren, hatten eine glücklichere Hand, als es darum ging, aus ihren adligen Bewunderern Ehemänner zu machen. Fünf von ihnen heirateten einen Adligen, und die sechste hatte das Glück, daß ihr Mann, Friedrich Schlegel, nach der Hochzeit geadelt wurde. Marianne Meyer war noch sehr jung, als sie von ihrem ersten Mann geschieden wurde. Zwei adlige Freier zogen ihre Hand wieder zurück – die Hand des Fürsten von Reuss hielt sie fest. Blümchen Moses heiratete 1773 Joseph Arnstein und wurde nach vier Jahren geschieden; daraufhin reichte sie Kriegsrat von Bose die Hand. Esther Gad heiratete mit einundzwanzig Jahren Samuel Bernard, ließ sich mit sechsundzwanzig von ihm scheiden und ging später mit dem Leibarzt eines englischen Herzogs zum Altar. Pessel Zülz heiratete 1791 Issac Beer Fliess, ließ sich scheiden, heiratete daraufhin Major von Boye und ließ sich wieder scheiden; schließlich heiratete sie einen Adligen, den schwedischen Offizier von Starre. Drei Salonfrauen heirateten gleich beim ersten Mal einen nichtjüdischen Mann: Rahel Levin, deren Ehemann, der Schriftsteller und Diplomat Karl August Varnhagen von Ense, sein Adelsprädikat in einem alten Familienstammbaum fand; Marianne Devidel, Tochter eines wohlhabenden Wiener Hofjuweliers, die ihren Eltern davonlief, um den Berliner Bildhauer Gottfried Schadow zu heiraten; Rebecca Friedländers Schwester, Julie Saaling, die Karl Heyse heiratete, den späteren Professor für klassische Philologie an der Universität in Berlin.

In den Augen einiger jüdischer Historiker des 19. Jahrhunderts, vor allem Heinrich Graetz', bestand eine direkte Verbindung zwischen Salonteilnahme und Mischehe. Für Graetz war der Salon ein Ort der Dekadenz und der Sünde, wo Frauen Gefahr liefen, ihre Unschuld zu verlieren. Die wenigen noch vorhandenen Primärquellen über das Salonleben stützen diese Vorstellung nicht. Der Salon diente dem intellektuellen Dialog – Begegnungen anderer Art waren damit natürlich nicht ausgeschlossen. Dorothea

Veit traf Friedrich Schlegel zum ersten Mal im Salon von Henriette und Markus Herz, Rahel Levin erblickte Varnhagen in Philippine Cohens Salon, deren Familie er als Hofmeister diente. Julie Saaling schaute Karl Heyse bei den Mendelssohn-Bartholdys in die Augen, wo er Hofmeister des jungen Felix war – aber die Mendelssohn-Bartholdys führten keinen Salon im strengen Sinne des Wortes. Marianne Meyer und Fürst Reuss, Rebecca Friedländer und Karl von Egloffstein haben jeweils gemeinsam Salons besucht, aber kein Beleg verrät, ob sie sich in einem bestimmten Salon zum ersten Mal begegnet sind.

Zweifelsohne haben die Salons eine unterstützende Funktion bei diesen umstrittenen Mesaillancen gespielt. Die Einstellung von Juden zu Mischehen hatte sich schon zu der Zeit, als die Salons gerade entstanden, verändert. Die vorangegangene Generation kulturell assimilierter Juden hatte potentielle Mischehen im Keime zu ersticken versucht. Zum Beispiel drohte Moses Mendelssohn seinem Freund Franz von Leuchsenring mit dem Abbruch der Freundschaft, falls er die Beziehung zur jungen Adele Ephraim nicht aufgebe. Die folgende Generation – Juden und Nichtjuden gleichermaßen – stand dieser Art von Beziehungen nicht grundsätzlich ablehnend gegenüber. Im Gegenteil: Henriette Herz riet Dorothea Veit schon früh, Simon Veit zu verlassen, und nach deren Trennung traf sie sich weiterhin mit ihr, obwohl Markus Herz es verboten hatte. Der Adlige Gustav von Brinkmann, dem es Vergnügen bereitete, Romanzen und Intrigen über Standesgrenzen hinweg zu schmieden, ließ sich brieflich darüber aus, wie jüdisch manche seiner Freundinnen aussähen und sprächen und in welchem Maße dadurch ihre Chancen im Hinblick auf eine Mischehe beeinflußt würden.

Wenn aus dem Freier, den man im Salon oder woanders kennengelernt hatte, ein Ehemann werden sollte, war eine Konversion unumgänglich. Bis 1846 gab es keine standesamtlichen Trauungen in Preußen, und so mußte Christin werden, wer einen Christen heiraten wollte. (Da beide

Partner zum Zeitpunkt ihrer Eheschließung Christen waren, waren diese Ehen im rechtlichen Sinn keine Mischehen. Aber weil eine konvertierte Jüdin in den Augen der Zeitgenossen eine Jüdin blieb, werden diese Ehen hier Mischehen genannt.) Die Entscheidung zur Konversion war sicherlich für viele Salonfrauen nicht leicht. Einige ihrer nichtjüdischen Freunde aus den Salons versuchten Einfluß auf ihre Eheentscheidungen und auf ihre Religionswahl zu nehmen. Schleiermacher bemühte sich darum, daß seine Freundinnen Henriette Herz und Rahel Levin ihrem Glauben absagten. Im Jahr 1799 schrieb Schleiermacher: »der Judaismus ist schon lange eine tote Religion«, und er machte sich über diejenigen lustig, die »jetzt noch seine Farbe tragen«, denn »sie sitzen eigentlich klagend bei der unverweslichen Mumie, und weinen über sein Hinscheiden und seine traurige Verlassenschaft«.

Unter dem wachsenden Einfluß der Romantik nahmen die Konversionen zu. Zudem hatte für diesen Schritt der Deismus Gründe parat, den aufgeklärte Intellektuelle schon seit einigen Jahren vertraten. Nach Ansicht des Deisten bildeten bestimmte universelle Wahrheiten den gemeinsamen Bestand von Judentum und Christentum, folglich gingen sie davon aus, daß beide Religionen letztendlich sowieso zu einer einzigen verschmelzen würden. Welchen Grund gäbe es also, daß Juden nicht schon heute Christen würden? Um 1800 vertraten Frühromantiker in den Salons zudem einen mystischen und pantheistischen Protestantismus, der den Schritt zur Konversion nahelegte.

Die Begeisterung aus manchem Freundesmund über solche Verbindungen, die Diskussion über die wahren Werte des Christentums und schließlich die Bereitschaft von gesellschaftlich angesehenen Freiern, die Hand zum Lebensbund zu reichen – all dies kam zusammen.

Über die Hälfte der Salonfrauen heirateten nach ihrer Konversion Nichtjuden. Die sieben geschiedenen Salonfrauen, die später eine Mischehe eingingen, mußten vorher konvertieren, ebenso die drei Frauen, deren erste Ehe bereits eine Mischehe gewesen war. Sechs Frauen konvertierten und gingen keine Mischehe ein, entweder weil ihre Freier sie nicht heiraten wollten oder weil sie gemeinsam mit ihren Ehemännern konvertierten. Die einzige alleinstehende Frau, die konvertierte, ohne einen nichtjüdischen potentiellen Ehemann im Hintergrund zu haben, war die verwitwete Henriette Herz. So blieben höchstens drei Salonfrauen ihrem Glauben bis zu ihrem Tod treu.

Der auffällige Zusammenhang zwischen Konversion und Mischehe, besonders mit Adligen, läßt vermuten, daß zumindest einige dieser Frauen ihre Religionszugehörigkeit aus gesellschaftlich opportunistischen Gründen wechselten, das heißt, weil sie nach dem höheren Status strebten, der in dieser so ungleichen Gesellschaft den Christen vorbehalten war. In der Tat lassen sich dafür Belege finden. Dennoch blieben viele der Salonfrauen, die Zugang zu dieser ihren Eltern, Brüdern und Ehemännern versperrten schillernden sozialen Welt hatten, ihrer jüdischen Familie, besonders ihren Müttern treu und hielten manchmal den Kontakt zu ihren ersten jüdischen Ehemännern aufrecht. Henriette Herz erhielt keine Gouvernantenstelle, weil sie zu Lebzeiten ihrer Mutter nicht konvertieren wollte. Auch Dorothea Veit wollte nicht konvertieren und heiraten, solange ihre Mutter lebte. Nach der Scheidung von ihrem jüdischen Mann trat Sara Meyer zum Protestantismus über, aber auf elterlichen Druck hin rekonvertierte sie zum Judentum; als die Heirat mit Baron von Grotthuss in Aussicht stand, trat sie ein zweites Mal zum Protestantismus über.

Nur wenige jüdische Salonfrauen blieben nicht nur aus Familienloyalität ihrem Glauben treu. Sara Levy, Amalie Beer und Fanny von Arnstein, die Schwester der Wiener Salonière Levy – alle drei blieben mit jüdischen Männern verheiratet –, bezogen aus Prinzip gegen die Konversion Stellung, auch wenn ihre Freunde und Verwandten eine Bekehrung ins Auge faßten. Dennoch: Als Jüdin geboren zu sein und einen Adligen zu heiraten, stellte einen weiten Sprung nach oben in der Hierarchie der Standesgesellschaft dar – zu einer Zeit, als neue ökonomische Schichten sich langsam herausbildeten. Die Mitglieder der jüdischen Oberschicht waren zwar reich, manche sogar sehr reich, doch die jüdische Gemeinde stand, wenn man ihre bürgerlichen Rechte und Privilegien zum Maßstab nimmt, weit unter den meisten Bürgerlichen und weit unter allen Adligen.

Ehe und Aufstieg

Die sechs jüdisch-adligen und vier jüdisch-bürgerlichen Ehen waren ein Meilenstein in der Entwicklung des deutschen jüdischen Lebens. Daß nicht nur bürgerliche, sondern auch adlige christliche Familien jüdische Frauen als Schwiegertöchter und Schwägerinnen akzeptierten, stellte einen Umbruch in der jüdisch-deutschen Geschichte dar. Es gab zwar im späten 17. Jahrhundert in Berlin Kontakte zwischen Nichtjuden und Juden, die manchmal in Konversionen kulminierten. Aber dies waren hauptsächlich Beziehungen zwischen Männern mit der begrenzten Zielsetzung des gelehrten oder kommerziellen Austausches.

Wenn man bedenkt, daß sieben der zehn Mischehen für die Frauen die zweiten Ehen waren, die oft auf arrangierte, nichtpartnerschaftliche Verbindungen folgten, könnte man glauben, daß das neugeknüpfte Band der Liebe wirklich auf Liebe gründete. Tatsächlich gründeten nur einige der berühmten Mischehen auf partnerschaftlicher Bindung: Dorothea Veit und Friedrich Schlegel; Rahel Levin und August Varnhagen; Julie Saaling und Karl Heyse. Andere Mischehen wiederum waren nicht von übergroßer Partnerschaftlichkeit geprägt: Marianne Meyer und Fürst von Reuss lebten in getrennten Wohnungen und führten jeweils ein eigenes gesellschaftliches Leben – für sie gab es gar keine andere Alternative, weil sie nicht zum Hof zugelassen wurden. Über die anderen Paare wissen wir leider zu wenig.

Aber selbst wenn partnerschaftliche Beziehungen dominierten, bedeutet das nicht, daß es eine reine Gefühlswahl war, daß Status und Reichtum keine Rolle gespielt hätten. Zwar weist die Tatsache, daß es zu Mischehen kam, darauf hin, daß die Partnerwahl in diesem Kreis viel freier geworden war, als sie es zuvor für jüdische Frauen in Deutschland gewesen war. Doch scheint die Wahl nicht dem Zufall überlassen gewesen zu sein. Die adligen Ehemänner genossen hohes Ansehen, waren aber ohne größeren Besitz und ohne herausragende persönliche Qualitäten. Die meisten konvertierten Bräute hatten Geld, waren schön und gebildet.

Weder die adligen noch die bürgerlichen Männer, die die Salonfrauen heirateten, schienen eine gute oder attraktive Partie zu sein. Varnhagen, vierzehn Jahre jünger als Rahel Levin, war zu der Zeit, als er ihre Bekanntschaft machte, ohne sichere Zukunftsaussichten. Fürst von Reuss war viel älter als Marianne Meyer und nicht der Schönste; nach seinem Tod machte ihr seine Familie den Titel, den sie durch die Heirat erworben hatte, erfolgreich streitig. Friedrich Schlegels Aussicht auf eine gesicherte materielle Existenz war mehr als trübe; ohne die finanzielle Großzügigkeit des Ex-Mannes von Dorothea Veit wäre alles noch schlimmer gewesen. Baron von Grotthuss, der zweite Mann von Sara Meyer, verlor sein Vermögen in der Napoleonischen Zeit, und das Paar lebte fortan bescheiden in Oranienburg, wo der Baron eine Postmeisterstelle gefunden hatte.

Ob arm oder unattraktiv, wertvoll war am adligen Bräutigam der Titel. Die jüdische Abstimmung der Braut war der Stein des Anstoßes für den Bräutigam und seine Familie. Da der Status der Schwiegertochter zwangsläufig die soziale Position der Eltern und Verwandten des Partners beeinflußte, nahm man nicht ohne reifliche Überlegung eine konvertierte (jüdische) Frau in die Verwandtschaft auf. Die beste Kompensation aller Bedenken war – offensichtlich – die finanzielle, ob nun in Form einer Erbschaft oder durch finanzielle Unterstützung durch die Familie der Braut. Marianne Devidels Vater, ein reicher Juwelenhändler in Wien, unterstützte finanziell seinen Schwiegersohn Johann Schadow, als dieser nach Italien reiste, um Kunst zu studieren.

So stellten diese Ehen auf der materiellen Ebene einen Austausch von Status gegen Reichtum dar. Viele adlige Familien in Preußen litten in den letzten Jahrzehnten des 18. Jahrhunderts an Kapitalmangel, da Erstgeburtsrechts-Ländereien bei stark steigenden Bodenpreisen häufig parzelliert wurden. Aufgrund der für Juden in Berlin gültigen Restriktionen besaßen viele Juden Kapital in einer für die meisten preußischen Junker unerreichbaren Höhe. Dieses Geld ermöglichte es wiederum jüdischen Frauen, sich eine Bildung anzueignen, die vielen Junkern fehlte. So lag diesen Ehen die Logik bestimmter ökonomischer Entwicklungen zugrunde.

Im Verlauf der ökonomischen Entwicklung in den sechziger und siebziger Jahren des 18. Jahrhunderts wuchs die Abhängigkeit der Adligen vom jüdischen Kapital, und der Reichtum der jüdischen Kaufleute vergrößerte sich. Privatanleihen mit hohen Rückzahlungszinsen waren damals in Preußen von entscheidender Bedeutung, da das öffentliche Bankwesen noch in primitiven Anfängen steckte.

In anderen Fällen wissen wir nur, wie dieser Austausch, in den die Familien der Salonfrauen und ihrer Ehemänner eingebunden waren, im einzelnen vonstatten ging. Rahel Levins Vater lieh Adligen und Schauspielern Geld; Friedrich Gentz und Achim von Arnim (zwei Salonmänner, die allerdings keine Mischehen eingingen) hatten von Zeit zu

Zeit Schulden bei jüdischen Bankiers. Ein nichtjüdischer Salonmann ließ seine Finanzen von einem jüdischen Bankier regeln; wir wissen aber nicht, ob tatsächlich private Kredite vergeben wurden. Der Bankier Wilhelm von Humboldts war David Friedländer; Sara Levys Mann, Solomon Levy, war der Bankier von nichtjüdischen Salonmännern. Der Besuch von Adligen beim jüdischen Bankier wegen Privatkrediten wird oft als der Ursprung der Salons bezeichnet, weil es dabei zu ersten Kontakten mit den jüdischen Frauen kam. Hannah Arendt behauptet gar, daß die Mischehen der jüdischen Salonfrauen mit adligen Männern eine Fortsetzung des Gläubiger-Schuldner-Verhältnisses gewesen seien.

Das Zusammentreffen von adliger Armut und jüdischem Wohlstand sowie das Fehlen eines öffentlichen Kreditwesens bieten aber keine ausreichende Erklärung für das Zustandekommen der jüdisch-adligen Mischehen. Erstens hätte die ökonomische Abhängigkeit der Adligen von jüdischen Kreditgebern ebenso leicht zu Antisemitismus wie zu der Bereitschaft, gesellschaftliche und eheliche Beziehungen mit Juden einzugehen, führen können. Zweitens können wir nicht mit Sicherheit sagen, ob die Finanzlage eines Partners die seines Standes widerspiegelte. Und selbst wenn das so war, ist es schwer zu beweisen, daß finanzieller Vorteil oder Statusgewinn das Hauptmotiv für diese Mischehen war. Drittens ist es doch ein gewaltiger Schritt von A, nämlich sich Geld von einem jüdischen Bankier zu leihen und mit der Tochter Umgang zu pflegen, zu B, nämlich diese Tochter auch tatsächlich zu heiraten.

Außerdem hatten die jüdischen Frauen mehr zu »bieten« als Geld oder finanziell interessante Beziehungen. Viele Salonfrauen waren sehr schön, und die Begeisterung der Romantiker für alles Orientalische, Exotische und Sinnliche erhöhte die Attraktivität der jüdischen Salonfrauen. Bestechend waren auch ihre intellektuellen Fähigkeiten und Interessen. Allerdings war die Frau im romantischen Weltbild keine professionell gebildete Gelehrte, sondern die belesene und geistig inspirierende Partnerin. Die romantische Verherrlichung steigerte den Ruhm und die symbolische kulturelle Macht der jüdischen Salonfrauen. Und gerade weil die jüdischen Salonfrauen unter den Autorinnen der Salons unterrepräsentiert waren, umgab sie die romantische Anschauung mit dem Glanz des Intellektuellen. Ein Beispiel: Gustav von Brinkmann war von der Intelligenz der jungen Rahel Levin so angetan, daß er alle seine Freunde zu ihr führte. Sie besaß in ihrem Kreis die größte intellektuelle Ausstrahlung. Davon wurde auch Varnhagen angezogen. Kurz nachdem die beiden im Sommer 1808 sich näher kennengelernt hatten, machte er bei gemeinsamen Freunden die Runde und sammelte ihre Briefe ein. Später schickte er Goethe einige davon und bereitete eine Auswahl ihres Briefwechsels zur Veröffentlichung vor.

Wenn wir betonen, daß viele Paare sich hinsichtlich ihrer Standesmerkmale ergänzten, heißt das nicht unbedingt, daß die Suche nach Titel, Vermögen oder einem kulturellen Lebensstil die Wahl eines Partners bestimmte. Aus persönlichen Berichten geht hervor, daß hier mehr emotionale als opportunistische Motive zählten. Wie komplex das Zusammenspiel zwischen dem Wunsch nach materieller oder gesellschaftlicher Verbesserung und persönlicher Zuneigung auch gewesen sein mag, die Liebe sollte man hier nicht vergessen, sondern bedenken, daß diese Partnerschaften – zumindest äußerlich – frei gewählt waren.

Der Hinweis auf den Nutzen dieses Austausches von Status gegen Reichtum, Schönheit und Geist in diesen Mischehen beantwortet immer noch nicht in ausreichendem Maße, warum sie stattgefunden haben. Um einer vollständigen Erklärung näherzukommen, müssen wir uns den Institutionen und Ideologien zuwenden, die das spezifische Lebensgefühl im späten 18. Jahrhundert mitprägten. Der Salon setzte einen Rahmen, innerhalb dessen jüdische

Frauen und adlige Männer sich näher kennenlernen konnten. Das eigene Haus für Freunde und Bekannte regelmäßig und informell zu öffnen, war lange Zeit ausschließlich unter Adligen üblich. Der Reichtum der jüdischen Oberschicht in Berlin ermöglichte nun eine luxuriöse, kultivierte Umgebung für eine ebenso stilvolle Geselligkeit. Und auch die Freiheit, geschlechtsspezifische Rollenzuweisungen abzulehnen, stand lange Zeit nur adligen Frauen zu. Jüdische Frauen umgaben sich mit einer aristokratischen Aura, die sie in den Augen adliger Männer zu potentiellen Ehefrauen erhob. Seit Jahrhunderten hatten adlige Frauen in anderen Teilen Deutschlands, in Frankreich, Italien und England salonähnliche Zusammenkünfte am Hof oder außerhalb des Hofes abgehalten.

Die Verbindung der von jüdischen Salonfrauen geführten Salons in Berlin mit älteren, teilweise ausländischen Einrichtungen gelang in dem historischen Augenblick, als der ökonomische Druck junge, gebildete Adlige in die Stadt zwang. Die Imitation der Adligen erwies sich als nützlich für den gesellschaftlichen Aufstieg der jüdischen Frauen via Mischehe – wenn es auch unrealistisch war, dieses Emanzipationsmodell in das Preußen des folgenden Jahrhunderts hinüberzuretten, wo die Nachahmung adligen Verhaltens zu einem problematischen Unterfangen für die gesellschaftliche Anerkennung der reichen und gebildeten Nichtadligen wurde.

Hinzu kam, daß Berlin in den letzten Jahrzehnten des 18. Jahrhunderts eine für ihre sexuelle Freizügigkeit bekannte Stadt war. Zeitgenössische Autoren ergingen sich in Klagen darüber, daß die Moral in Berlin ihren Tiefpunkt erreicht habe. Und mancher Historiker des folgenden Jahrhunderts stellte erleichtert fest, daß diese hedonistische Ära glücklicherweise nur von kurzer Dauer gewesen sei.

Der Hof wurde als prominentester Ort solcher Libertinage gesehen. Seine Maskenbälle boten Gelegenheiten für allerlei Liebeshandel zwischen sozial nicht gleichgestellten

Personen. Eine Bühnenfigur in einem zeitgenössischen Theaterstück behauptete, sie wette zehn zu eins, wenn ein Bursche in Uniform oder ein Adliger die Frau eines Handwerkers oder die Tochter eines Bürgers auf einen Maskenball bei Hof mitnehme, dann werde er sie nicht wieder so zu Hause abliefern, wie er sie abgeholt habe.

In den Stadtpalais adliger Familien boten sich ebenfalls Gelegenheiten für sexuelle Bekanntschaften über die sozialen Schranken hinweg, zum Beispiel mit dem Dienstmädchen oder mit dem Hofmeister. Die staatlichen Heiratsvorschriften für das militärische Personal förderten außereheliche sexuelle Kontakte. Offiziere durften erst dann heiraten, wenn sie einen hohen militärischen Rang erreicht und die Erlaubnis der Krone erhalten hatten; einfache Soldaten mußten ebenfalls Schwierigkeiten überwinden, um eine Heiratserlaubnis zu erhalten. Da in Berlin die Hauptgarnison der preußischen Armee lag, hatten diese Restriktionen einen Zustrom von Prostituierten zur Folge. Nach einer Schätzung verdiente sich jede siebzehnte Frau in Berlin ihren Lebensunterhalt durch den Verkauf ihres Körpers.

Aber nicht nur für das Militär erließ die Krone Vorschriften, um Eheschließungen außerhalb des Standes zu verhindern. Auch Adlige bedurften der Erlaubnis, wenn sie eine Bürgerliche heiraten wollten. Nach der Institutionalisierung von nicht standesgemäßen Ehen durften Adlige, die dieses Privileg erhielten, eine zweite Frau heiraten. Aber weder diese Frauen, die meistens aus der Unterschicht kamen, noch die Nachkommen aus diesen Ehen konnten das Vermögen oder den Titel des Ehemanns beziehungsweise Vaters erben. Die strikten Heiratsvorschriften innerhalb der jüdischen Gemeinde Berlins richteten sich ebenfalls nach dem Prinzip, den Zusammenhalt der Stände durch die Verhinderung exogamischer Ehen zu sichern. Doch gerade diese Einschränkungen bei der Wahl des Ehepartners hatten zur Folge, daß sich viele aus Ehen, in die sie hineingezwungen worden waren, wieder zurückziehen wollten. Die preußischen und jüdischen Scheidungsgesetze ließen die zweite, standesübergreifende Ehe zu, was besonders wichtig für verheiratete, in Salonaffären verstrickte Personen war, die eine neue Ehe eingehen wollten. Das neue preußische Gesetzbuch von 1794 enthielt die fortschrittlichsten Scheidungsbestimmungen von Europa; es räumte den scheidungswilligen Frauen mehr Rechte ein als das deutsche Gesetzbuch von 1901. Das jüdische Scheidungsgesetz war traditionell liberal; nur wenn der Aufenthaltsort des Gatten unbekannt war, konnte die Frau keine Scheidung durchsetzen.

Der Vorwurf, den moralischen Verfall Berlins vorangetrieben zu haben, traf ebenfalls die an den literarischen Zirkeln in Berlin teilnehmenden und auch aus anderen Teilen Deutschlands, besonders aus Jena, kommenden Intellektuellen, die für ihre häufigen außerehelichen Affären, unehelichen Kinder und Scheidungen berüchtigt waren. Friedrich Schlegel, Friedrich Schleiermacher, Ludwig Tieck und Jean Paul schrieben Romane und Novellen, Kritiken und Abhandlungen, in denen sie dem Gefühl, dem Individualismus, der Sinnlichkeit, der Freundschaft und den kultivierten Frauen huldigten. Das Leben sollte ein Kunstwerk werden und die Persönlichkeit sich ganz entfalten. Viele romantische Intellektuelle gehörten zur Salongesellschaft und lebten ihre Theorien nicht selten im Privatleben aus. Die von Adligen und Intellektuellen frequentierten Salons waren ein ideales Terrain für die Herausbildung sexueller Freizügigkeit, auf dem Intellektuelle die emanzipierten Verhaltensweisen des städtischen Adels imitierten.

Die Romantiker verfochten die sexuelle Emanzipation, die Rolle der Frau als Muse, und sie hatten eine Vorliebe für dunkelhaarige, exotische Frauen – für jüdische Frauen. Doch gingen bestimmte Aspekte des romantischen Denkens in eine andere Richtung. Nicht alle Romantiker, nach deren Weltanschauung der Vorrang des Nationalismus vor allem Universalismus feststand, waren Verfechter der

Bürgerrechte für die Juden. Obwohl sich dieser Antisemitismus erst später entfaltete, tauchte er bereits am Anfang des 19. Jahrhunderts in Berlin auf, auch in den Salons. Selbst Wilhelm von Humboldt und Gustav von Brinkmann ergingen sich manchmal in antisemitischen Witzen über ihre Freunde. Auf diese Weise trug eine Ideologie in Berlin zunächst zur Popularität der jüdischen Salons bei und half später bei ihrer Zerstörung.

Zusammenfassend läßt sich sagen, daß der für beide Partner vorteilhafte Austausch von Status und Reichtum, der Prestigegewinn durch die Salonteilnahme, der Stand der Moral in Berlin und einige Aspekte der romantischen Weltanschauung die Mischehe begünstigten – vier Bedingungen, welche zusammengenommen die Entstehung von Mischehen historisch plausibel machen, aber nicht erklären. Natürlich, zehn Mischehen sind noch kein historisches Modell, aber sie waren der Höhepunkt des Erfolges, den jüdische Frauen in Berlin bei ihrem Streben nach kultureller Anpassung und schneller sozialer Integration hatten. Diese Erfolge waren damals beachtenswert und entsprachen nicht der Norm. Es ist deshalb wichtig, die Entstehungsgründe dieser Mischehen zu skizzieren.

Lange Zeit galt Preußen als ein Land, in dem sozialer Aufstieg an einer rigiden Sozialstruktur scheiterte, die den Kontakt zwischen den Eliten blockierte, der anderswo so nutzbringend für die Entwicklung der politischen Demokratie war. Doch einer Handvoll jüdischer Frauen gelang die Assimilation. Historiker scheinen diese Tatsache deshalb übersehen zu haben, weil es Frauen und nicht Männer waren. Die Eheschließung war eine der wenigen Möglichkeiten, Reichtum gegen Status einzutauschen, ohne dabei die festgefügte Berufshierarchie der Männer anzutasten. Die Frau brachte gewöhnlich den Wohlstand in die Ehe ein, der Mann den Status. Denn erstens konnte der Status, wenn er sich in einem Titel manifestierte, nur vom Mann an die neue Familie weitergegeben werden; eine adlige Frau verlor ihren Titel, wenn sie einen Bürgerlichen heiratete. Zweitens konnte dank der Erbschaftsbräuche die Mitgift der Frau der neuen Familie zugute kommen. Drittens galt es als angemessen, wenn die Frau auf einer niedrigeren Gesellschaftsstufe stand als ihr Mann. Dieser Aufstieg von Frauen wurde oft als Verrat an ihrem Glauben und ihrem Lebens- und Familienkreis bewertet. Die Frauen selbst jedoch scheinen Salon und Mischehe als Errungenschaften im Kampf um die persönliche Freiheit angesehen zu haben. Vor dem Hintergrund des 18. Jahrhunderts und an diesem Platz innerhalb der Berliner gesellschaftlichen Hierarchie konnte dieser Kampf per definitionem kein Befreiungskampf von den etablierten Zwängen, auch kein Kampf um die Rechte der eigenen Religion oder des eigenen Geschlechtes sein. Ihre Emanzipationsbestrebungen definierten die jüdischen Salonfrauen, genauso wie die damaligen aufsteigenden männlichen Intellektuellen, als soziale Integration in die feine Gesellschaft und hohe Kultur.

Wenn wir die Salonkreise verlassen und uns den weniger privilegierten Juden in Berlin zuwenden, entdecken wir, daß sich nicht nur die Salonfrauen vom Judentum abwandten, sich taufen ließen und Mischehen eingingen. Zeitgenössische Beobachter behaupteten sogar, daß um 1800 nur ein kleiner Teil der jüdischen Familien in Berlin von der »Konversions-Epidemie« verschont blieb. Einige Historiker haben diese Konversionen der letzten Jahrzehnte des 18. Jahrhunderts als eine »Welle« bezeichnet, die das Judentum an den Rand der Auflösung gebracht habe. Doch diese Historiker konnten ihre Behauptungen nicht absichern, weil die von Kirchen, Missionsgesellschaften und staatlichen Behörden durchgeführten statistischen Erhebungen nicht bis ins 18. und frühe 19. Jahrhundert zurückreichen. Spätere Historiker hielten sich an das fragmentarische statistische Material über Konversionen aus der Zeit der sogenannten emanzipatorischen Ära. Abraham Menes, der an Heinrich Graetz' Behauptung, daß sich die Hälfte der Berliner jüdischen Gemeinde in dieser Zeit taufen ließ, Zweifel hegte, ging davon aus, daß Statistiken über Konversionen, die ganz Preußen erfaßten und sich auf Berichte der Kirchengemeinden an die Regierung stützten, erst seit 1816 durchgeführt wurden. Die einzige frühere Quelle war eine jüdische Petition von 1811 mit Namen von vierzig Berliner Familien, von denen mindestens ein Mitglied in den vergangenen fünf bis acht Jahren zum Christentum übergetreten war. Da vierhundertfünf jüdische Familien in den letzten Jahrzehnten des 18. Jahrhunderts in Berlin gelebt hatten, kam Menes zu dem Schluß, daß ein Zehntel, und nicht die Hälfte der Gemeinde, sich vom Judentum abgekehrt hatte.

Zwei israelische Historiker haben sich daraufhin des Problems angenommen. Die von Ezriel Schochat hauptsächlich benutzte Quelle waren die Dokumente in einem 1728 in Halle gegründeten missionarischen Institut, nach denen in Deutschland über dreihundert Juden zwischen 1700 und 1750 konvertiert waren. Auf dieser Basis und aufgrund weiterer Nachweise folgerte Schochat, daß die Konversionen im Deutschland des frühen 18. Jahrhunderts eine landesweite Erscheinung gewesen seien. Schochats radikale Schlußfolgerung wurde jüngst angefochten. Benjamin Kedar wandte ein, daß man das Ausmaß der Übertritte im 18. Jahrhundert nur beurteilen könne, wenn eine komplette Serie von bis ins 17. Jahrhundert zurückreichenden Kirchenberichten vorläge. Kedar zog Berichte aus der nationalsozialistischen Sippenforschung heran, um einen den Zeitraum von 1640 bis 1799 abdeckenden statistischen Hintergrund für die Konversionen zu rekonstruieren. Doch weder Schochat noch Kedar gelang eine vollständige Bestandsaufnahme für eine Stadt, geschweige denn für mehrere Städte.

Einige Gelehrte meinten, daß sich die soziale Herkunft des typischen Konvertiten im späten 18. Jahrhundert geändert habe. Sie vermuteten, daß im allgemeinen Konvertiten im 17. und frühen 18. Jahrhundert aus niederen oder marginalisierten Schichten stammten, während am Ende des Jahrhunderts auch reiche und gebildete Juden ihren Glauben wechselten. Sowohl in der gehobeneren Stellung der Konvertiten als auch in der unterstellten Steigerungsrate der Konversionen sieht man heute die Gründe für die zeitgenössische Beunruhigung über den Glaubenswechsel.

Im Hinblick auf die Geschlechtszugehörigkeit der Konvertiten waren sich die Historiker einig, daß im späten 18. Jahrhundert vor allem Frauen ihre Gemeinde verlassen haben. Diese Interpretation stand im Widerspruch zu der Tatsache, daß es im 19. und 20. Jahrhundert mehr männliche als weibliche Konvertiten gegeben hatte. Und sie paßte nicht zu den Beweggründen, die Historiker den Konvertiten in der Ära der Emanzipation unterstellten, nämlich dem Wunsch nach politischer Gleichstellung und nach besseren Berufschancen. Weder das eine noch das andere Motiv konnte eine jüdische Frau bewogen haben, zum Christentum überzutreten, denn auch eine Christin besaß weder politische Rechte, noch arbeitete sie in angesehenen Berufen.

Beschreibt man mit dem Begriff »Welle« die Quantität der damaligen Konversionen, unterstellt man, daß die Anzahl der Konversionen in der Folgezeit abnahm. Dafür gibt es aber keine Beweise. Jakob Katz behauptet, daß die Zahl der Konvertiten nach dem preußischen Emanzipationsedikt von 1812 abnahm. Katz begründet dies damit, daß die Beweggründe für Konversionen schwächer wurden, sobald Juden dank ihres Vermögens Bürgerrechte in Berlin erwerben und Bildungs- und Berufschancen wahrnehmen konnten. Hannah Arendt vermutet dagegen, daß die Konversionsrate vor 1806 gering gewesen und die Zahl der Konvertiten in Berlin nach 1812 angestiegen sei: Vor 1806 haben zahlreiche arme polnische Juden zu Preußen gehört, die im Zuge der Annexionen Polens 1772, 1793 und 1795 preußische Untertanen geworden waren; sie haben den Hintergrund gebildet, auf dem wohlhabende Berliner Juden von den Nichtjuden als geschätzte Ausnahme gesellschaftlich eher anerkannt wurden. Nach Hannah Arendt verloren die Berliner Juden diesen Ausnahmestatus, als Preußen 1806 seine polnischen Gebiete verlor. Die Folge sei gewesen, daß die Berliner Juden konvertieren mußten, um gesellschaftlich akzeptiert zu werden. Deshalb gab es nach 1812 mehr Konversionen als in den letzten Jahrzehnten des 18. Jahrhunderts.

Nun: Es besteht die Möglichkeit, eine vollständige Reihenuntersuchung der jüdischen Konversionen zusammenzustellen. Nachdem im Februar 1933 der Arierparagraph durchgesetzt worden war, forderte die Reichsstelle für Sippenforschung die Kirchen in den großen Städten auf, die Gemeinderegister abzufotografieren und ein alphabetisches Taufregister anzulegen. Juden, Türken, Zigeuner und »Mohren«, die zum Protestantismus übergetreten waren und in der Gemeindekartei neben den »normalen« christlichen Kindertaufen eingetragen waren, wurden in der Judenkartei katalogisiert – die wahrscheinlich deshalb so genannt wurde, weil die große Mehrheit der Konvertiten jüdisch war. Um Konvertiten ausfindig zu machen, deren Vorfahren in Berlin gelebt hatten, aber dort nicht konvertiert waren, entschloß sich die Kirche, eine Kartei mit Mischehen anzulegen, genauer: eine Kartei über Ehen zwischen konvertierten Juden und Christen (ab 1846 wurden in Preußen die Ehen zivilrechtlich geschlossen). Die Konversionen sind über einen Zeitraum von rund drei Jahrhunderten (1645–1933) erfaßt, die Mischehen für die Zeit von 1800 bis 1846 aufgelistet (mit Namen, Alter, Geschlecht, Beruf des Vaters).

Es zeigt sich, daß es tatsächlich in den letzten Jahrzehnten des 18. Jahrhunderts zu einem rapiden Anstieg der Konversionen gekommen war. Zwischen 1700 und 1767 traten insgesamt einhundertdreiundfünfzig Juden in Berlin aus der jüdischen Glaubensgemeinschaft aus. In den ersten beiden Dritteln des Jahrhunderts stieg die Zahl der jüdischen Taufen langsam, aber stetig an *(s. Abb. 12)*. Im Durchschnitt konvertierten jährlich drei Juden, im letzten

Drittel des Jahrhunderts durchschnittlich acht. Zwischen 1770 und 1779 lag die Anzahl der Konvertiten um achtzehn Prozent höher als zwischen 1760 und 1769, in den achtziger Jahren war sie doppelt so groß (dreiundneunzig Prozent) wie in den siebziger Jahren; und im letzten Jahrzehnt stieg die Zahl der Konvertiten um sechsundfünfzig Prozent. Da hierauf kein starker Rückgang folgte, ist der Ausdruck »Welle« nicht gerechtfertigt. Die Konversionsrate stieg im ersten Drittel des 19. Jahrhunderts weiter. Dieser Anstieg wird auch evident, wenn man die relative, nicht die absolute Zuwachsrate der jüdischen Konversionen untersucht *(s. Abb. 13)*. Die jüdische Bevölkerung Berlins war zwischen 1770 und 1817 ziemlich konstant geblieben, sie bewegte sich bei etwa 33000. Die Kurve schlägt erst im dritten und vierten Jahrzehnt des 19. Jahrhunderts nach unten aus, als die jüdische Bevölkerung rapide zunahm.

Es wird berichtet, daß Juden aus deutschen Kleinstädten manchmal nach Berlin kamen, um sich dort taufen zu lassen. Wir wissen nicht, ob diese Konvertiten vor oder nach ihrer Taufe Einwohner von Berlin wurden. Wir haben aber Gründe für die Annahme, daß die Zahl der Konvertiten, die vor 1812 nach Berlin kamen, um sich taufen zu lassen, nicht sehr hoch gewesen ist. Bevor den preußischen Juden 1812 die freie Wohnortswahl zugestanden wurde, hatten es alle Juden – bis auf die sehr wohlhabenden – schwer, eine Niederlassungserlaubnis für Berlin zu erhalten, weil diese mit einem staatlich verordneten Wohlstandsnachweis verbunden war. Man könnte annehmen, daß dieser Wohlstandsnachweis sich nicht auf Juden bezog, die Berlin nur betreten wollten, um zu konvertieren und die Stadt anschließend sofort wieder zu verlassen. Aber ein solches Arrangement wäre für die Konvertierwilligen mit dem Eingeständnis ihrer wahren Absichten ausgerechnet gegenüber den jüdischen Ältesten verbunden gewesen, die die Einreise in die Stadt mit überwachten. Die obige Annahme ist also unplausibel. Hinzu kam, daß im damaligen Berlin, im Gegensatz zu Wien, die Zahl der illegalen Juden nicht groß war. Deshalb kann angenommen werden, daß die potentiellen Konvertiten identisch waren mit den in Berlin ansässigen, registrierten Juden. Natürlich mag es Einzelpersonen gelungen sein, nach Berlin hineinzukommen, nur um ihren Glauben zu wechseln. Wenn man die registrierte jüdische Bevölkerung als Bemessungsgrundlage beibehält, ergibt sich eine Unterschätzung der potentiellen Konvertiten gegenüber einer leichten Überschätzung der tatsächlich Konvertierten.

Wie ließe sich der Anteil der Berliner Konvertiten in diesen oder jenen Jahren genau bestimmen? Selbst wenn keiner der Berliner Konvertiten seinen Wohnsitz außerhalb der Stadt beibehalten hätte, gäbe die registrierte jüdische Bevölkerung nicht die Gesamtzahl der potentiellen Konvertiten in einer spezifischen Periode wieder. Um diese weit größere Zahl zu kennen, muß man wissen, wie viele Personen wie lange während dieser Zeit gelebt haben, und nicht nur, wie hoch die Zahl derer war, die am Anfang und am Ende des Zeitraumes existierten. Um dieses Personen-Jahres-Verhältnis zu berechnen, wären Geburts-, Auswanderungs- und altersspezifische Todesraten für die jüdische Gemeinde erforderlich. Leider sind Angaben darüber unbekannt und nur schwer rekonstruierbar. Da die durchschnittliche jüdische Bevölkerung Berlins zwischen 1770 und 1799 3535 Personen betrug, kann man nur sagen, daß die zweihundertneunundvierzig Personen, die in diesen drei Jahrzehnten konvertierten, maximal sieben Prozent der potentiellen Konvertiten ausmachten. Ohne Zweifel gab es viel mehr als 3535 potentielle Konvertiten; die tatsächliche Bemessungsgrundlage ist sicherlich viel größer und der Anteil der wirklichen Konvertiten viel kleiner als sieben Prozent.

Statistisch unproblematisch sind Alter, Geschlecht und soziale Zusammensetzung der zweihundertneunundvierzig Konvertiten. Fast zwei Drittel der Konvertiten waren Kinder im Alter von fünf Jahren oder jünger. Die übrigen

Konvertiten waren meistens zwischen zwanzig und dreißig Jahre alt. Doch obwohl diese Gruppe nur ein Viertel aller Konvertiten ausmachte, stellten sie drei Viertel aller erwachsenen Konvertiten *(s. Abb. 14)*. Sechzig Prozent der Konvertiten aller Altersgruppen waren Frauen. Dagegen war in den beiden ersten Dritteln des 18. Jahrhunderts das Verhältnis zwischen weiblichen und männlichen Konvertiten nahezu ausgewogen. Von 1770 bis 1804 konvertierten fast jedes Jahr mehr Frauen als Männer. Im nächsten halben Jahrhundert sank der Anteil der Frauen auf dreiundvierzig Prozent *(s. Abb. 15)*.

Je nach Altersstufe änderte sich das Geschlechterverhältnis der Konvertiten erheblich. Bei Kindern und jugendlichen Konvertiten war es ausgeglichen. Denn ob sie konvertierten oder nicht, das entschieden ihre Eltern – und der Gedanke, die beruflichen Chancen der Söhne durch die Konversion zu verbessern, änderte nichts daran, daß diese Gruppe der Kinderkonvertiten genauso viele Jungen wie Mädchen zählte. Dagegen zeigt sich bei konvertierten Männern und Frauen eine deutliche Verschiebung der Altersstufen *(s. Abb. 16)*. Fast achtzig Prozent der Konvertiten zwischen zwanzig und neunundzwanzig Jahren, aber nur zwanzig Prozent der Konvertiten über dreißig Jahre waren Frauen.

Schwieriger zu lösen ist die Frage nach der sozialen Stellung der Konvertiten. Nur auf einhundertvierunddreißig Karteikarten sind die Berufe der Väter aufgeführt. Doch die groben Berufsbezeichnungen geben wenig Aufschluß über die soziale Zusammensetzung der Konvertiten, wenn die Berufe einer sozialen Schicht nicht zugeordnet werden können. Die damalige ökonomische Lage der Berliner Juden ist nur dürftig erforscht, es gibt kein detailliertes Klassifizierungsschema, mit dessen Hilfe man die Berufe der Väter von Konvertiten mit den Berufen der Väter von Nichtkonvertiten vergleichen könnte. Ich habe deshalb Großkaufleute, Unternehmer, Bankiers und Fachleute der oberen Einkommensgruppe zugeordnet; Sekretäre, Kleinhändler, Pfandleiher, Hausierer, Ladenbesitzer und Handwerksmeister der mittleren; Bettler, Diener, Tagelöhner und Handwerkslehrlinge der unteren. Die große Zahl von Konvertiten aus der oberen Einkommensschicht bedeutet, daß die soziale Zusammensetzung der Konvertiten im groben derjenigen der Berliner jüdischen Gemeinde entsprach. Der Terminus »obere Einkommensgruppe« ist unpräzise, denn derzeitige Kenntnisse über die Sozialstruktur der Gemeinde gründen auf gemischten Schätzungen. Schätzungen über den Anteil der reichen oder wohlhabenden Juden in der Gemeinde bewegen sich zwischen fünfundsechzig Prozent und vierzig Prozent. Es sei daran erinnert, daß die Berliner Juden einen viel größeren Anteil an Wohlhabenden aufwiesen als jede andere jüdische Gemeinde in Deutschland oder Europa zur damaligen Zeit. Die Tatsache, daß die oberen Einkommensgruppen bei den Konvertiten und bei den Nichtkonvertiten fast gleich groß sind, scheint die Vermutung der Historiker zu bestätigen, daß die soziale Stellung der Konvertiten im Laufe der Zeit sich verbesserte. Die soziale Zusammensetzung der Konvertiten stimmte nicht immer mit der der Gemeinde überein *(s. Abb. 17)*. Der Anteil der Konvertiten, deren Väter Berufe aus der oberen Einkommensgruppe ausübten, glich sich erst seit 1780 langsam dem Niveau der Gemeinde an. Spielte die soziale Herkunft der Konvertiten für das Alter, in dem sie konvertierten, eine Rolle? Für die Konvertiten, deren Väter aus der oberen und mittleren Einkommensgruppe kamen und deren Altersstruktur derjenigen aller Konvertiten sehr ähnelte, nicht. Dagegen hatten fast alle Konvertiten, die zum Zeitpunkt ihres Glaubenswechsels Kinder unter fünf Jahren waren, Väter aus der unteren Einkommensgruppe. In den dreißig Jahren konvertierten durchgehend viele Kinder.

Besteht eine Beziehung zwischen der sozialen Herkunft und dem Geschlecht des Konvertiten? In den drei Einkommensgruppen gab es zwei Fünftel männliche und drei Fünftel weibliche Konvertiten. Differenziert man zwischen den kaufmännischen Berufen und Handwerksberufen, dann zeigt sich, daß mehr Töchter von Kaufleuten konvertierten (dreiundsechzig Prozent) als Töchter von Handwerkern (siebenundvierzig Prozent). Zugang zum kaufmännischen Bereich sowie Streben nach Wohlstand können Motive für nichtjüdische Männer gewesen sein, konvertierte jüdische Frauen zu heiraten – und vielleicht war dies für die Töchter der Kaufleute ein besonderer Anreiz zu konvertieren. Frauen zwischen zwanzig und neunundzwanzig Jahren konvertierten am häufigsten. Die hohe Zahl der weiblichen Konvertiten, die über zwanzig Jahre alt waren, machte es den jüdischen Männern zweifellos schwer, ansässige jüdische Ehefrauen zu finden. Zwar hätten die reichen jüdischen Familien sicherlich geeignete Bräute für ihre Söhne außerhalb der Stadt finden können. Aber es bestand eine große Nachfrage gerade nach Töchtern, die den Schutzbrief erbten, denn der Ehemann konnte sich auf den Schutzbrief der Frau berufen und in der Stadt bleiben. Selbst die reichsten Familien konnten nur unter großen Schwierigkeiten Aufenthaltsgenehmigungen für alle ihre Söhne bekommen. Deshalb ist die Behauptung richtig, daß die Konversion jüdischer Frauen bedeutsam für die demographische Zukunft der Berliner Gemeinde war. Aber es war nicht nur ein demographischer Verlust. Denn das Zuhause und die Familie stehen im Zentrum des jüdischen Lebens, und die jüdische Frau hat oft in der Geschichte die Hauptrolle beim Zusammenhalt der religiösen Gemeinschaft gespielt.

Die Konversion von reichen Mitgliedern der Gemeinde, besonders von reichen Männern, bedeutete den Verlust von realer und potentieller politischer Macht. Die reichsten Familien der Stadt waren schon seit langem die Vermittler zwischen der Gemeinde und dem preußischen Staat. Die Glaubensabkehr der Wohlhabenden läßt vermuten, daß Juden, die nicht aus materiellen Gründen konvertierten, so etwas wie eine negative jüdische Identität entwickelt hatten.

Unsere Rekonstruktion von Alter, Geschlecht und sozialer Zusammensetzung der Konvertiten hilft, die Beweggründe für Konversionen zu bestimmen, größtenteils dadurch, daß Motive ausgeschlossen werden, die nur auf bestimmte Personen zutreffen konnten. Mit Hilfe der Mischehekartei ist es möglich, Fragen zu den Motiven weiterzuverfolgen. Diese Kartei erlaubt uns auch, Beziehungen zwischen denjenigen, die konvertierten, und denen, die anschließend Mischehen mit Nichtjuden eingingen, herzustellen. Auf diesem Wege können wir der Frage nachgehen, ob die Töchter der Kaufleute aus der oberen Einkommensstufe im Alter zwischen zwanzig und neunundzwanzig Jahren konvertierten, um eine Mischehe eingehen zu können.

Die Konversionsakten belegen, daß das Verhältnis der weiblichen zu den männlichen Konvertiten, das seit dem späten 18. Jahrhundert ein Übergewicht der ersteren über die letzteren anzeigte, sich im dritten Jahrzehnt des 19. Jahrhunderts umdrehte. Die Mischehenakten (die erst ab 1800 anfangen) weisen ebenfalls ein Übergewicht auf der weiblichen Seite im ersten Jahrzehnt des 19. Jahrhunderts auf *(s. Abb. 18)*. Und wie bei den Konversionen überstieg die Zahl der Mischehen eingehenden konvertierten jüdischen Männer im zweiten Jahrzehnt des 19. Jahrhunderts die der Frauen. Darüber hinaus war die große Zahl der weiblichen Konvertiten und derjenigen, die Mischehen eingingen, fast identisch. Zwischen 1800 und 1809 gingen neunundsechzig Prozent der konvertierten jüdischen Frauen Mischehen ein, während es zwischen 1811 und 1846 nur einundvierzig Prozent waren.

Über die grundlegende Tatsache hinaus, daß mehr Frauen als Männer Mischehen eingingen, zeigt der Vergleich zwischen der sozialen Herkunft der Männer und Frauen, die im ersten Jahrzehnt des 19. Jahrhunderts Nichtjuden heirateten, daß sie aus verschiedenen Stufen der gesellschaftlichen Hierarchie stammten und sich in unterschiedliche Richtungen bewegten, wenn sie Mischehen eingingen. Drei Viertel der konvertierten jüdischen Bräutigame kamen aus Familien der oberen Einkommensstufe, und ihre nichtjüdischen Ehefrauen stammten fast alle aus Familien der mittleren Einkommensstufe. Die konvertierten jüdischen Ehefrauen kamen dagegen doppelt so häufig aus Familien der oberen Einkommensstufe. (Nur sehr wenige Männer und Frauen kamen aus der unteren Einkommensgruppe.) Ungefähr die Hälfte der Ehefrauen heiratete in bessere Verhältnisse, bei der anderen Hälfte veränderte sich der soziale Status nicht. Das Durchschnittsalter der jüdischen Ehefrauen betrug achtundzwanzig Jahre, das ihrer christlichen Männer einunddreißig Jahre. Das Durchschnittsalter der jüdischen Männer lag bei achtunddreißig Jahren, das ihrer Ehefrauen bei siebenundzwanzig Jahren. Wenn man einen geringen Altersunterschied mit einer partnerschaftlichen Ehe assoziiert, dann kann man vermuten, daß die Mischehen der konvertierten Frauen partnerschaftlicher waren als die der konvertierten Männer.

Das alles ist ein Hinweis darauf, daß die Frauen Konversionen sozusagen »antizipatorisch« eingingen, weil die Aussichten auf Mischehen so gut waren. Da die konvertierte Frau nur durch die Mischehe und nicht durch Bildungs- oder Berufsaussichten einen höheren Status erreichen konnte, war wohl ein häufiges Motiv für ihre Konversion die Vorbereitung auf eine Mischehe. Besonders in einer Zeit, in der es keine zivilrechtliche Ehe zwischen nichtkonvertierten Juden und Christen gab, war dieses Motiv wichtig.

Vergleicht man den Zusammenhang von Mischehe und Konversion in den Jahren, für die Material vorhanden ist, erhält man einen weiteren Beweis für die Behauptung, daß Konversion und Mischehe bei den Frauen stärker miteinander verknüpft waren als bei den Männern. Es ist nachgewiesen, daß zwischen 1800 und 1846 von einhundert männlichen Konvertiten nur dreizehn, dagegen von einhundert weiblichen Konvertiten dreimal so viele Frauen eine Mischehe eingingen *(s. Abb. 19)*.

Die Konversion war natürlich kein Garant für eine Mischehe. Heiraten zwischen konvertierten Familien waren damals keine Seltenheit. Die Mischehe war ein dramatischeres Stadium im Prozeß der sozialen Integration als die Konversion. Deshalb ist es wichtig, die Mischehenrate zu kennen. Die Mischehenkartei der Nazis zeigt, daß in Berlin zwischen 1800 und 1809 fünfundfünfzig konvertierte Juden Nichtjuden heirateten. Eine Liste der jüdischen Trauungen in Berlin belegt einhundertfünfundsiebzig Eheschließungen zwischen nichtkonvertierten Juden für diesen Zeitraum in Berlin.

Es gibt drei Wege, die Mischehenrate mit Hilfe dieser beiden Zahlen zu berechnen. Nach der ersten Berechnung stellen die fünfundfünfzig Einzelpersonen, die Mischehen eingingen, vierzehn Prozent aller vierhundertfünf Ehekandidaten dar, die in diesem Jahrzehnt heirateten. Nach der zweiten Berechnung, bei der man die fünfundfünfzig Berliner Mischehen mit den zweihundertdreißig Eheschließungen vergleicht, bei denen ein Jude beteiligt war, waren vierundzwanzig Prozent der Eheschließungen Mischehen. Nach der dritten Berechnung ist das Verhältnis von Mischehen (fünfundfünfzig) zu endogamen Ehen (einhundertfünfundsiebzig) 31 zu 100. Fast alle veröffentlichten Mischehenstatistiken beruhen auf der dritten Bemessungsgrundlage (jüdisch-jüdische Eheschließungen); auch die zweite Berechnung, die alle Eheschließungen umfaßt, bei denen ein Jude beteiligt war, wird benutzt. Nach diesen beiden Berechnungen war die Rate zwischen 1800 und 1809 sehr hoch. Für die jüdische Gemeinde in Berlin stellte das eine größere Herausforderung dar als die Konversionsrate. (Die Mischehenrate in Berlin war doppelt so hoch wie in den Vereinigten Staaten vor 1840; doppelt so hoch wie 1901 in ganz Deutschland; nur dreizehn Prozent niedriger als 1933 in ganz Deutschland.) Doch sind diese Vergleiche mit Vorsicht zu genießen. Die staatlichen Beschränkungen vor 1812, die bestimmten, wie viele und welche Juden heiraten durften, könnten die Berechnungsgrundlage ungewöhnlich niedrig gehalten und damit die Mischehenrate in diesem Zeitraum künstlich erhöht haben.

Warum verließen Frauen ihre Glaubensgemeinschaft?

Warum waren Mischehen in jenen Jahren in Berlin so häufig? Und warum konvertierten mehr jüdische Frauen als jüdische Männer und gingen Mischehen ein? Die letzte Frage setzt als Tatbestand, was vielleicht bloß ein statistisches Artefakt ist. Denn die staatlichen Vorschriften über jüdische Niederlassung und Eheschließung, die die Sozial- und Altersstruktur der Gemeinde veränderten, hätten auch die Geschlechterproportionen in den Altersgruppen verändern können. Das Sinken der weiblichen Rate bei Konversion und Eingehen der Mischehe nach 1815 wäre dann ein Hinweis darauf, daß sich das Verhältnis der Geschlechter in den in Frage kommenden Altersgruppen wieder eingependelt hätte. Leider sind klärende Unterlagen nicht vorhanden. Die Geburtsurkunden der Gemeinde sind zwar erhalten, aber sie sind keinen Familieneinheiten zugeordnet. Und es gibt keine Daten über das Alter und Geschlecht derjenigen, die Berlin damals aufgrund der Niederlassungs- und Eheschließungsbeschränkungen verlassen mußten.

Diese Beschränkungen bestimmten die soziale und altersmäßige Zusammensetzung der Konvertiten. Wegen der Schwierigkeit, eine Niederlassungs- und Heiratserlaubnis in Berlin zu erhalten, war es für arme Juden, die illegal oder halblegal in Berlin lebten, verlockend, eine Befreiung von diesen Verordnungen durch Konversion zu erwirken. Dieses Motiv ist besonders häufig bei den jungen Dienstmädchen, die für die reichen Familien der Stadt arbeiteten und oft Mütter unehelicher Kinder wurden, nachzuweisen. Das könnte erstens erklären, warum so viele Kinderkonvertiten aus den unteren Einkommensverhältnissen stammten. Zweitens ließe sich mit den Konversionen der Dienstmädchen zum Teil erklären, warum es unter den Zwanzig- bis Neunundzwanzigjährigen sehr viel mehr weibliche als männliche Konvertiten gab. Drittens hätten, wenn ihre Verführer keine Juden waren und sie diese heirateten, die konvertierten Dienstmädchen auch zu der hohen Mischehenrate bei den Frauen beigetragen.

Warum konvertierten wohlhabende junge jüdische Frauen, und warum hatten sie soviel Glück bei der Suche nach einem nichtjüdischen Ehemann?

Wenn wir diese Fragen beantworten wollen, müssen wir uns von den anonymen Konvertiten ab- und den zwanzig Salonfrauen zuwenden. Keine der Berliner jüdischen Salonfrauen konvertierte oder ging eine Mischehe ein in den Jahren, die wir hier analysieren, und deshalb tauchen sie in den Konversions- und Mischehenkarteien nicht auf. Doch ihre Motive können die Motive ihrer unbekannteren Zeitgenossinnen erhellen.

Fassen wir noch mal zusammen: Die jüdische Erziehung der zwanzig Salonfrauen – von denen mindestens siebzehn konvertierten und zehn Nichtjuden heirateten – war unzureichend – wie bei den meisten jüdischen Männern dieser Generation aus ähnlichen familiären Verhältnissen. In den achtziger und neunziger Jahren des 18. Jahrhunderts boten ihnen Theater, Salons, Lese-, Debattier- und Freundschaftsgesellschaften Gelegenheiten, sich mit prominenten nichtjüdischen Männern anzufreunden: Sie eröffneten ihnen ein neues gesellschaftliches Universum, das den meisten jüdischen Männern verschlossen blieb. Diese neue Welt stimulierte sie, sich in weltlicher Bildung zu verfeinern. Sie brachte aber auch Konflikte in das Leben der Salonfrauen, denn zu der Zeit, in der sie nichtjüdischen Männern begegneten, waren die meisten von ihnen schon mit jüdischen Geschäftsmännern verheiratet. In dieser Beziehung hatten sie kaum eine Wahl gehabt; der Wohlstand und die geringe Größe der Gemeinde sowie die staatlichen Heiratsbeschränkungen trugen alle zu der Praxis der arrangierten Frühehen bei. Sollten aus den exogamischen Liebesaffären, die in den Salons blühten, feste Verbindungen werden, mußte zunächst die Scheidung vom jüdischen Ehemann und dann die Konversion erfolgen. Häufig hatte der nichtjüdische Bräutigam wenig Geld, aber einen hohen sozialen Status. Die jüdischen Frauen waren entweder selbst wohlhabend oder hatten Zugang zu Vermögen.

Die sich bietende Aussicht einer Salondame auf eine Mischehe förderte also ihre Konversionsbereitschaft. Ob die gleiche enge Verbindung zwischen Konversion und Mischehe für die auf der Konversions- und Mischehenkartei verzeichneten Frauen zutraf, können wir nicht entscheiden, da es keinen Hinweis darauf gibt, ob die auf der einen Kartei verzeichneten Frauen mit den auf der anderen Kartei verzeichneten gleichzusetzen sind. Auch wissen wir nicht, wie stark das soziale Leben der auf den Karteien verzeichneten Frauen dem der Salonfrauen ähnelte, allerdings sind Parallelen zwischen beiden unübersehbar. Frauen in beiden Gruppen konvertierten meistens im Alter von zwanzig bis neunundzwanzig Jahren und heirateten, wenn sie Mischehen eingingen, meistens in höhere Kreise.

Doch die Mischehe war nicht der einzige Anreiz für Frauen zu konvertieren. Auch das geistige Klima innerhalb und außerhalb der kulturell angepaßten jüdischen Kreise förderte die Konversionsbereitschaft. Dieses intellektuelle Klima hat wohl stärkeren Einfluß auf die Entscheidungen jüdischer Männer als auf die jüdischer Frauen gehabt, was mit der unterschiedlichen Erziehung zusammenhängen mag.

In der Mitte des Jahrhunderts hatten theistische Vorstellungen die Köpfe der aufgeklärten Intellektuellen in Preußen beherrscht. Gegen Ende des Jahrhunderts gewann die Auffassung, daß das Judentum und die christliche Lehre im Kern gemeinsame Postulate teilen, immer mehr Anhänger unter den preußischen Intellektuellen. Sie sehnten den Tag herbei, an dem beide Religionen zueinanderfänden. Ein 1799 in Berlin veröffentlichtes anonymes Pamphlet zeigt, wie stark jüdische Intellektuelle an diese gemeinsame Zukunft glaubten. Es war ein offenes Geheimnis in der Stadt, daß David Friedländer der Verfasser war. Darin schlug er Wilhelm Teller, dem liberalen protestantischen Probst in Berlin, vor, daß die Männer der führenden Familien der jüdischen Gemeinde zum Christentum konvertieren sollten. Durch die »trockene Taufe« sollten jüdische Männer in den Besitz der politischen Rechte kommen, die ihnen als Juden verweigert wurden. Teller wies Friedländers Vorschlag zurück: Ein deistischer Kern ließe sich nicht aus dem christlichen Glauben herauslösen, »trockene Taufen« seien kein Weg zur politischen Emanzipation, eine Reform des jüdischen Glaubens sei notwendiger. In den folgenden Jahrzehnten gewann die Reformtendenz intellektuell und institutionell an Macht, was unter anderem durch das Scheitern von Versuchen, einen dritten Weg zwischen traditionellem Judentum und traditionellem Christentum zu finden, begünstigt wurde. Doch das Fehlen einer Reformalternative lieferte fürs erste einen Grund zur Konversion. Der zeitgenössische Roman ›Charlotte Sampson‹ belegt die ungeheure Bedeutung von Friedländers Vorschlag innerhalb der jüdischen Gemeinde; er zeigt, daß »trockene Taufen« auch für die jüdischen Frauen, die Mischehen eingehen wollten, eine Lösung darstellten.

In den ersten Jahren des 19. Jahrhunderts wurde der extreme Rationalismus und Deismus der späten Aufklärung von einer neuen Generation junger Intellektueller in Frage gestellt: von den Frühromantikern. Wie wir wissen, war mancher Romantiker mit dieser oder jener Salonfrau befreundet. Unter ihnen hob besonders Friedrich Schleiermacher hervor, daß die Konversion den jüdischen Frauen einen Weg zu persönlicher und intellektueller Emanzipation eröffnen könnte. Die romantische Übersteigerung des Fremden und Exotischen stellte die jüdischen Frauen in ein besonderes, attraktives Licht. Die Wahl der Partnerin mag daher von einer Mode beeinflußt gewesen sein.

Der Anreiz zu konvertieren lag bei den ärmeren jüdischen Frauen vor allem im rechtlichen, materiellen Bereich, bei den wohlhabenden erwuchs er auf einem romantisch gefärbten Hintergrund. Für die jüdische Frau aus sozial schwächeren Verhältnissen war die Konversion eine Voraussetzung für das Leben und Überleben in Berlin, dessen jüdische Gemeinde nach den Zielen der preußischen Politik klein und wohlhabend gehalten werden sollte. Für die wohlhabende jüdische Frau waren Konversion und Mischehe eine Reaktion auf, ja ein Protest gegen die Beschränkungen, von denen reiche und privilegierte Juden nicht ausgenommen waren.

Konversion war für die wohlhabenden jüdischen Frauen aus dreierlei Gründen attraktiv. Erstens: Sie erleichterte den Zugang zur nichtjüdischen Gesellschaft. Zweitens: Der damalige intellektuelle und soziale Fortschritt hin zu religiöser Gleichheit schuf eine besonders optimistische Stimmung: Warum sollte man noch länger Jude bleiben, wenn doch jüdische und nichtjüdische Intellektuelle davon ausgingen, daß das Judentum als eigenständige Religion sowieso bald nicht mehr existieren würde? Interpretiert man Konversion als Verrat, wird das Bewußtsein einer Zugehörigkeit zu einem Volk vorausgesetzt. Der die Berliner intellektuellen Kreise prägende rationalistische Deismus wie auch die Begeisterung einiger Juden über ihre Erfahrungen in kosmopolitischen Kreisen trugen kaum dazu bei, das Band zur jüdischen Gemeinde zu festigen. Konvertierte mögen sich schuldig gefühlt haben, weil sie den Kreis ihrer jüdischen Familie und Freunde verlassen hatten, doch aus den Quellen geht nicht hervor, ob sie von schlechtem Gewissen und Selbsthaß geplagt waren wie die

Konvertiten ein Jahrhundert später. Drittens: Konversionen bedeuteten für wohlhabende Frauen auch den Weg nach oben. Sie konnten in der vorindustriellen Ständegesellschaft leicht durch Eheschließung aufsteigen – leichter zumindest als ihre Brüder durch Bildung. Die Familien sahen in ihrem Haushaltsplan entsprechende finanzielle Mittel für die Erziehung und Ausstaffierung ihrer Töchter vor. Die Jungfräulichkeit war ein besonders wertvolles Gut. Ob der schöne Prinz erschien oder nicht: Die grundsätzliche Möglichkeit schwächte die Loyalität der Frau zu der Gemeinschaft, aus der sie kam.

Zur gleichen Zeit, als ein paar jüdische Frauen populäre und einflußreiche Salons führten, konvertierten außerhalb der Salons mehr jüdische Frauen als Männer und gingen häufiger Mischehen ein. Das alles läßt darauf schließen, daß in Berlin damals ein von einer spezifischen Sozialstruktur gefördertes philosemitisches Klima herrschte, das die jüdischen Frauen innerhalb und außerhalb der Salons beeinflußte. Die Salons erlebten genau zu der Zeit ihren Niedergang, als die weibliche Konversions- und Mischehenrate unter die der Männer fiel. Wie läßt sich erklären, daß diese jüdischen Salons nach 1806 so schnell verschwanden?

8

Der Niedergang der Salons

Dorothea von Kurland

Am 24. Oktober 1806 sah der neunjährige Canvas George, der an der Ecke Friedrichstraße und Krausestraße wohnte, den ersten französischen Soldaten. Die Berliner hatten in den folgenden Monaten genügend Gelegenheit, die französischen Truppen zu bestaunen. Für die Berliner begann mit dem Einmarsch ein neuer, unheilvoller Lebensabschnitt. Preußen hatte sich 1795 aus der antinapoleonischen Koalition zurückgezogen. Die Entscheidung, sich Frieden durch Unterordnung zu erkaufen, wurde von den preußischen Intellektuellen immer stärker als rückgratlos und unpatriotisch verurteilt. Diese patriotische Kritik wurde nach der Katastrophe vom Oktober 1806 noch schärfer und gewann immer mehr Anhänger, denn eine Besatzung hinnehmen zu müssen, war noch demütigender als eine Allianz mit Frankreich. Was als intellektueller Disput über die Außenpolitik begann, entwickelte sich zu einem grundsätzlichen ideologischen Umbruch, der den französischen Einfluß in Preußen, und besonders in seiner Hauptstadt Berlin, in Frage stellte.

Dieser Wandel war nicht ohne Ironie. Das Jahrzehnt des Friedens, das dem Debakel vom Oktober 1806 voranging, war die Voraussetzung für die Blüte der Salons gewesen, und eben in diesen Salons waren die patriotischen Intellektuellen in den Genuß einer gesellschaftlichen Mobilität und eines literarischen Ambientes gekommen, die so entscheidend für ihr Leben waren. Ihre Abkehr von den Salons wegen des dort gepflegten französischen Stils war gleichzeitig eine Abkehr von ihren Freunden und Kollegen, von denen sie persönlich und intellektuell gefördert worden waren.

Aus großer zeitlicher Distanz heraus gesehen scheinen die Berliner jüdischen Salons stabile Einrichtungen gewesen zu sein. Die historischen Entwicklungen, die zu ihrer

Entstehung führten, waren vielfältig. Die Salons blühten im Berlin des späten 18. Jahrhunderts aufgrund eines seltenen Zusammentreffens von sozialen, kulturellen und ideologischen Veränderungen. Die Entstehung einer kommerziellen Ökonomie hatte zu Allianzen zwischen einst weit voneinander entfernten Ständen und Schichten geführt. Ein Vakuum in den kulturellen Einrichtungen der Stadt zu dem Zeitpunkt, als sich die Schicht der Intelligenz erweiterte, hatte das Bedürfnis nach einem überschaubaren Rahmen für informelle Patronage geweckt. Schließlich hatten sich eine ideologische Strömung, die die Nachahmung der französischen Kultur favorisierte, sowie die gesellschaftliche Macht von gebildeten Frauen durchgesetzt. Die Freundschaften, Liebesbeziehungen und Ehen zwischen jüdischen und nichtjüdischen Salonteilnehmern waren der beste Beweis für die Solidität der Salongesellschaft.

Aus der gleichen Distanz heraus gesehen scheint der 1806 beginnende rasche Niedergang der jüdischen Salons mit den Veränderungen im ideologischen Bereich erklärbar zu sein. Als die patriotischen Intellektuellen sich gegen die französische Okkupation wandten, gaben sie ihre profranzösische und philosemitische Einstellung auf, die notwendig für eine gedeihende Salonkultur war.

Eine genauere Untersuchung der Salonfreundschaften jedoch zeigt, daß der Niedergang der jüdischen Salons weit mehr als nur eine Folge der ideologischen Reaktion auf die französische Besatzung war; so führte beispielsweise der Erfolg der jüdischen Salonfrauen zunehmend zu Ressentiments. Öffentlich wurden die Salons zum ersten Mal 1803 in einem Artikel angegriffen, und 1811 wurde aus dieser Angriffsposition heraus ein antisemitischer Gegensalon gegründet. Doch die Feindseligkeiten gegen die jüdischen Salonfrauen, die nach 1806 einen explizit politischen Charakter annahmen, schwelten schon im vorangegangenen Vierteljahrhundert untergründig im Privaten. Die Freundschaften zwischen Juden und Nichtjuden, die an der Salonkultur teilnahmen, bestanden hauptsächlich zwischen jüdischen Frauen und nichtjüdischen, meistens adligen Männern. Es gab auch Freundschaften zwischen jüdischen und nichtjüdischen Bürgerlichen und zwischen jüdischen und nichtjüdischen Frauen, aber keine intime Beziehung zwischen nichtjüdischen Frauen und jüdischen Männern. Für die jüdischen Salondamen bedeutete die Präsenz der Adligen in ihren Empfangszimmern und in ihrem persönlichen Leben ein großes Kompliment. Ihre hingebungsvolle Haltung und ihre Lobesreden müssen eine große Wirkung auf die Damen ausgeübt haben. Aber die Briefe dieser Männer an ihre Familie und Freunde, die keine jüdischen Häuser besuchten, enthüllen, daß die Gefühle, die sie für ihre jüdischen Freunde hegten, durchaus zwiespältig waren.

Das Spektrum der Gefühle ist weit. Es gab lebenslange Freundschaften zwischen Juden und Nichtjuden, und in der Öffentlichkeit verhielten sich die prominenten Salongäste ihren jüdischen Freunden gegenüber loyal. Getrübt wurden diese Freundschaften allein durch die Tatsache, daß die nichtjüdischen Freunde ihren jüdischen Freunden meistens mehr bedeuteten als umgekehrt. Eine »eingeschränkte« Freundschaft zeigte sich daran, daß das Verhalten eines nichtjüdischen Freundes im intimen Kreis durchaus wohlwollend und angenehm erscheinen konnte, aber in Briefen an dritte deutliche Seitenhiebe gegen das »Jüdische« der jüdischen Freunde auftauchten. Und schließlich gab es Freundschaften, die zunächst der ersten oder zweiten Kategorie zugeordnet werden konnten, dann aber mit einem völligen Rückzug aus der Verbindung und einem offenen Bekenntnis zum Antisemitismus endeten.

Es ist ein höchst ungenaues und reduktionistisches Verfahren, wenn man Biographien und alte Briefe benutzt, um komplexe menschliche Beziehungen zu klassifizieren. Die Freunde, über deren Beziehungen wir ausreichendes Material besitzen, geben kein repräsentatives Bild aller Salonteilnehmer. Wo auf dem angegebenen Spektrum eine Freundschaft anzusiedeln ist, hängt erstens mit der Art und Weise zusammen, wie erfolgreich jüdische Freunde sich die weltliche Kultur angeeignet hatten; zweitens mit der Persönlichkeit der beiden Freunde; und drittens mit dem ideologischen Standpunkt des nichtjüdischen Freundes gegenüber Judentum und Juden.

Es kann nun nicht darum gehen, die Beziehungen aller Salonteilnehmer untereinander nach einem abstrakten Muster zu bewerten, sondern wir wollen Beziehungen auswählen, an denen aufgedeckt werden kann, wie ein unterschwelliger Antisemitismus die Freundschaften innerhalb der Salongesellschaft vergiften konnte. Die Verbindungen von Henriette Herz mit nichtjüdischen Männern sind auf dem positiven Pol des Spektrums anzusiedeln. Nehmen wir zum Beispiel ihr Verhältnis zu Wilhelm von Humboldt. In den späten achtziger Jahren des 18. Jahrhunderts gehörten beide der geheimen Vereinigung Tugendbund an. Nachdem Humboldt 1791 geheiratet und Berlin verlassen hatte, distanzierte er sich von vielen seiner jüdischen Freunde, aber er traf sich mit Henriette Herz, wenn beide zufällig in derselben Stadt weilten. Als sie gegen Ende ihres Lebens als verarmte Witwe lebte, war es Wilhelm von Humboldt, der den König zu einer bescheidenen Pension für sie überredete. Henriette Herz verband außerdem eine langandauernde Beziehung mit Friedrich Schleiermacher, die viel tiefer war als die Verbindung mit Humboldt. Sie vermied es, so berühmt-berüchtigt wie Rahel Levin zu werden. Sie war mit einem prominenten und gesellschaftlich anerkannten jüdischen Arzt verheiratet und weigerte sich, vor dem Tod ihrer Mutter einen Nichtjuden zu heiraten. Zudem wußte sie sich durch distanziertes Verhalten Respekt zu verschaffen. Sie mied – anders als Rahel Levin – jede Intimität und weihte ihre nichtjüdischen Freunde nicht in persönliche Geheimnisse ein, die gegen sie verwendet werden konnten.

Als Beispiel dafür, wie prominente Adlige ihre jüdischen Freunde und Bekannten verteidigten, mag der Bericht Gustav von Brinkmanns in einem Brief an seine Vertraute, Julie von Voss, dienen, in dem er über ein Abendessen bei seinem Vorgesetzten, dem schwedischen Botschafter in Preußen, Herrn von Engstrom, berichtet. Brinkmann erzählt, daß die Engstroms »aus Angst vor den Christen« ursprünglich überlegt hatten, ihre jüdischen Freunde von der Einladung auszuschließen. Bei einem Treffen am frühen Abend hatte Frau von Engstrom ihre Vorsätze vergessen und spontan mehrere Juden eingeladen. Später amüsierten sich Brinkmann und sein Freund Friedrich Gentz über die gerümpften Nasen der adligen Gäste. Brinkmann erzählte voller Stolz, daß er absichtlich die meiste Zeit an diesem Abend mit der Salonière Sara Levy verbracht habe, damit sie sich nicht zurückgesetzt fühle. Auch machte er sich Sorgen darüber, wie Henriette von Arnstein, mit der er befreundet war, jemals einen adäquaten Partner finden könne. Er bedauerte die »vornehme Gemeinheit ihrer Umgebung« und rätselte, wie sie den Widerspruch zwischen ihren Pflichtgefühlen gegenüber ihrer Familie, die eine jüdische Ehe vorschrieb, und ihrer »sittlichen Ausbildung«, die einen nichtjüdischen Ehemann vorschrieb, lösen würde. Brinkmann zitierte voller Anteilnahme die besorgte Bemerkung von Henriette von Arnstein, sie wäre wohl glücklicher, wenn sie ein typisch jüdisches Mädchen wäre.

Die meisten Freundschaften unter den Salonteilnehmern waren widersprüchlicher. Wilhelm von Humboldt hing zum Beispiel sehr an seinem Studienfreund Israel Steiglitz. In den späten achtziger und frühen neunziger Jahren des 18. Jahrhunderts waren die beiden eng miteinander befreundet. Doch ihre Freundschaft bewahrte Steiglitz und seine Familie nicht vor Humboldts hochmütiger Verachtung. In einem Brief an einen anderen Freund verspottete Humboldt den Vater von Steiglitz wegen dessen »Schwachheiten, die den Halbkultivierten seiner Nation eigen sind: Geschwätzigkeit, Eitelkeit...«.

Humboldt beobachtete mit Mißbilligung den Zuwachs an Wohlstand bei denen, die ihm nahestanden, und warf dabei einen besonders kritischen Blick auf die Juden: Obwohl David Friedländer sein Privatbankier war und er mit ihm freundschaftlichen Umgang pflegte, registrierte er mit äußerstem Mißmut, daß Friedländer mehr Geld verdiente als seine Brüder, die bankrott gingen. Auch andere Adlige, die sich über den Schwund ihres Familienvermögens Sorgen machten, profitierten von ihren Verbindungen zu reichen Juden, wenngleich sie dieses oder jenes an ihnen auszusetzen hatten. Heinrich von Kleist traf 1802 in Berlin ein. In einem Brief an seine Schwester Ulrike berichtete er: »In Gesellschaften komme ich selten. Die jüdischen würden mir die liebsten sein, wenn sie nicht so pretiös mit ihrer Bildung täten. An dem Juden Cohen habe ich eine interessante Bekanntschaft gemacht, nicht so wohl seinetwillen, als wegen seines prächtigen Cabinets von physikalischen Instrumenten, das er mir zu benutzen erlaubt hat.«

Mit anderen Worten: Jüdische Freunde konnten in vielerlei Hinsicht nützlich sein, und freundschaftliche Beziehung zu ihnen bedeuteten keinesfalls, daß man sie nicht kritisierte. Selbst Gustav von Brinkmann teilte gelegentlich Seitenhiebe aus, was um so bemerkenswerter ist, weil gerade er, mehr als jeder andere, den aufgeklärten Adel in die jüdischen Salons einführte. 1802 schrieb er an Julie von Voss, daß mehr Geist auf dem »Judensopha« von Rahel Levin zu finden sei als irgendwo sonst in Berlin. In einem anderen Brief an Julie von Voss beschrieb Brinkmann in besorgtem und mitfühlendem Ton ausführlich die Probleme seiner jüdischen Freundinnen, wechselte darauf jedoch den Ton und sah den Grund ihrer Probleme in ihrem »Egyptischen Styl«, ihrem Mangel an »künstlerischer Vollendung« und Takt. Das intellektuelle und gesellschaftliche Ansehen Wilhelm von Humboldts war in Berlin unvergleichbar groß. Die Bewunderung Wilhelm von Humboldts zu verlieren bedeutete für eine ehrgeizige jüdische Frau, deren Weg zur offiziellen kulturellen Macht voller Hindernisse war, einen herben Verlust. Am Ende der neunziger Jahre, nach einem Jahrzehnt der Freundschaft mit Rahel Levin, begann sich Wilhelm von Humboldt von ihr zu distanzieren, seine Bemerkungen über sie verließen den Rahmen des Wohlwollenden. Die Abneigung seiner Frau Caroline für Rahel Levin spielte hierbei eine Rolle. Caroline von Dacheröden, die dem Tugendbund angehört hatte, als sie Anfang Zwanzig war, und zu verschiedenen jüdischen Salonfrauen engen Kontakt hatte, zog sich nach ihrer Hochzeit aus diesem Kreis zurück und verbarg ihre antisemitischen Ansichten nicht. Sie sah nun die Hauptaufgabe einer patriotischen deutschen Frau darin, Kinder in die Welt zu setzen, und distanzierte sich von dem Bestreben mancher Frauen, öffentliche kulturelle Macht zu erobern. Aber wie groß ihr Einfluß auf ihren Mann auch gewesen sein mag, es war Wilhelm von Humboldt, der die Abneigung für Rahel Levin öffentlich aussprach. Als sein Freund Friedrich Gentz ihn daran erinnerte, daß Rahel Levin die geistreichste Frau der Welt sei, erwiderte Humboldt: »Man muß auch des Geistes entbehren können.« Ein andermal nannte er Rahel Levin ein Monster. Als sie Karl August Varnhagen von Ense heiratete, stellte Humboldt die rhetorische Frage, ob es irgend etwas gäbe, was ein Jude nicht erreichen könne. Interessanterweise intervenierte Humboldt öffentlich für die Forderungen der preußischen Juden, zunächst beim Edikt der Emanzipation von 1812, später auf dem Wiener Kongreß; seine Schriften weisen ihn gar als Philosemiten aus. Doch scheint er Mischehen, die für Juden gesellschaftlichen Aufstieg bedeuteten, abgelehnt zu haben. Humboldts Bemerkung über die Eheschließung zwischen Rahel Levin und August Varnhagen bestätigt ein zentrales Thema dieses Buches: Sozialgeschichtlich gesehen waren die Mischehen eine objektive Errungenschaft, und an dieser Tatsache, und das heißt auch am Erfolg der Frauen in der Berliner feinen Gesellschaft, schieden sich die Geister.

Nach 1806 begannen prominente Berliner Intellektuelle, sich öffentlich von ihren jüdischen Freunden und Bekannten zu distanzieren. Antisemitische Äußerungen, die in den neunziger Jahren, als die jüdischen Salons noch mächtige Institutionen waren, hinter vorgehaltener Hand gemacht wurden, wurden jetzt laut ausgesprochen, als der Glanz der jüdischen Salonfrauen verblaßte. Dieser Wandel enthüllte sich dramatisch bei einem Vorfall im Jahr 1811, in den Achim von Arnim involviert war. Der Ort der Handlung war Sara Levys Salon, einer der wenigen noch existierenden jüdischen Salons. Achim von Arnim kam, um seine Frau Bettina abzuholen – und er erschien in Straßenkleidung, nicht im für einen Salonbesuch üblichen Anzug. (Sieben Jahre vorher waren die Beziehungen zwischen Arnim und der Levy-Familie so gut gewesen, daß er eine Wohnung in ihrem Haus mietete.) Der Neffe von Madame Levy, Moritz Itzig, war so beleidigt von der symbolischen Implikation der formlosen Kleidung, daß er Achim von Arnim zum Duell herausforderte, um die Ehre seiner Familie zu verteidigen. Arnim verweigerte das Duell mit der Begründung, daß kein Jude die für ein Duell erforderliche Ehre besitze. Moritz Itzig griff daraufhin Achim von Arnim tätlich an. Die Folge war ein berühmter Gerichtsprozeß. Arnims Verhalten und Itzigs Reaktion lösten damals heftige Diskussionen aus. Rahel Levins Bruder, Ludwig Robert, schrieb ein Theaterstück über diese Episode, in dem Itzig jedoch nicht ein Jude, sondern ein christlicher Bürger ist. Die Stimmung gegen die jüdischen Salons war so stark geworden, daß die jüdischen Salonières sogar in ihren eigenen Häusern nicht von symbolischen Angriffen verschont blieben, die öffentlich diskutiert wurden.

Der Krieg der Pamphlete

Acht Jahre vor dem Arnim-Itzig-Vorfall setzte eine Flut von Pamphleten ein, in denen die Errungenschaften angegriffen wurden, auf die die jüdischen Salonières besonders stolz waren. Das Pamphlet, das die heftigsten Kontroversen auslöste, stammte aus der Feder Karl Wilhelm Grattenauers, Justizbeamter in Berlin und Rechtsanwalt mit Privatkanzlei. Sein engster Freund unter den Salongästen war Friedrich Gentz. Im Gegensatz zu früheren Antisemiten, die als Bedingung für die Integration der Juden in die bürgerliche Gesellschaft die Aufgabe des Glaubens und der Lebensweise forderten, griff Grattenauer – ebenso wie Brinkmann und Humboldt – gerade die von den jüdischen Salonières repräsentierte erfolgreiche Assimiliation an. Grattenauers anti-assimilatorische Haltung bedeutete sowohl die Abkehr vom religiösen Antisemitismus als auch vom liberalen, »philosemitischen« Assimilationskurs.

Der führende Vertreter des religiösen Antisemitismus im Deutschland des 18. Jahrhunderts war Johann Eisenmenger, der in ›Entdecktes Judentum‹, das 1710 zum ersten Mal veröffentlicht wurde, seine Feindseligkeit gegen das Judentum aus seiner Interpretation des jüdischen Rechts und der jüdischen Religion herleitete, die doppelte Moral und zweischneidiges finanzielles Gebaren gegenüber Nichtjuden erlaubten, ja forderten. Die Bekehrung der Juden zum Christentum war in seinen Augen die einzige Lösung dieses Problems. Eisenmengers religiöser Antisemitismus ließ sich immer schwieriger aufrechterhalten, da die traditionelle jüdische Lebensweise immer weniger befolgt wurde und die jüdische Integration in die bürgerliche Gesellschaft voranschritt. Der neue, liberale und »philosemitische« Standpunkt ging nicht mehr von einem zeitlosen religiösen und rechtlichen »Wesen« des Judentums aus. Politische Emanzipation hieß die Lösung, die aus Juden Staatsbürger machen würde, flankiert von kultureller Anpassung und sozialer Integration. Trotz dieses entscheidenden Unterschieds sahen beide, religiöse Antisemiten und Liberale, in der Assimilation die einzige Lösung des jüdischen »Problems«.

Grattenauer begründete seine Ablehnung der Staatsbürgerschaft für die preußischen Juden damit, daß »die Natur und das Wesen des Judentums dem Zweck des Staates und der öffentlichen Wohlfahrt schädlich und höchst gefährlich sei«.

Er kam zu dem Schluß, daß zwischen Juden und dem modernen Staat ein Trennungsstrich gezogen werden müsse. Auch könne der »jüdische Geruch« weder durch Reichtum, elegante Kleidung noch durch den Umgang mit Prominenten getilgt werden. Der Erfolg der Juden in der feinen christlichen Gesellschaft – und dies trotz unverkennbarer rassischer Merkmale – war für Grattenauer unerträglich. Seiner Vorstellung zufolge sollte die Rasse statt die Religion zum wesentlichen Merkmal der Juden erhoben sowie der jüdische Erfolg bei der kulturellen Anpassung und sozialen Integration verdammt statt begrüßt werden. Grattenauer klagte die wohlhabenden Juden an, daß sie immense Summen für Luxus-Vergnügen ausgäben, statt ihren ärmeren »Brüdern und Schwestern« zu helfen. In einem zweiten Pamphlet, als Antwort auf einen seiner Kritiker geschrieben, kritisierte er erneut die Entfremdung der »eleganten Juden« von den orthodoxen Juden. Er hoffe, die Verschwendungssucht werde schließlich zur Verarmung der wohlhabenden Juden führen, was das Ende ihrer gesellschaftlichen Macht bedeuten werde, die einzig auf ihrem »unrechtmäßigen Reichthum« gründe. In diesem Pamphlet sagt Grattenauer auch, was er gegen die Berliner Salonfrauen hat: »Sie selbst bleiben dieselben, aber sie werden gelehrt – sich zu verstellen; ihre Weiblichkeit wird größthenteils vernichtet, indem man glaubt, sie zu bilden.« – »Sie lesen viele Bücher, sprechen mehrere Sprachen, spielen manche Instrumente, zeichnen in verschiedenen Formen, sticken in allen Mustern, und besitzen alles Einzelnes, was ihnen Anspruch auf Liebenswürdigkeit geben könnte.«

Die jüdischen Frauen, so Grattenauer, seien trotz ihrer äußerlichen Errungenschaften unfähig, die »Einzelheiten zu verbinden, und als Ganzes eine schöne Weiblichkeit darzustellen«. Ihnen fehle jegliche Anmut, was nicht verwundere, da sie die Nähe zur hohen Kultur nur deshalb suchten, um für die Männer attraktiver zu erscheinen. Doch weder Wohlstand noch Kultur, noch einflußreiche Freunde könnten den »Gestank« des Jüdischen ausmerzen. Weder in Paris, Berlin noch Wien könnten die jüdischen Frauen »Takt« lernen, auch wenn sie mit Prinzen, Grafen oder hohen Herren zusammen seien. Der Jude werde, so Grattenauer, seinem »jüdischen Wesen« nicht entkommen können, was sicherlich »bittere Thränen« bei manch »einsichtsvolle(m) Juden« auslösen werde. Er sehe voraus, daß er wegen seiner überaus negativen Ansichten über die noch immer mächtigen Größen der Salongesellschaft angeklagt werde. Eine Beleidigungsklage sei aber nur die Folge der »thörigt(en)« Hoffnung auf eine »integrale Vereinigung des Juden- und Christentums«.

Grattenauers Pamphlet wurde 1803 in Berlin begeistert aufgenommen und mehrere Male nachgedruckt. Das heißt: Noch bevor die Macht der jüdischen Salonières vom neuen Patriotismus bedroht wurde, wurden die sozialen und kulturellen Erfolge der Juden öffentlich angegriffen. Die Feindseligkeit gegenüber der Assimilation festigte und vertiefte sich in den folgenden Jahren, vor allem seit dem Oktober 1806. Am Ende schloß sich der Kreis: Die Feindseligkeit half die Salons zu zerstören, die wiederum Grattenauers Angriffe provoziert hatten. Dabei ist das historisch Neue an Grattenauers Attacke von 1803 entscheidend. Sein Antisemitismus war kein religiöser, der sich immer wieder in der Geschichte laut zu Wort meldete, wenn Juden zuviel Einfluß in der Gesellschaft gewannen. Grattenauer formulierte einen rassistischen, anti-assimilatorischen Antisemitismus als Antwort auf eine neuartige jüdische Prominenz.

Die von jüdischen Autoren veröffentlichten Antworten auf Grattenauers Pamphlet waren merkwürdig ambivalent. In einer Erwiderung wurde versucht, Grattenauers Angriffe als Beweis für die Wichtigkeit der Berliner Juden aufzufassen. Ein anderer Kommentar schlußfolgerte, Grattenauer habe den Berliner Juden ein großes Kompliment gemacht, »denn was ist es wohl anders, als die größte Lobes-Erhebung für die jetzt lebenden Juden, wenn man zu tadeln und herabzuwürdigen nichts anders hat, als dasjenige herbeizuholen, was in vergangenen Jahrhunderten geschehen sein soll.« Ein jüdischer Autor stimmte Grattenauer darin zu, daß das Benehmen der jüdischen Töchter ein Problem sei. Als Sprecher jüdischer Eltern erinnerte er seine Leser daran, wie sehr sich diese bemühten, dem luxuriösen Lebenswandel ihrer Töchter Einhalt zu gebieten, und wie wichtig es sei, den Töchtern das Zusammensein mit Personen zu verbieten, die sie niemals würden heiraten können.

Christlicher Patriotismus

Als die jüdischen Salondamen noch auf dem Höhepunkt ihrer Macht zu sein schienen, die ersten privaten Angriffe gegen sie geführt wurden und Grattenauers Pamphlet erschien, meldete sich ein neuer »christlicher Patriotismus« zu Wort. Nach 1806 konnte die Debatte um die jüdische Zukunft nicht mehr losgelöst von der Frage nach dem nationalen Schicksal Preußens und dem religiösen Charakter des Staates geführt werden.

Preußen hatte im Herbst 1805 seine neutrale Haltung gegenüber Frankreich aufgegeben. Dank seiner Neutralität hatte es seine eigenen territorialen Ambitionen im Norden Deutschlands durchsetzen können, ohne ein Satellit Frankreichs werden oder ihm den Krieg erklären zu müssen. Doch die Politik der Neutralität verlor immer mehr Anhänger. Kurz vor Österreichs Niederlage bei Austerlitz im Dezember 1805 war Preußen der dritten Koalition gegen Napoleon beigetreten. Kurz nach der Niederlage Österreichs machte Preußen eine diplomatische Kehrtwendung um 180 Grad, gab seinen Kampf gegen Napoleon auf und wurde ein Verbündeter Frankreichs. Die Patrioten im eigenen Land und die potentiellen Verbündeten im Ausland waren dadurch zutiefst verletzt. Als jedoch im Sommer und Herbst 1806 offensichtlich wurde, daß Preußen nicht wie ein gleichberechtigter Verbündeter behandelt würde, erklärte Preußen am 9. Oktober Frankreich den Krieg. Die preußische Armee erlitt eine schnelle und bittere Niederlage. Ende Oktober hatten Napoleons Truppen Berlin erreicht.

Der königlichen Familie und den wichtigsten Ministern gelang die Flucht nach Königsberg. Napoleon unterbreitete ein hartes Waffenstillstandsangebot. Sein Ziel war, Preußen seiner westlichen Gebiete zu berauben und einen Bruch zwischen Preußen und Rußland einerseits sowie den kleineren deutschen Staaten andererseits zu provozieren. Doch Friedrich Wilhelm III. verweigerte jegliche Vertragsverhandlungen. Preußen schloß sich der antinapoleonischen Koalition an. Im Sommer 1807 stand die Existenz Preußens auf dem Spiel. Rußland war im Juni geschlagen worden. Preußen kam der Absicht Napoleons entgegen, die Okkupation in eine Annexion zu verwandeln. Aber an Rußlands Druck, das einen Pufferstaat zwischen sich und Frankreich behalten wollte, scheiterten Napoleons Pläne. In Preußen herrschte ökonomisches und politisches Chaos. Mit dem Tilsiter Frieden verlor Preußen seine restlichen Westgebiete und mußte hohe Kriegsentschädigungen leisten; die französischen Truppen verließen die östlichen Teile Preußens, wohin die Königsfamilie und die wichtigsten Beamten geflohen waren. Die Bargeldzahlungen an Frankreich und die Blockade gegen die Ausfuhr von preußischem Getreide zeitigten rasch katastrophale Folgen. Hinzu kam, daß 150000 französische Soldaten im Lande waren.

Preußens Lage stärkte den neuerwachten Patriotismus der politischen Elite und ihre Opposition gegen die Haltung des preußischen Staates. Anfang Oktober berief Friedrich Wilhelm III., unter dem Einfluß seiner Frau, Königin Luise, und des mächtigen von Hardenberg Stein ins Ministeramt zurück, von dem er ein Jahr zuvor suspendiert worden war. In den folgenden vierzehn Monaten setzte Stein bedeutende Reformen durch. Die rechtlichen Grundlagen für eine ministerielle Eigenverantwortung, die die Willkürherrschaft der Krone einschränken sollte, wurden geschaffen, ebenso für die Begrenzung der adligen Herrschaft über den Bauernstand. Die politische Elite, die sich auf den Lorbeeren von Friedrich dem Großen ausgeruht hatte, begann langsam zu erwachen.

Zur gleichen Zeit, also im Jahr 1807, erreichte der napoleonische Staat den Höhepunkt seiner Macht auf dem europäischen Kontinent. Gegen Ende des Jahres mehrten sich die Anzeichen, daß Frankreich die Kontrolle über die annektierten Provinzen, Satellitenstaaten und Zwangsalliierten verlor. Die Besatzungstruppen und die Dienstverpflichtung der Einwohner weckten bei der örtlichen Bevölkerung Widerstand. Hinzu kamen Kriegsentschädigungen in Form von Bargeldzahlungen und das durch die Kontinentalsperre gegen England angerichtete ökonomische Chaos. Doch Napoleons Siegesserie hielt noch an. Im Februar 1808 hatten französische Truppen Rom eingenommen, einen Monat später exkommunizierte der Papst Napoleon. Im Mai folgten die Aufstände in Spanien, und England schloß sich dem Kampf gegen Napoleon an Spaniens Seite an. Napoleon und Zar Alexander trafen sich im

September und Oktober 1808 in Erfurt: Der Krieg in Spanien machte den Truppenabzug aus Preußen erforderlich, und Napoleon brauchte ein ihm wohlgesonnenes Rußland, das ein Auge auf Preußen, Frankreichs unberechenbaren Bündnispartner, werfen sollte. Napoleon zog seine Truppen aus Preußen ab, nicht ohne erneute Forderungen an Preußen zu stellen: mehr Geld, Begrenzung des preußischen Heeres auf 42 000 Mann und Eintritt in eine Allianz gegen Österreich. Die letzte Forderung traf den Nerv einer virulenten Entwicklung im Blick auf ein gemeinsames Handeln von Preußen und Österreich gegen Napoleon: Die preußisch-österreichische Allianz entstand erst 1813.

Die entscheidenden Veränderungen in Preußen fanden nicht auf der diplomatischen Bühne und nicht auf dem Schlachtfeld, sondern im inneren politischen und intellektuellen Bereich statt. Im November 1808 trat eine neue, progressive Ständeverordnung in Kraft. Die Armee wurde reorganisiert, Bürgerliche konnten von nun an Offiziere werden, und die Prügelstrafe wurde abgeschafft. Anfang des Jahres hielt Johann Gottlieb Fichte seine ›Reden an die deutsche Nation‹ an der königlichen Akademie der Wissenschaften. Äußerlich lag Preußen immer noch in Ketten, aber es schien, als ob die Niederlage die Basis für eine nationale, patriotische Erneuerung sei und die preußische Elite beflügele.

Napoleons Hegemonie auf dem europäischen Kontinent war seit 1809 immer stärker bedroht. In Westfalen, Hannover, Hessen, Brandenburg und Tirol kam es zu Aufständen. Österreich forderte Preußen auf, sich dem gemeinsamen Kampf anzuschließen. Preußen lehnte ab. Im April erklärte Österreich Frankreich den Krieg. Napoleon, der seine Truppen nach Spanien gezogen hatte, mußte ein neues Heer gegen Österreich, dem England zu Hilfe kam, aufstellen. Im Sommer errang diese Koalition einige wichtige Siege, doch schon im Herbst war Österreich geschlagen. Die harten Friedensbedingungen von Schönbrunn ähnelten den Demütigungen, die Preußen 1807 mit dem Tilsiter Friedensabkommen hinnehmen mußte. Zu den Rückschlägen an den diplomatischen und militärischen Fronten im Kampf gegen Napoleon kamen die Schwierigkeiten bei der Reformierung der sozialen und rechtlichen Strukturen Preußens. Im November 1809 entließ der König Minister von Stein und unterband die Reformbestrebungen weitestgehend. Steins Sinn für radikale Reformen hatte die konservativen Junker verschreckt. Doch waren es seine antifranzösischen Ziele, die zu seiner Entlassung führten. In einem Napoleons Geheimdienst in die Hände gefallenen Brief breitete Stein seine Pläne für eine Geheimorganisation aus, die den antinapoleonischen Widerstand in Preußen aufbauen sollte. Napoleon bestand auf der sofortigen Entlassung Steins, und Friedrich Wilhelm fügte sich. Stein ging zunächst nach Österreich, später nach Rußland. Gemäßigte Reformer unter der Führung Karl August von Hardenbergs kamen nun an die Macht. Die Junker hatten dank Napoleon über die Radikalreformer einen Sieg davongetragen.

Eine vereinigte Allianz gegen Napoleon blieb weiterhin eine trübe Hoffnung. Die Zwangsalliierten waren untereinander zerstritten und verhielten sich Napoleon gegenüber – zumindest nach außen hin – ruhig. Die Beziehungen zwischen Frankreich und Rußland waren scheinbar freundlich, aber Spannungen bauten sich auf, denn die opportune Vermählung zwischen dem Hause Habsburg und Bonaparte weckte die Eifersucht und das Mißtrauen des Zaren. Napoleon wiederum war verärgert, weil Rußland Zolltarife aufgestellt hatte, die für Importe aus den englischen Kolonien günstig, für französische Importe dagegen ungünstig waren. Er verweigerte Rußland daraufhin einen Kredit. 1811 war das Verhältnis so weit zerstört, daß es zu einem formalen Bruch der Allianz kam, und Napoleon befahl im Frühjahr 1812 die Invasion in Rußland. Frankreichs Niederlage gegen Rußland zog die breiteste antinapoleonische Koalition nach sich, die es je gegeben hatte. Zum ersten Mal seit 1792 kämpften Preußen und Österreich gemeinsam gegen Frankreich. Preußens Befreiungskrieg gegen Frankreich 1813 und 1814, der erste populäre Kampf Preußens gegen eine fremde Macht, spielte eine entscheidende Rolle bei der Herausbildung eines modernen preußischen Nationalstaates. Doch die Zeit zwischen dem Oktober 1806 und dem Wiener Kongreß 1815, auf dem die Macht in Europa neu verteilt wurde, war für Preußen auch eine Zeit der Wirren: Eine Inflation stürzte viele in den finanziellen Ruin; Freunde und Familien wurden durch vom Staat und dem Militär verordnete Umsiedlungen getrennt; die neue antinapoleonische Politik war für viele, die einst die Französische Revolution begrüßt hatten, nicht nachvollziehbar.

Stein und Hardenberg gehörten zu den Adligen, die in der veralteten Gesellschaftsstruktur Preußens einen der Hauptgründe der militärischen Katastrophe sahen und deshalb Preußen von oben, durch Modernisierung seiner sozialen und politischen Strukturen, reformieren und stärken wollten. Andere eher konservative Adlige, die ihre materiellen Interessen durch die Hardenberg-Reformen bedroht sahen, argumentierten, daß Preußen seine militärische Macht nur durch Stärkung seiner traditionellen sozialen Strukturen wiedergewinnen werde. Die Erniedrigung Preußens im Jahr 1806 setzte also explosive Debatten in Gang, die jede Tagesfrage mitberührten. Was zur Revolution in Frankreich und damit zur Okkupation Preußens und seiner Demütigung geführt haben könne, all dies wurde diskutiert: Die Themen reichten von der Vernunft zum Irrationalen, von der französischen Haar- zur französischen Kleidermode, vom Kosmopolitismus zur deutschen Einheit, vom Landbesitz der Bauern bis zur sozialen Rolle der Frau in Preußen. Unter der französischen Besatzung und der ideologischen Umwälzung gingen die jüdischen Salons in Berlin allmählich ihrem Ende entgegen. Wichtige Persönlichkeiten verließen die Stadt, entweder um sich der preußischen Regierung im Königsberger Exil anzuschließen oder nur um den Entbehrungen zu entfliehen. Ihre Plätze nahmen in einigen Salons französische Beamte im Dienst der Verwaltung der Besatzungsmacht ein. Die »Ästhetischen Tees« der Rebecca Friedländer scheinen ab 1806 hauptsächlich von ihren französischen männlichen Freunden besucht worden zu sein, die meistens Literaten und Beamte waren. Die Anwesenheit von Franzosen hatte zur Folge, daß die patriotischen Salongäste ausblieben.

Die Grenzen, die der Geselligkeit unter der Besatzung gesetzt waren, dehnten sich nach 1808 aus, als die französischen Truppen von Preußen nach Spanien geschickt wurden. Doch viele inzwischen nach Berlin zurückgekehrte Gäste suchten die jüdischen Salons nicht mehr auf. Rahel Levins Salon durchlief den dramatischsten Niedergang, der nur zum Teil durch eine inzwischen reduzierte Erbschaft forciert wurde, die ihr die stilgerechte Aufnahme der Gäste nicht mehr ermöglichte. Wichtige Freunde, zu denen Friedrich Gentz sowie Wilhelm und Caroline von Humboldt gehörten, trennten sich in beinah öffentlicher Form von ihr. Die Jahre 1807 und 1808 waren die einsamsten ihres Lebens. Anfang 1808 schrieb sie einem Freund klagend: »Bei meinem ›Teetisch‹... sitze nur ich mit Wörterbüchern; Tee wird gar nicht bei mir gemacht, außer alle acht oder zehn Tage, wenn sich Schack, der mich nicht verlassen hat, welchen fordert. So ist alles anders! Nie war ich so allein.«

Die Isolation der jüdischen Salondamen war nicht nur eine Folge des neuen Patriotismus. Und dieser allein hatte auch nicht die Schließung aller Salons oder die Zerstörung des Salons als Institution zur Folge. Einige jüdische Salonières schlossen schon vor 1806 ihre Türen: Henriette Herz, weil sie nach dem Tod ihres Mannes 1803 verarmte; 1804 Philippine Cohen, nachdem ihr Mann wegen Bankrott die Stadt verlassen hatte. Und wir dürfen nicht vergessen, daß einige jüdische Salons nach 1806 fortbestanden: zum Beispiel der Salon der Sara Levy und der Salon der Amalie Beer.

Obwohl viele Salonières aus persönlichen oder politischen Gründen ihre Empfänge einstellten, blieb der Salon als Institution bestehen. Ein Kreis konservativer adliger Familien lud adlige Gäste zu sich ein, die viel prominenter waren als die Gäste der jüdischen Salons in den achtziger und neunziger Jahren. Friedrich von Stägemann, ein ranghoher Verwaltungsbeamter, und seine Frau Elisabeth empfingen regelmäßig. Die Schwester von Bettina von Arnim, Kunigunde, und ihr Mann Friedrich von Savigny hatten viele ehemalige Gäste jüdischer Salons bei sich zu Gast. Fürst Anton Radziwill und seine Frau Luise, die Schwester von Prinz Louis Ferdinand, führten ebenfalls ein offenes Haus. Eine besondere Attraktivität des Radziwill-Salons waren die im Privattheater der Familie aufgeführten Stücke. Hier wurden auch einige Stücke von Heinrich von Kleist zum ersten Mal gespielt, die vom Berliner Staatstheater meistens abgelehnt worden waren. Auch die Gräfin Julie von Voss, Tochter der Hofdame Caroline von Berg und enge Freundin Gustav von Brinkmanns, eröffnete einen exklusiven Salon, den Adlige in den Jahren nach 1806 gerne besuchten.

Diese neuen, adligen Salons belegen, daß die französische Besatzung bestimmte gesellschaftliche Bedürfnisse, die die Salons befriedigten, nicht knebelte. Solange es zwischen Ständen einen Austausch von Status und Wohlstand gab, die intellektuelle Elite klein war und sich keine Gelegenheiten zu einem informellen, öffentlichen Beisammensein boten, erhielt sich das Bedürfnis nach Salons oder ähnlich gearteten Einrichtungen. Ein ideologischer Wandel konnte jedoch radikale Auswirkungen darauf haben, in welchen Häusern Salons stattfanden, wie sich die Gäste zusammensetzten und welche Alternativen zu den Salons entstanden. Die neue patriotische, christliche und antisemitische Ideologie veränderte die Salongesellschaft in allen drei Bereichen.

Im Jahr 1811 tauchte ein Gegensalon auf, der eine den jüdischen Salons ähnliche Funktion übernahm, dessen Teilnehmer sich aber in Stil und Wertvorstellungen von den Teilnehmern der jüdischen Salons unterschieden. Dieser Gegensalon nannte sich ›Christlich-Deutsche Tischgesellschaft‹ und schloß Juden, auch konvertierte, ausdrücklich aus. Eines der Hauptziele seiner Gründer war der Boykott der wenigen verbliebenen jüdischen Salons, die die vergangenen fünf Jahre französischer Besatzung überstanden hatten.

Die ›Deutsche Tischgesellschaft‹, die von 1810 bis 1813 bestand, war von großer Bedeutung. Mit ihr werden Achim von Arnim, Heinrich von Kleist, Clemens von Brentano und Adam Müller in Verbindung gebracht, alle eifrige Verfechter der traditionellen Rechte des Adels. Arnim und Kleist waren Söhne verarmter Junker, Brentano der Sohn eines Kaufmanns aus Frankfurt am Main, Müller stammte aus einer Pfarrers- und Beamtenfamilie. Als sich die vier jungen Männer in Berlin zusammenfanden, hatten sie sich schon als Intellektuelle ausgewiesen. Wichtig für die Entstehung der Tischgesellschaft und den Niedergang der jüdischen Salons war, daß die vier die gleichen leidenschaftlichen Ansichten zu den brennenden Fragen der Zeit hatten. Alle standen der kulturellen und ökonomischen Macht der Juden in Berlin mehr als kritisch gegenüber. Sie waren Gegner der Französischen Revolution und hofften, daß die exilierte preußische Monarchie den militärischen Kampf gegen Napoleon wieder aufnehmen würde. Alle vier kritisierten die Reformpläne Steins und Hardenbergs. Ein beliebter Treffpunkt für Männer aller Schichten war die ›Liedertafel‹, 1808 gegründet vom führenden Komponisten, Direktor der Singakademie in Berlin und leidenschaftlichen Patrioten Karl Zelter. Durch gemeinsames Singen hoffte man, das Nationalgefühl und die Monarchie zu stärken. Als Friedrich Wilhelm III. 1810 aus dem Königsberger Exil nach Berlin zurückkehrte, organisierte die Liedertafel eine Willkommensfeier.

Die von Kleist herausgegebene Tageszeitung ›Berliner Abendblätter‹ – sie erschien nur zwei Jahre lang, 1810 und 1811 – war ein populäres Organ zur Verbreitung der neuen

Ideologie. Im Gegensatz zu den offiziellen pro-französischen Zeitungen, die zweimal wöchentlich erschienen und vor allem Auslandsnachrichten brachten, kaum Kulturberichte, wurden in den ›Berliner Abendblättern‹ mit satirischen Artikeln kulturelle Ereignisse der Stadt sowie national-politische Themen aufgegriffen. Man wollte die Hardenberg-Regierung zum Widerstand gegen Frankreich herausfordern und von den Reformplänen abbringen. Aus diesem Grund verbot die Regierung im Dezember 1811 die Zeitung, trotz der Intervenierungsversuche durch die einflußreichen adligen Mäzene des Blattes und trotz einer Reihe von Kompromißangeboten. Zu diesem Zeitpunkt hatte sich schon in royalistischen und ministeriellen Kreisen Sympathie für den radikalen Anti-Napoleonkurs der Zeitung herausgebildet. Es dauerte nicht mehr lange, bis die Mächtigen Preußens sich entschlossen, den Franzosen den Kampf anzusagen. Damals war der Patriotismus des Kreises um die ›Berliner Abendblätter‹ zu radikal für die preußische Rumpfregierung.

In den Jahren, in denen Kleist, Arnim, Brentano und Müller den patriotischen Geist der Preußen zu wecken gedachten, bemühten sie sich auch um die Konsolidierung eines Kaders von gleichgesinnten Intellektuellen. Am Ende dieser Bemühungen verschickte Achim von Arnim Einladungen zum ersten Treffen der ›Deutschen Tischgesellschaft‹ an sechsundvierzig Berliner, die keineswegs repräsentativ für die Gesamtbevölkerung waren oder für die Gruppe der hundert Personen, die an den Salongesellschaften teilgenommen hatten. Die Satzungen der ›Deutschen Tischgesellschaft‹ schlossen bestimmte Gruppen aus. Keine Juden (auch keine konvertierten Juden), keine Frauen und keine »Philister« durften an dem jeden Donnerstag stattfindenden Mittagessen in einem Berliner Lokal teilnehmen. Auf der Liste der Eingeladenen finden sich viele Prominente. Zwanzig Männer waren adlig; unter den Bürgerlichen befanden sich wichtige Männer der Stadt, zu denen Friedrich von Stägemann, Karl Zelter, Hans Genelli (ein führender Architekt) und Johann Gottlieb Fichte gehörten. Der Verleger und Buchhändler Edward Julius Hitzig, der konvertierte Sohn von Isaac Daniel Itzig, war auch der Verleger der ›Berliner Abendblätter‹: Hitzig schloß man von dem neuen Verein aus, weil er konvertierter Jude war. Zudem war er ein Anhänger der Hardenbergschen Reformpläne. Hinzu kam der Streit ums Geld: Kleist und seine Kollegen von den ›Abendblättern‹ waren überzeugt, daß Hitzig sie finanziell ausbeute. Hitzigs Freunde, der Buchhändler Johann Sander und der verarmte Schriftsteller Friedrich Buchholz, wurden ebenfalls nicht eingeladen: Buchholz, weil er ein Kritiker der von ihm als »feudalistisch« bezeichneten Tendenz der ›Abendblätter‹ war; zudem weigerte er sich konsequent, in prominenten Kreisen zu verkehren. Andere Freunde von Hitzig, der sogenannte ›Polarsternkreis‹, zu dem Ludwig Robert und Karl August Varnhagen von Ense gehörten, wurden ebenfalls nicht eingeladen: Arnim und Brentano erklärten die Politik des gesamten Polarsternkreises schlichtweg für »unreif«.

Die Gründung der ›Deutschen Tischgesellschaft‹ stellte einen Angriff auf den jüdischen Salon dar. Den von ihr praktizierten Ausschluß von Juden und Frauen kann man nicht mit den gelegentlichen Ausschlüssen aus den intellektuellen Vereinen in den siebziger und achtziger Jahren vergleichen, da damals die kulturelle und gesellschaftliche Position der jüdischen Elite von Berlin noch nicht so avanciert war. Die Angriffe der patriotischen Intellektuellen zielten direkt auf die von Grattenauer angeprangerten, in die bürgerliche Gesellschaft integrierten Juden, die sich ihrer Sündenbock-Funktion durchaus bewußt waren. Auch die Zeit der Zusammenkünfte – ein Mittagessen an einem Wochentag – kann als ein Angriff auf die Salonkultur gewertet werden: Die spätabendlichen Salontreffen kamen den weniger Privilegierten, die tagsüber arbeiten mußten, gelegen.

Der neue Verein erfüllte einige soziale und intellektuelle

Funktionen, die ehedem die Salons wahrgenommen hatten. Mitglieder lasen ihre Manuskripte bei den mittäglichen Versammlungen laut vor und stellten sich der Kritik. Hier las Clemens von Brentano sein Manuskript ›Die Philister‹ vor, dessen Antisemitismus deutlich genug war. Das Zusammentreffen von bürgerlichen und adligen Männern bei diesen Vereinssitzungen war, wie schon bei intellektuellen Vereinen und den Salons, dem gesellschaftlichen Aufstieg förderlich. Ob nun in der ›Deutschen Tischgesellschaft‹ mehr adlige Intellektuelle sich zusammenfanden und sich engere Freundschaften zwischen Adligen und Bürgerlichen bildeten als je zuvor in einer Vereinigung – diese Behauptung zu prüfen würde den Rahmen dieses Buches sprengen. Wie dem auch sei: Im Gegensatz zu vielen adligen Autoren der Salons, deren bevorzugte literarische Gattung der Roman war, favorisierten die zur Tischgesellschaft zählenden Adligen Abhandlungen und Satiren.

Die politischen Ereignisse dieser Jahre ließen adlige Intellektuelle für die traditionellen Rechte ihres Standes mit der Feder kämpfen. Der Kreis der Frühromantiker um die Gebrüder Schlegel, Friedrich Schleiermacher und Ludwig Tieck hatte den Rationalismus und Universalismus der Aufklärung unter der Fahne des Irrationalen und der Geschichtsverbundenheit angegriffen und dadurch den Nationalismus des Kreises um die »Deutsche Tischgesellschaft« vorbereitet. Mit der preußischen Niederlage 1806 entflammte unter diesen Intellektuellen die Begeisterung für den Nationalstaat, wobei die Macht der französischen Nation unter Napoleon das nationalistische Feuer schürte. Das Heilige Römische Reich Deutscher Nation existierte nicht mehr – das zentrale Projekt der deutschen Nationalisten richtete sich nun darauf, Preußen die Hegemonie über die vielen deutschen Kleinstaaten zu sichern. Der preußische Staat, der den Gründern der »Deutschen Tischgesellschaft« vorschwebte, sollte zudem ein konservativer und christlicher Staat sein. Eine antisemitische und antifranzösische Haltung implizierte aber kein konservativ-christliches Denken. Zum Beispiel Friedrich Buchholz: Er attakkierte einerseits die ›Berliner Abendblätter‹ und verteidigte gegen diese Adam Smith; andererseits erwuchs gerade aus seinem radikal-demokratischen Nationalismus seine Opposition gegen die jüdischen Salons, die er mit den Teilnehmern der ›Tischgesellschaft‹ teilte. Der konservativ-christliche Patriotismus der ›Tischgesellschaft‹ gewann unter den Berliner Intellektuellen immer mehr Macht und beeinflußte gravierend das Schicksal der jüdischen Salons und die Politik Preußens im 19. Jahrhundert.

Die Vision vom preußisch-christlichen Staat stellte auch einen Angriff auf die Form der Geselligkeit und die gesellschaftliche Mobilität dar, die mit den jüdischen Salons verbunden wurden. Selbst Friedrich Wilhelm III. machte ausdrücklich den moralischen Verfall für den militärischen Zusammenbruch Preußens 1806 verantwortlich, ein Verfall, der in seinen Augen von der sozialen Mobilität der vorausgegangenen Jahre und der daraus resultierenden Unzufriedenheit ausgelöst worden war. Diese Vision konterkarierte das ursprünglich liberale Projekt, dem untergeordneten Status der jüdischen Gemeinde ein Ende zu setzen, indem die Juden zu Staatsbürgern erklärt wurden. Der Druck auf jüdische Bürger, zum Christentum überzutreten, nahm zu.

Der Traum vom christlichen Staat war auch eine Reaktion auf die jüdischen Erfolge in dieser Ära, die die behauptete Überlegenheit des Christentums bedrohten. Die Antwort der konservativen, christlichen Patrioten auf die erfolgreiche kulturelle Integration der Juden war ein verstärkter Hinweis auf die Bedeutung und herausragende Stellung der christlichen Religion.

So setzten sich zwar die liberalen Junker auf dem sozialen Feld durch, aber die Konservativen trugen den Sieg bei der Definition des Staates als eines christlichen statt weltlichen davon. Dieser Sieg hatte schwerwiegende Folgen für die jüdischen Salons und für die nachfolgenden Generationen preußischer Juden. Wenn der preußische Staat des 19. Jahrhunderts als ein weltlicher definiert worden wäre, wären im Zuge des liberalen Projektes, Juden als »Staatsbürger mosaischen Glaubens« anzuerkennen, Juden gleichberechtigte Bürger geworden. Aber da der Staat gleich von Anfang an als ein christlicher definiert wurde, konnte ein Jude »nur« ein weltlicher Staatsbürger werden, per definitionem nie ein wirklicher Preuße.

Epilog

Der Niedergang der jüdischen Salons war ein bedeutsamer Verlust – nicht nur für die Frauen, denen die Salons Popularität bescherten, sondern auch für weitere Kreise der preußischen Gesellschaft. Die Zahl der am Salonleben Beteiligten war zwar klein, aber die symbolische Bedeutung eines sozial so heterogenen Kreises war groß. Sicherlich könnte man einwenden, daß der gesellschaftliche Ruhm, den sich die Salondamen erwarben, keine echte Emanzipation war, daß die Frauen soziale Integration und kulturelle Macht mit Aufgabe ihrer Familienbande und ihres Glaubens bezahlten. Aber wie man die Emanzipation der Salondamen im einzelnen auch bewerten mag, die jüdischen Salons stellten fraglos eine wichtige Errungenschaft dar. Wer behauptet, daß die jüdischen Salons durch die Welle von philosemitischen versus antisemitischen Debatten getragen wurden, der verkehrt die tatsächliche Reihenfolge. Denn diese philosemitischen versus antisemitischen Diskussionen wurden von Intellektuellen initiiert, die auf die Existenz der jüdischen Salongesellschaft reagierten. Der rasche Erfolg der jüdischen Salondamen legte den Widerspruch zwischen der gesellschaftlichen Anerkennung der Juden und der Tatsache offen, daß sie nicht im Besitz aller Bürgerrechte waren. Insofern leisteten die Salondamen einen wichtigen Beitrag zur politischen Emanzipation der Juden. Das Emanzipationsedikt von 1812 war ein politischer Triumph für die Juden, der von den liberalen Philosemiten vorangetrieben worden war. Es verlieh wohlhabenden Juden in Berlin die Bürgerrechte, erlaubte Juden, sich überall frei zu bewegen, und schaffte die Sondersteuern für die jüdische Gemeinde ab. Es wurde damals als ein Versuch beschrieben, die Diskrepanz zwischen dem gesellschaftlichen und dem staatsbürgerlichen Status der Juden zu überwinden.

Andererseits: Der Niedergang der Salons fiel gerade in dieses Jahrzehnt, und die Ursachen dieses Niederganges lagen nicht nur in äußeren Ereignissen, wie Okkupation und Krieg. In den Jahren dieses bemerkenswerten Fortschritts im sozialen und politischen Leben der Juden kam im Herzen der Salongesellschaft eine antisemitische Tendenz zu Wort, die ihren gesellschaftlichen Erfolg unterminierte und zerstörte und schließlich zur Gründung der »Deutschen Tischgesellschaft« führte.

Jahrhundertelang hatten Antisemiten die Juden angegriffen, weil sie Juden bleiben und nicht konvertieren wollten. In den Berliner Salons trafen sich Nichtjuden mit wohlhabenden Juden, die zum Christentum übertraten und Mischehen eingingen. Damit schien sich auch die Vision einer Assimilation zu erfüllen, die von philosemitischen Nichtjuden und radikalen jüdischen Reformern gehegt wurde. Und nun griffen prominente nichtjüdische Salongäste – zu denen auch bekannte Liberale gehörten – gerade diese Assimilationsmaßnahmen an. An dem Ort, wo soziale Integration Wirklichkeit wurde, mokierte sich mancher darüber, und es entstand eine gegenläufige Tendenz.

Wenn man dies mitbedenkt, stimmt dann die Ansicht, daß der gesellschaftliche Erfolg der Salons zum Zugeständnis politischer Rechte im Jahr 1812 führte? Eine Bemerkung Wilhelm von Humboldts deutet darauf hin, daß die liberale Position widersprüchlich war. 1810 schrieb Humboldt seiner Frau: »Ich arbeite aus allen Kräften daran, den Juden alle bürgerlichen Rechte zu geben, damit man nicht mehr aus Generosität in die Judenhäuser zu gehen braucht. Sie lieben mich aber auch gar nicht.«

Humboldt scheint den gesellschaftlichen Akt, nämlich den Besuch jüdischer Salons, mit dem politischen Akt, dem Eintreten für die bürgerliche Gleichstellung von Juden und christlichen Staatsbürgern, gleichgesetzt zu haben. Er besuchte die jüdischen Salons, setzte sich für die Rechte der Juden innerhalb der preußischen Bürokratie und später auf dem Wiener Kongreß ein. Doch seine Unterstützung war großenteils auf allgemeine Ziele gerichtet, denn nachdem er seinen Beitrag zur politischen Gleichheit der Juden geleistet hatte, zog er sich selbst aus den jüdischen Salons zurück.

Humboldts Kommentar nahm einen Trend vorweg, der sich in den kommenden Jahrzehnten entfaltete. Nachdem der Anteil der jüdischen Prominenz in der feinen Gesellschaft stark zurückgegangen war, rückte ins Blickfeld von liberalen Nichtjuden und jüdischen Reformern weniger der gesellschaftliche, vielmehr der politische Status der Juden: Ihr Ziel war es, das mit dem Edikt von 1812 Erreichte auszubauen. Das bedeutete auch, daß das allgemeine politische Ziel sich an die Stelle von privatem gesellschaftlichem Zusammensein, Freundschaften eingeschlossen, setzte. Anders gesagt: Die Blütezeit der jüdischen Salons fiel in eine Zeit, als jüdische Angelegenheiten noch nicht explizit in politische Termini gefaßt wurden. Die gesellschaftliche Geste hatte eine symbolische politische Bedeutung, implizierte aber keine definitive politische Aussage: Die christliche Vision vom Staat schwebte noch nicht im politischen Raum.

Die Vorbehalte, die sogar die Liberalen gegenüber den Juden hegten, waren ein wichtiger Grund, warum der gesellschaftliche Ruhm der Salondamen sich nicht ins 19. Jahrhundert fortsetzte. Sie erklärten zum Teil auch, warum sich der Kampf um politische Emanzipation so sehr in die Länge zog. Hinzu kam dann die konservative Vision vom christlichen Staat, die auch von manchem favorisiert wurde, der die konservative Ideologie nicht vollständig teilte.

Der Erfolg der Salondamen war nur von kurzer Dauer. Das hatte auch objektive soziale Gründe: Die literarische Szene entwickelte sich in einer Weise, die es wohlhabenden Frauen immer schwerer machte, kulturelle Macht auszuüben, ohne zu publizieren. Je größer die Schicht der Intellektuellen und das Lesepublikum wurden, desto größer wurde auch der soziale und intellektuelle Abstand zwischen den beiden Gruppen, wodurch sich die Kommunikation zwischen publizierenden Intellektuellen und ihren Lesern stärker formalisierte. Einerseits war das Verschwinden des Salons als eines öffentlichen Raums ein entscheidender Verlust für die wohlhabende Dilettantin. Andererseits entstanden im Zuge der anwachsenden Intellektuellenschicht eine Reihe von Einrichtungen, die Funktionen des Salons erfüllten. Dem Leser standen Zeitungen, Zeitschriften, Vorlesungen, Büchereien, Museen, Theater und Kaffeehäuser zur Verfügung; den Intellektuellen die wiederbelebte Universität, Berufsverbände, Journalistenvereinigungen, politische Parteien und das Parlament, wo sie Ideen austauschten und öffentliche Macht ausüben konnten.

Das intellektuelle Leben ging weiter, auch ohne die Salons. Zurück blieben die Salonières, die mit dem Salon eine besondere öffentliche Bühne verloren. Hinzu kam der Rückzug des preußischen Adels aus dem städtischen intellektuellen Leben. Er nahm bürgerlichen Frauen die Chance, mit Adligen zusammenzukommen und deren Lebensstil zu imitieren. Doch er war nicht die einzige Ursache für die Zerstörung der literarischen Rolle der Salondamen, da die kulturelle Macht einer Adligen in Preußen immer schwach gewesen war. Die Ideologie war entscheidend, das heißt die patriotische Begeisterung in den Jahren nach 1806. Der französische Lebensstil wurde verdammt und die Emanzipation der Salonfrauen von der Familie, das heißt von Familienbanden, Mutter-Bild und Kinder gebären, kritisiert. Das waren keine speziell preußischen Töne. In ganz Europa und auch in Amerika wurden damals die Frauen wieder zur Häuslichkeit und zur Kinderaufzucht ermahnt: Sie würden dem Staat am besten dienen, wenn sie Kinder gebären und Soldaten heranziehen würden. Durch diese Betonung von Familie und Mutterschaft wurden Mesalliancen über Standesgrenzen hinweg immer weniger akzeptabel, zumal der Adel sich konsolidiert hatte und folglich keine ökonomischen Motive mehr für derartige Verbindungen bestanden. Literarische Karrieren wurden für Frauen immer schwieriger.

Wenn wir uns abschließend fragen, welche Auswirkungen der Niedergang der Salons auf die jüdische Frau hatte, so soll das nicht heißen, daß nur jüdische Frauen Salons in Berlin eröffnet hatten. Doch immerhin wurden neun der vierzehn Salons, die wir in diesem Buch rekonstruiert haben, von Jüdinnen geführt. Die sozialen, institutionellen und ideologischen Strukturen, die die Salons entstehen ließen, existierten unabhängig von den Besonderheiten der jüdischen Gemeinde in Berlin. In einer Zeit, in der das öffentliche Bankwesen noch unterentwickelt war, stellten jüdische Finanziers nicht nur dem preußischen Staat, sondern auch Adligen in finanzieller Not Kapital zur Verfügung. Die winzige nichtjüdische Bourgeoisie hätte einige dieser Funktionen auch wahrnehmen können. Das heißt: Salons oder ähnliche Einrichtungen wären auch ohne Juden entstanden. Als die Salon-Ära sich ihrem Ende zuneigte und Adlige den jüdischen Salonfrauen die Freundschaft aufkündigten, schlug die jüdische Emanzipationsbewegung andere Wege ein. Das Hauptziel der jüdischen Reformer wurde der gebildete jüdische Mann, der in der Synagoge hochdeutsch sprach, feingekleidet und mit guten Manieren. In den Augen der jüdischen Reformer sollten die Bildungsanstrengungen nicht in Konversionen und Mischehen enden – die Reformierung der traditionellen jüdischen Gemeinde wurde gefordert. Die Zeitungen, Zeitschriften, Vereine und Synagogen, die diese Reformideologie verbreiteten, wurden von Männern organisiert und standen meistens nur Männern offen. Wenn die kulturell angepaßten Juden überhaupt den Kontakt suchten, dann war die Verbindung die Freundschaft zwischen einem gebildeten jüdischen Mann und einem gebildeten nichtjüdischen Mann – beide aus der Mittelschicht – und nicht etwa das Paar: jüdische Frau und nichtjüdischer Adliger.

Die gebildete jüdische Frau verlor mit dem Salon eine Bühne, auf der sie sich intellektuell hervortun und mit einflußreichen Herren verkehren konnte. Sie verlor als Jüdin, nachdem die Emanzipation als religiöse und politische Reform definiert wurde und nicht länger als soziale Integration. Sie verlor als Literatin, da sich die literarische Szene veränderte. Und in den kulturell angepaßten Kreisen der Juden verlor sie, da jüdische Männer die gewaltige Aufgabe übernommen hatten, den deutschen Juden die Grundlagen für ein neues Leben zu schaffen.

Anhang

Graphiken und Tabellen

Abbildung 1: Anzahl der Intellektuellen in den deutschen Städten, 1806

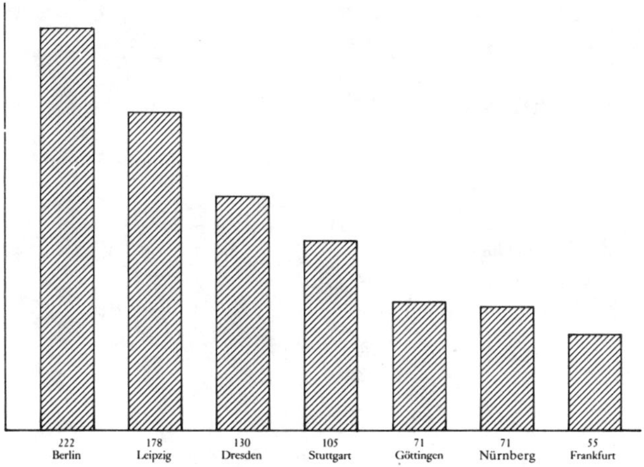

Quelle: Franklin Kopitzsch (Hrsg.): Aufklärung, Absolutismus und Bürgertum in Deutschland. München 1976, S. 61

Abbildung 2: Standeszugehörigkeit und Einkommensverteilung in Berlin und unter der Berliner männlichen Intelligenz, 1800

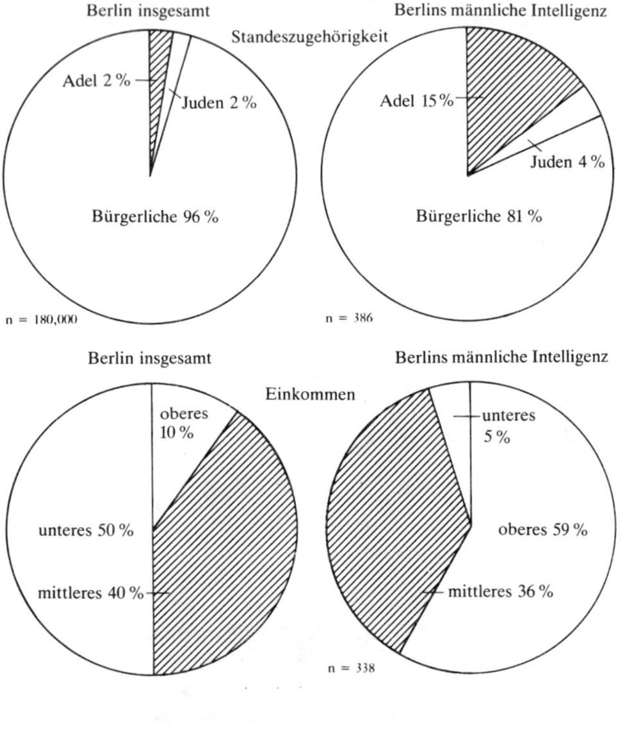

Quelle: Franklin Kopitzsch (Hrsg.): Aufklärung, Absolutismus und Bürgertum in Deutschland. München 1976, S. 31–33; Kollektivbiographie.

Abbildung 3: Einkommensverteilung unter adligen, bürgerlichen und jüdischen Intellektuellen in Berlin

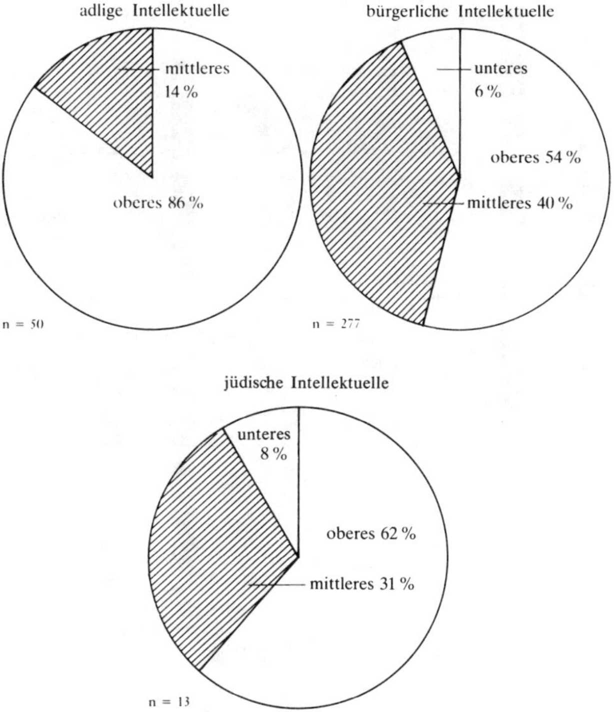

Quelle: Kollektivbiographie

Abbildung 4: Herkunft Berliner Intellektueller nach Berufsgruppen

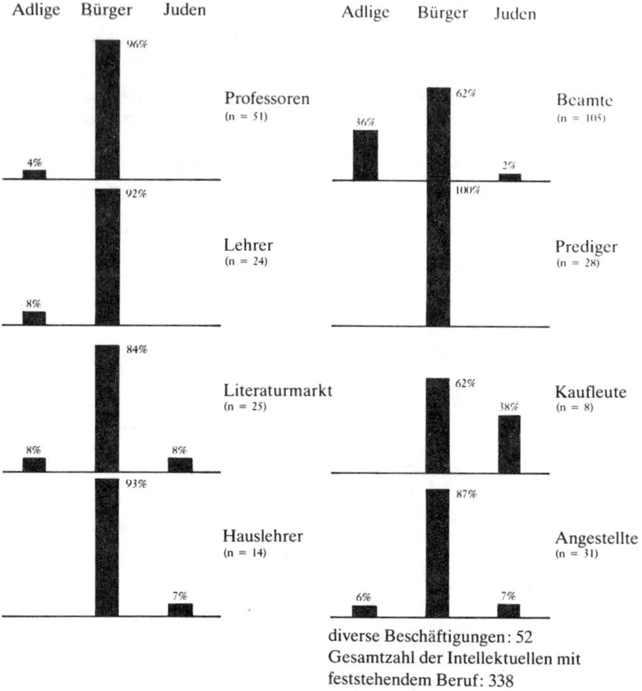

Quelle: Kollektivbiographie

Abbildung 5: Verhältnis von Adligen und männlichen Aufsteigern unter den Berliner Intellektuellen, nach Berufsgruppen

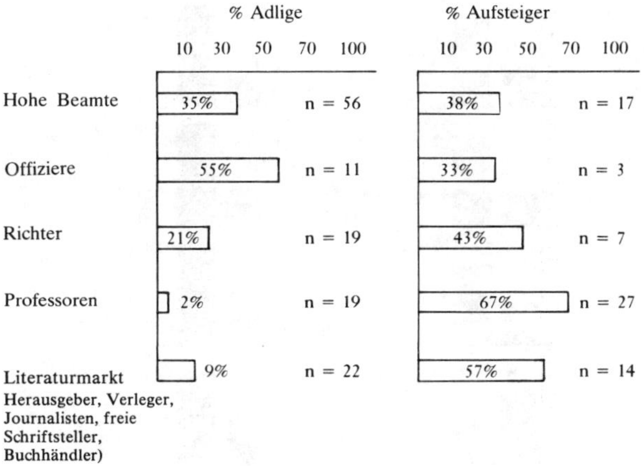

Quelle: Kollektivbiographie

Abbildung 6: Alter der Berliner Intellektuellen nach Berufen

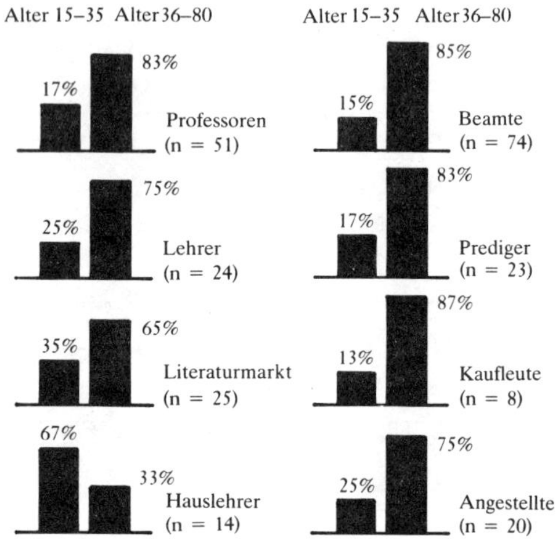

Quelle: Kollektivbiographie

Abbildung 7: Die Berliner Intelligenz nach Berufsgruppen

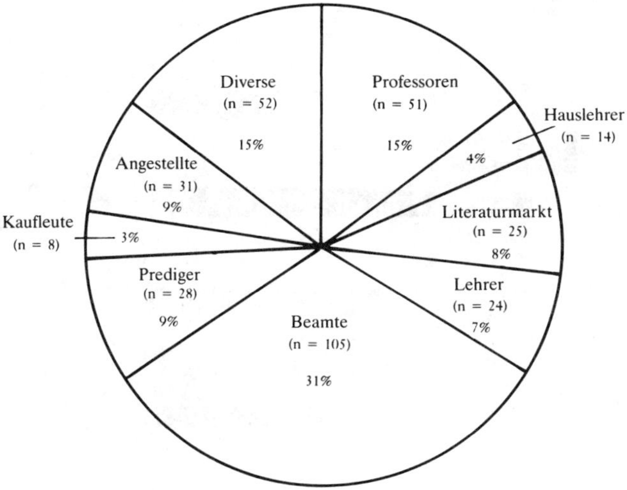

Quelle: Kollektivbiographie

Abbildung 8: Standeszugehörigkeit und Geschlecht der Salonteilnehmer

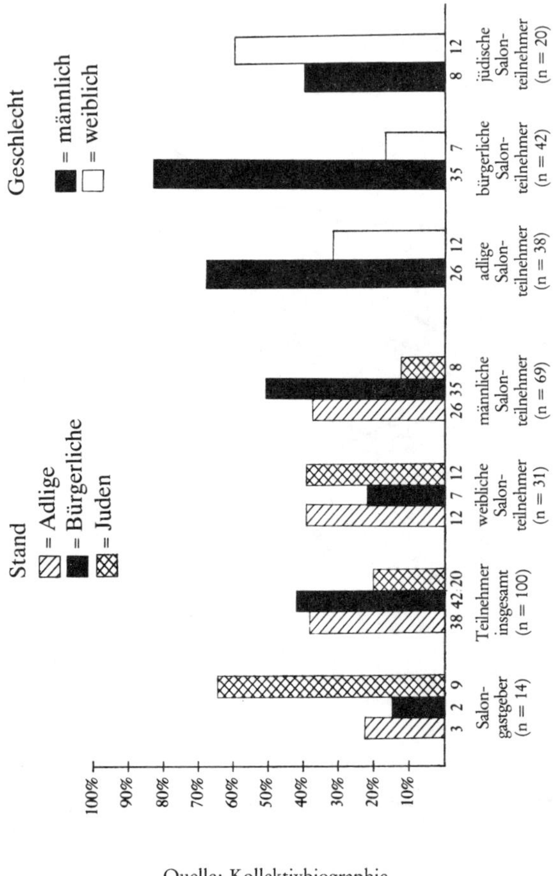

Quelle: Kollektivbiographie

Abbildung 9: Berufe der Berliner Intellektuellen, Vereinsintellektuellen und Salonmänner

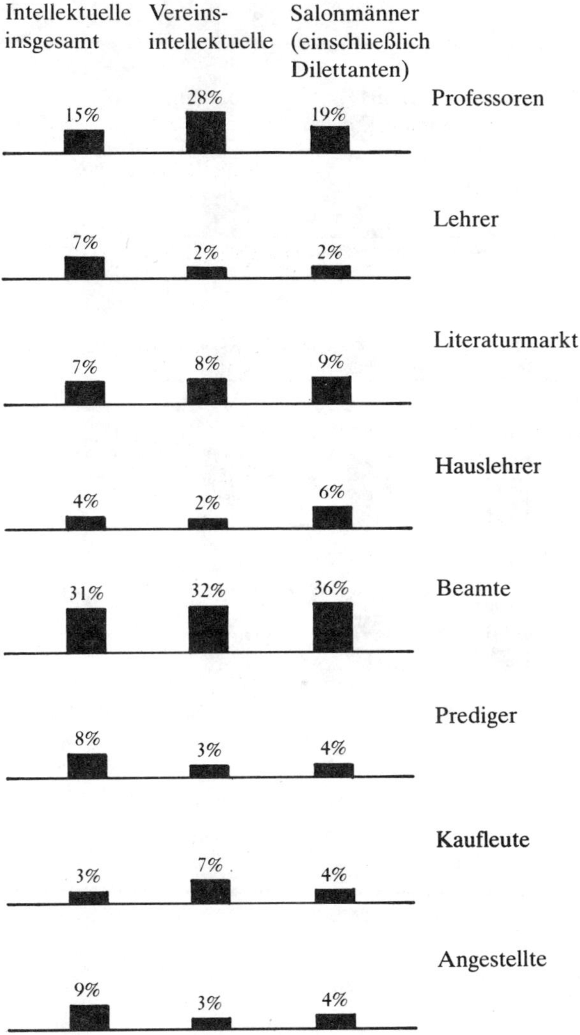

Quelle: Kollektivbiographie

Abbildung 10: Alter der Berliner Intellektuellen, Vereinsintellektuellen und Salonmänner

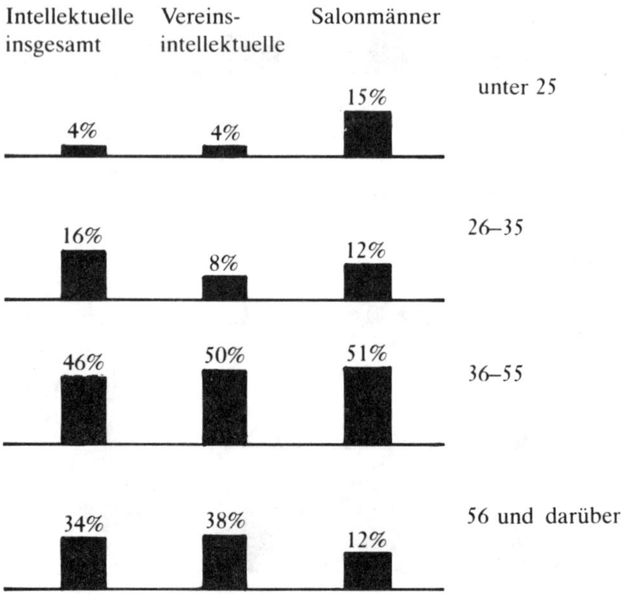

Quelle: Kollektivbiographie

Abbildung 11: Jüdische Salonfrauen in Berlin

Geburtsname	Geburtsdatum	Alter bei 1. Eheschließung	Stand des 1. Ehemanns (Alter)	Geschieden Verwitwet	Konvertiert	Stand der späteren Ehemänner
* Rahel Levin	1771	41	geadelt/Varnhagen von Ense (29)		ja/1814	
* Henriette de Lemos	1764	15	jüdisch/Markus Herz (32)	verwitwet 1803	ja/1814	
* Sarah Itzig	1761	22	jüdisch/Solomon Levy (23)		nein	
* Marianne Meyer	1763	15	jüdisch/unbekannt	geschieden	ja	Adlig/Baron von Reuss
* Sara Meyer	unbekannt	»früh« (1778)	jüdisch/Jakob Wulff (20)	geschieden 1788	ja (zweimal)	Adlig/Baron von Grotthuss
* Brendel (Dorothea) Mendelssohn	1764	19	jüdisch/Simon Veit (19)	geschieden 1799	ja 1802	geadelt/ Friedrich von Schlegel
* Malka (Amalie) Lipmann	1772	16	jüdisch/Jakob Herz Beer (19)		nein	
* Pessel (Philippine) Zülz	1776	18	jüdisch/Ephraim Cohen (26)		ja 1800	
* Rebecca Solomon (Saaling)	1782	19	jüdisch/Moses Friedländer (26)	geschieden	ja (Regina Frohberg)	
Rebecca Itzig	1763	21	jüdisch/David Ephraim		ja	

Abbildung 11 (Fortsetzung)

Geburtsname	Geburtsdatum	Alter bei 1. Eheschließung	Stand des 1. Ehemanns (Alter)	Geschieden Verwitwet	Konvertiert	Stand der späteren Ehemänner
Julie Solomon (Saaling)	1787	40	bürgerlich/ Karl Heyse		ja	
Marianne Solomon (Saaling)	1786	blieb ledig			ja	
Blümchen Moses	unbekannt	(1773)	jüdisch/Joseph Arnstein	geschieden 1777	ja	Adlig/Kriegsrat von Bose
Rebecca Moses	unbekannt	unbekannt				
Marianne Devidel	unbekannt		bürgerlich/ G. Schadow		ja	
Esther Gad	1770	21	jüdisch/Samuel Bernard	geschieden 1796	ja/1800	bürgerlich/Dr. W. Domeier
Rösel Spanier	unbekannt	(1783)	jüdisch/David Fränkel (32)			
Hitzel Zülz	unbekannt	(1791)	jüdisch/Issac Fliess (21)	geschieden	ja	Adlig/Major von Boye
Fradchen Marcuse	unbekannt	(1786)	jüdisch/Abraham Liebmann (19)		ja/1809	
Jente Ephraim	unbekannt	(1792)	jüdisch/Dr. I. Steiglitz (25)		unbekannt (Ehemann konvertierte 1800)	

* Salonière

Abbildung 12: Konversionen in Berlin, 1700–1850

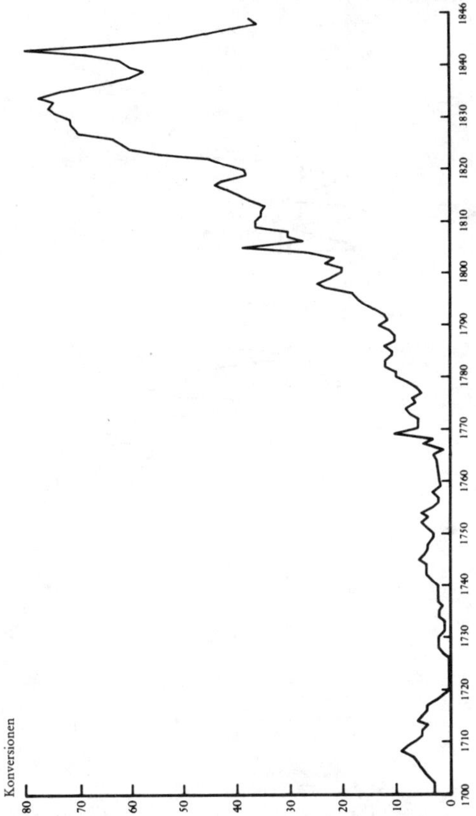

Quelle: EZA, Berlin

Abbildung 13: Jüdische Konvertiten in Berlin unter 3000 jüdischen Einwohnern Berlins, 1750–1850

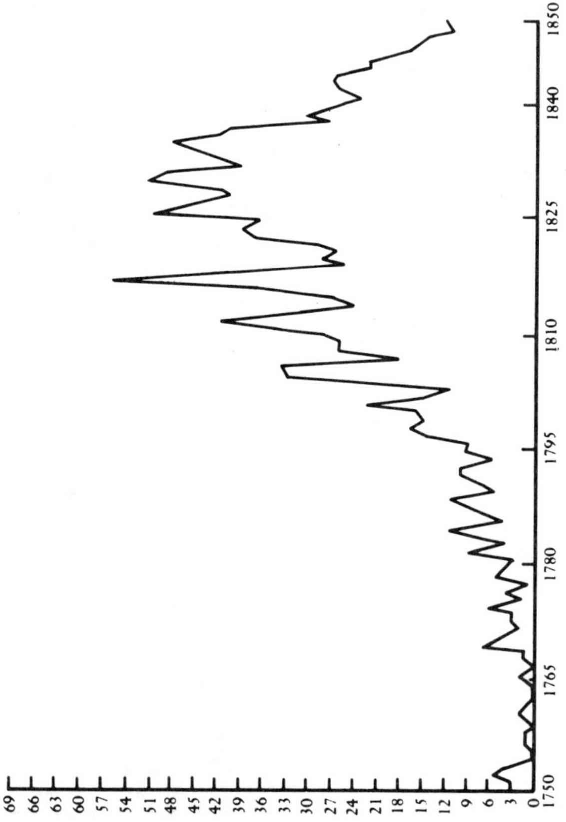

Quelle: Herbert Seeliger: The Origin and Growth of the Berlin Jewish Community. In: Jahrbuch des Leo Baeck Instituts, 3 (1958), S. 159–168, EZA, Berlin.

Abbildung 14: Alter der Konvertiten in Berlin, 1770–99

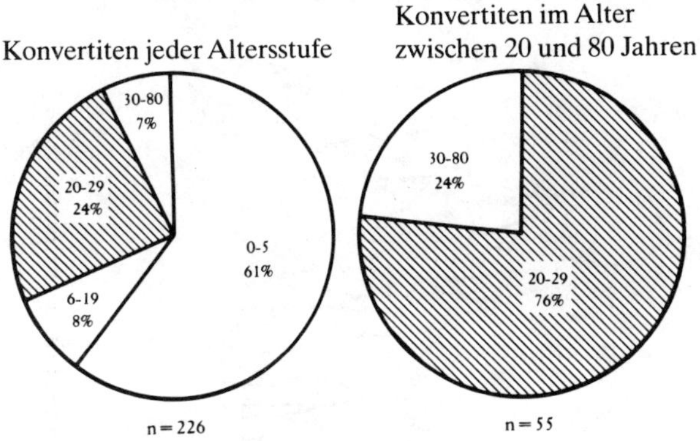

Quelle: EZA, Berlin

Abbildung 15: Männliche und weibliche jüdische Konvertiten in Berlin, 1750–1850

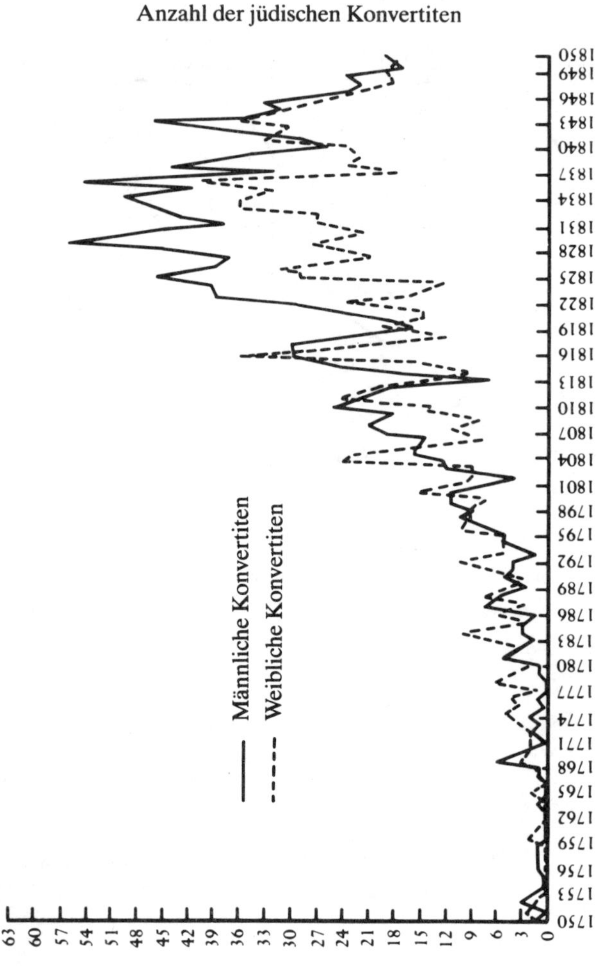

Quelle: EZA, Berlin

Abbildung 16: Alter der Konvertiten nach Geschlechtszugehörigkeit in Berlin, 1770–99

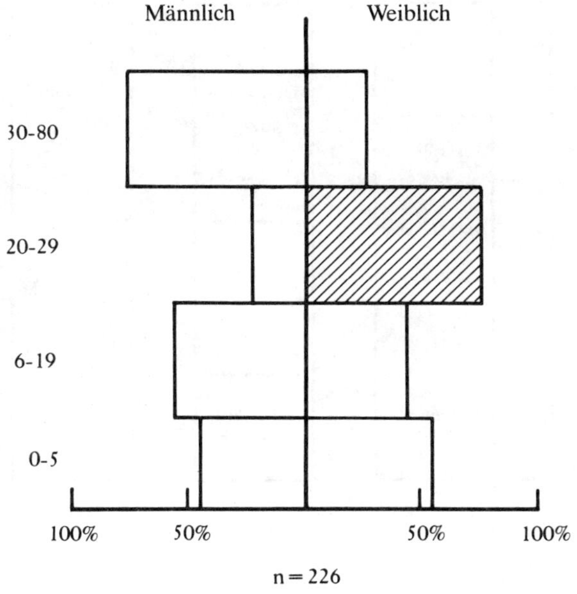

Quelle: EZA, Berlin

Abbildung 17: Soziale Herkunft von Konvertiten, nach Dekaden

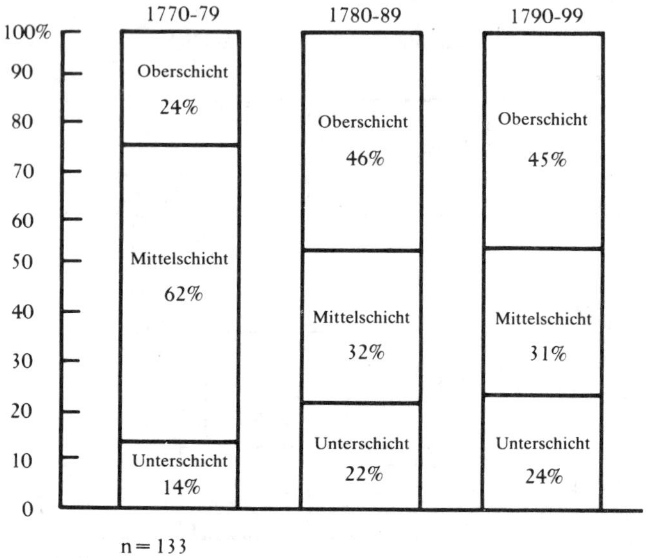

Quelle: EZA, Berlin

Abbildung 18: Konvertierte Juden in Mischehen, 1800–1846

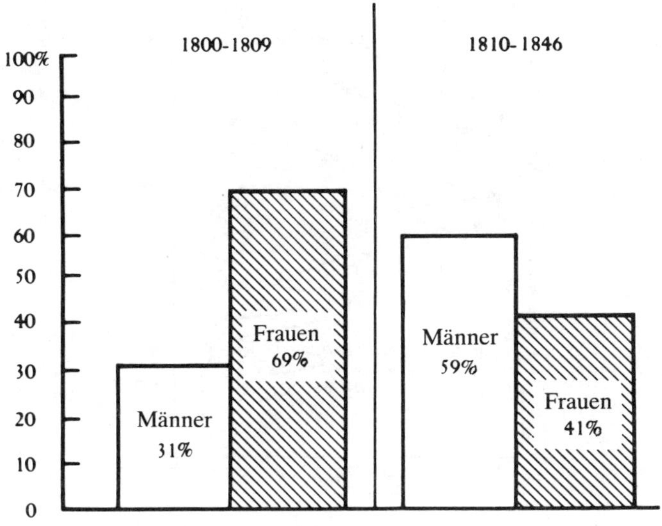

Quelle: EZA, Berlin

Abbildung 19: Weibliche und männliche Konversionen sowie Mischehen in Berlin, 1800–1846

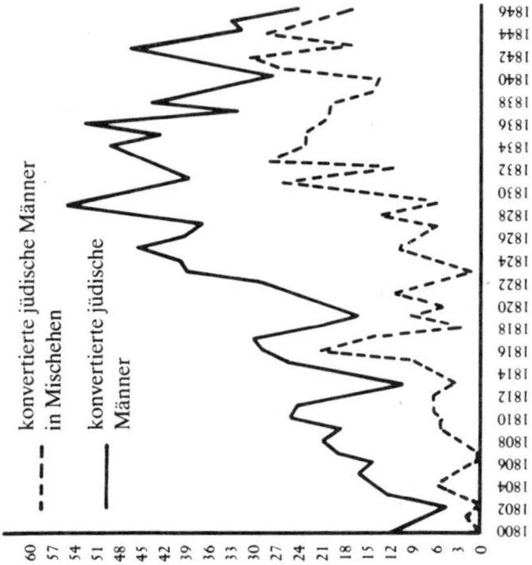

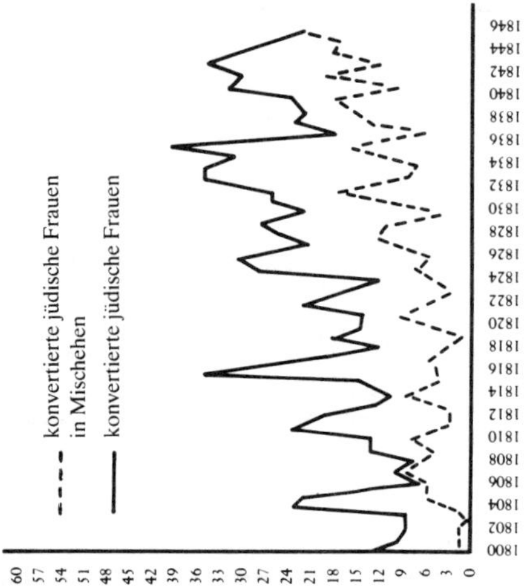

Anmerkungen

Seite 16 Madame de Staël beschreibt ihre Berlin-Erfahrungen in ihrem Brief vom 1. April 1804. In: Alfred Götze (Hrsg.): Ein Fremder Gast: Frau von Staël in Deutschland 1803–04. Jena 1928.

Seite 17 »Wo ist unsere Zeit!...« zitiert nach Hannah Arendt: Rahel Varnhagen: Lebensgeschichte einer deutschen Jüdin aus der Romantik. München 1981.

Seite 19 Heinrich Graetz: History of the Jews. Philadelphia 1894.

Seite 20 Zu den Ausführungen im ersten Absatz siehe: S. M. Dubnow: Die neueste Geschichte des jüdischen Volkes, Bd. 1. Berlin 1920, S. 197, 202.

Raphael Mahler: A History of Modern Jewry, 1780–1815. London 1971, S. 150.

Heinz Mosche Graupe: Die Entstehung des modernen Judentums: Geistesgeschichte der deutschen Juden 1650–1942. Hamburg 1969, S. 155.

Arthur Ruppin: The Jews in the Modern World. London 1934, S. 328.

N. Samter: Judentaufen im neunzehnten Jahrhundert. Berlin 1906, S. 4

H. G. Adler: The Jews in Germany from the Enlightenment to National Socialism. Notre Dame 1969, S. 24. Aus: Walter Laqueur: A History of Zionism. New York 1972, S. 10.

Seite 21 »Die schnellfertigen jüdischen Talente...« aus: Heinrich von Treitschke: History of Germany in the Nineteenth Century, Bd. 4. London 1915–1919, S. 556.

»Aus ihrem Wesen redete...« aus: Heinrich von Treitschkes History of Germany, hrsg. von Gordon Craig. Chicago und London 1975, S. 279.

»Gelehrte, Künstler und Schriftsteller...« aus: Hans Karl Krüger: Berliner Romantik und Berliner Judentum. Bonn 1939, S. 51.

»so gelangten die jüdischen Berliner Salons...« aus: Kurt Ferves: Berliner Salons: Die Geschichte einer großen Verschwörung. München 1940, S. 87.

Seite 22 Erster Absatz: Für die erste Erklärung siehe: Herbert Scurla: Rahel Varnhagen. Die große Frauengestalt der deutschen Romantik. Düsseldorf 1978, S. 84.

Für die zweite Erklärung siehe: Hannah Arendt: Rahel

Varnhagen: Lebensgeschichte einer deutschen Jüdin aus der Romantik. München 1981.

Seite 22 »Kulturjuden« siehe: Kurt Ferves, Berliner Salons: Die Geschichte einer großen Verschwörung. München 1940, S. 18.

Freisetzung besonderer Fähigkeiten: siehe: Ingeborg Drewitz: Berliner Salons: Gesellschaft und Literatur zwischen Aufklärung und Industriezeitalter. Berlin 1965, S. 19.

Seite 39 »Classe reicher Müßiggänger...« aus: J. D. F. Rumpf: Neuester Wegweiser durch die königlichen preußischen Staaten. Berlin 1793, S. 142.

»Berlin unterscheidet sich...« aus: Johannes Pezzl: Faustin oder das philosophische Jahrhundert. o. O. 1785, S. 577.

Seite 40 »Wo man hinblickt...« aus: Anonym: Schattenriss von Berlin. Amsterdam 1788, S. 4.

»Ich hatte mich...« aus: Georg Forster: Sämtliche Schriften, Bd. 7. Leipzig 1843, S. 112.

Seite 40 »Sammelplatz der sogenannten...« aus: Anonym: Schattenriss von Berlin. Amsterdam 1788, S. 108.

»in gestickten und betreßten Kleidern...« aus: Lehndorff: Tagebücher.

Seite 53 »ich versichere dich...« aus: Rahel Varnhagen: Ein Buch des Andenkens für ihre Freunde, Bd. 1. Berlin 1834, S. 237.

Seite 72 »hier oder dort gespeist habe« aus: Saul Ascher: Kabinett berlinischer Charaktere. Berlin 1808, S. 14.

Seite 93 Aus: »Zweiter Brief« zitiert nach: Jahrbücher der preußischen Monarchie, Bd. 1. o. O. 1800, S. 171 ff.

Seite 93 f. »Das Ameublement...« aus: Albert Leitzmann (Hrsg.): Wilhelm von Humboldts Briefe an Karl Gustav von Brinkmann. Leipzig 1939.

Seite 108 Siehe zum Stichwort »Lesegesellschaften«: Marlies Prüsener: Lesegesellschaften im 18. Jahrhundert. In: Börsenblatt für den deutschen Buchhandel, 28 (1972); sowie Barney M. Milstein: Eight Eighteenth-Century Reading Societies. Frankfurt a. M. 1972.

Seite 112 Zum Stichwort »Gesellschaft der Freunde« siehe: Ludwig Lesser: Chronik der Gesellschaft der Freunde in Berlin. Berlin 1842; Die Gesellschaft der Freunde in Berlin. In: Der Orient: Berichte, Studien und Kritiken für die jüdische Geschichte und Literatur, Bd. 2. o. O. 1884, S. 13–16; sowie: Hermann Boschwitz: Rückblick auf die hundertjährige Geschichte der Gesellschaft der Freunde zu Berlin. Berlin 1892.

Seite 113 Zum Stichwort »Freimaurerei« siehe: Margaret Jacob: The

Radical Enlightenment: Pantheists, Freemasons and Republicans. London 1981.

Seite 116 Aus: Gustav Parthey: Jugenderinnerungen. Berlin 1871, S. 36f.

Seite 129 »große Dame…« aus: Kurt Richter: Amalie Beer und ihre Söhne. In: Centralverein Zeitung, 11, Beilage 3.

Seite 138 »Preußen gänzlich verdammt« in: Brief von Gustav von Brinkmann an Julia von Voss, 10. Juni 1802. In: Briefsammlung Brinkmann-Voss, Goethe-Schiller-Archiv in Weimar.

Seite 147f »vollkommen verwandelt« aus: Karl August Varnhagen von Ense (Hrsg.): Galerie von Bildnissen aus Rahels Umgang und Briefwechsel, Bd. 2. Leipzig 1836, S. 450.

Seite 149 »Ich gehe viel…« zitiert aus: Klaus Günzel: König der Romantik. Das Leben des Dichters Ludwig Tieck in Briefen, Selbstzeugnissen und Berichten. Tübingen 1981, S. 12.

Seite 152 »endlosen Anzahl…« aus: Varnhagen von Ense: Galerie, Bd. 2, S. 1–5.

»epikuräischer Philosoph« aus: Varnhagen von Ense: Galerie, Bd. 1, S. 81–93.

»Brinkmann ist wirklich göttlich…« aus: Carl Atzenbeck: Pauline Wiesel: Die Geliebte des Prinzen Louis Ferdinand. Leipzig 1925, S. 44.

Seite 154 »Man stellte mir…« aus: Philip B. Miller (Hrsg.): An Abyss Deep Enough: Letters of Heinrich von Kleist with a Selection of Essays and Anecdotes. New York 1982, S. 23.

Seite 156 »bürgerlichen Hausvaters« aus: Karl August Varnhagen von Ense: Denkwürdigkeiten des eigenen Lebens. Herausgegeben von Karl Leutner. Berlin 1954.

Seite 160 »geistvollsten und…« aus: Immanuel Fichte: Johann Gottlieb Fichtes Leben. Leipzig 1862.

Seite 171 Zitate aus: Madame de Staël: Über Deutschland. Frankfurt a. M. 1985.

Seite 190 »nicht jeden Moment…« aus: Karl August Varnhagen von Ense: Galerie von Bildnissen aus Rahels Umgang und Briefwechsel, Bd. 2. Leipzig 1836, S. 221.

Seite 192 »einige der glücklichsten Stunden…« aus: Albert Leitzmann (Hrsg.): Wilhelm von Humboldts Briefe an Karl Gustav von Brinkmann. Leipzig 1939, S. 160f.

Seite 196 Die Abhandlung des Lehrers wird erwähnt in: Moritz Stern: Beiträge zur Geschichte der jüdischen Gemeinde zu Berlin. Berlin 1926.

Seite 201 Zum Stichwort »Heiratsalter« siehe auch: Steven Loewenstein: Voluntary and Involuntary Limitation of Fertility in Nineteenth Century Bavarian Jewry. In: Modern Jewish

Fertility. Herausgegeben von Paul Ritterband. Leiden 1981; sowie David Biale: Love, Marriage and the Modernization of the Jews. In: Approaches to Modern Judaism. Herausgegeben von Mare Lee Raphael. California 1983.

Seite 204 Zitate über das Ehepaar Herz aus: M. Kayserling: Die jüdischen Frauen in der Geschichte, Literatur und Kunst. Leipzig 1879, S. 199.

Seite 216 »der Judaismus...« zitiert aus: Michael Meyer: Reform Jewish Thinkers and Their German Intellectual Context. In: The Jewish Response to German Culture. Herausgegeben von J. Reinharz und W. Schatzberg. Hannover 1985.

Seite 224 Das Theaterstück wird zitiert bei O. H. Werner: The Unmarried Mother in German Literature. New York 1917. Zum Stichwort »Prostituierte« siehe: Geneviève Bianquis: Love in Germany. London 1964.

Seite 226 Über die antisemitischen Witze Gustav von Brinkmanns und Wilhelm von Humboldts siehe: Albert Leitzmann (Hrsg.): Wilhelm von Humboldts Briefe an Karl Gustav von Brinkmann. Leipzig 1939.

Seite 227ff Jacob Katz: Out of the Ghetto: The Social Background of Jewish Emanzipation, 1770–1870. New York 1978.

B. Z. Kedar: Continuity and Change in Jewish Conversation to Christianity in Eighteenth-Century Germany (in Hebräisch). In: Studies in the History of Jewish Society (ebenfalls in Hebräisch). Herausgegeben von E. Etkes und Y. Salomon. Jerusalem 1980.

Heinrich Graetz: History of the Jews. Philadelphia 1894.

S. M. Dubnow: Die neueste Geschichte des jüdischen Volkes. Berlin 1920.

Heinz Mosche Graupe: Die Entstehung des modernen Judentums: Geistesgeschichte der deutschen Juden 1650–1942. Hamburg 1969.

Arthur Ruppin: The Jews in the Modern World. London 1934.

N. Samter: Judentaufen im neunzehnten Jahrhundert. Berlin 1906.

H. G. Adler: The Jews in Germany from the Enlightenment to National Socialism. Notre Dame 1969.

Raphael Mahler: A History of Modern Jewry, 1780–1815. London 1971.

Adolf Leschnitzer: The Magic Background of Modern Anti-Semitism: An Analysis of the German-Jewish Relationship. New York 1956.

Abraham Menes: The Conversion Movement in Prussia

during the First Half of the Nineteenth Century. In: YIVO Annual of Jewish Social Science, 6 (1951).
W. Hanauer: Die jüdisch-christlichen Mischehen. In: Allgemeines Statistisches Archiv, 17 (1928).
Leonard J. Fein: Some Consequences of Jewish Intermarriage. In: Jewish Social Studies, 33 (1971).
Marion A. Kaplan: Tradition and Transition. In: Yearbook of the Leo Baeck Institute, 27 (1981).

Seite 247 Die Beschreibung der Einnahme Berlins in: Canvas George: Erinnerungen eines Preußen aus der Napoleonischen Zeit. Grimma 1840.

Seite 251 »die vornehme Gemeinheit...« etc. in: Wilhelm Grau: Wilhelm von Humboldt und das Problem der Juden. Hamburg 1935.

Seite 253 »Man muß auch...« in: Max Kohler: Jewish Rights at the Congress of Vienna and Aix-La-Chapelle. New York 1918.

Seite 255 Pamphlete zitiert nach: Jakob Katz: From Prejudice to Destruction: Anti-Semitism, 1700–1933. Cambridge 1980.

Seite 258 Zum Stichwort »Christlicher Patriotismus« siehe: Koppel Pinson: Modern Germany: Its History and Civilisation. New York 1966.

Bibliographisches Nachwort

Während der Arbeit an diesem Buch gab ich zunächst die Hoffnung nicht auf, eine unerforschte Quelle ausfindig zu machen, deren Auswertung meiner Studie von selbst Gestalt geben würde. Doch nach und nach kam ich zu der Einsicht, daß sich das Thema einem solchen Wunsch versperrte. Dem Salon Gestalt zu geben und das dazu geeignete Rüstzeug zu entwickeln konnte eigentlich nur darin bestehen, auf ebenso alte wie bereits veröffentlichte Quellen einen neuartigen Blick zu werfen, ohne dabei auf unbekannte Schätze zu stoßen.

Freilich, zwei Ausnahmen gab es von dieser Regel: Gustav von Brinkmanns im Weimarer Goethe-Schiller-Archiv aufbewahrte Korrespondenz und die sogenannte »Judenkartei« im Evangelischen Zentralarchiv Berlin. Von Brinkmanns Briefe lieferten einen kostbaren Fundus authentischen Salongeplauders aus der Hand einer Schlüsselfigur der Salons. Die »Judenkartei« hielt ein unerwartet reiches und präzises statistisches Material zur Beantwortung der Frage bereit, inwiefern die von den Salondamen vollzogene Assimilationsbewegung für das Berliner Judentum repräsentativ war oder nicht.

Für Kapitel 1 konnte ich zunächst auf eher anekdotisches Material über die Salons in Deutschland und anderswo zurückgreifen; so z.B. auf Bertha Meyer, *Salon Sketches* (New York 1938); Mary Hargrave, *Some German Women and Their Salons* (London o. J); Valerian Tornius, *Salons: Pictures of Society through Five Centuries* (New York 1920); Helen Clergue, *The Salon: A Study of French Society and Personalities in the Eighteenth Century* (New York 1907); Louis Batibfol, *The Great Literary Salons* (London 1930); Evelyn Hall, *The Women of the Salons* (New York 1969). Zu den anspruchsvolleren und hilfreicheren Werken gehörten hingegen: Carolyn Lougee, *Le Paradis des Femmes: Women, Salons, and Social Stratification in Seventeenth-Century France* (Princeton 1976); Ingeborg Drewitz, *Berliner Salons: Gesellschaft und Literatur zwischen Aufklärung und Industriezeitalter* (Berlin 1965); Chauncy Tinker, *The Salon and English Letters* (New York 1915); Evelyn Bodek, *Salonières and Bluestockings*, in: *Feminist Studies*, S. 3 (1976), S. 185–199; sowie Peter Quennell, Hrsg., *Affairs of the Mind: The Salon in Europe and America from the Eighteenth to the Twentieth Century* (Washington, D. C. 1980).

Zwei Bücher, die gegenüber den jüdischen Salons eine absolut feindliche Haltung einnehmen und sich als dennoch unentbehrliche Hilfsmittel erwiesen, sind: Hans Karl Krüger, *Berliner Romantik und Berliner Judentum* (Bonn 1939), sowie Kurt Ferves, *Berliner Salons: Die Geschichte einer großen Verschwörung* (München 1940).

Die beste Quelle zeitgenössischer Beschreibungen, die ich für Kapitel 2 heranziehen konnte, bot: Frank Eyssenhardt, *Berlin im Jahre 1786* (Leipzig 1886). Die fundiertesten Untersuchungen des preußischen Adels sind: Hans Rosenberg, *Bureaucracy, Aristocracy, Autocracy: The Prussian Experience, 1660–1815* (Cambridge, Mass. 1958); Fritz Martiny, *Die Adelsfrage in Preußen vor 1806*, in: Beiheft 35 der *Vierteljahreshefte für Sozial- und Wirtschaftsgeschichte* (Stuttgart 1936); sowie Hanna Schissler, Die Junker, in: *Preußen im Rückblick*, hrsg. von H.-J. Puhle und H.-U. Wehler (Göttingen 1980). Im Hinblick auf das Berliner Judentum und seine Lage verließ ich mich vor allem auf: Eugen Wolbe, *Geschichte der Juden in Berlin und der Mark Brandenburg* (Berlin 1937); Selma Stern, *Der Preußische Staat und die Juden*, 3 Bände (Tübingen 1971); Ismar Freund, *Die Emanzipation der Juden in Preußen* (Berlin 1912); Stefi Jersch-Wenzel, *Juden und ›Franzosen‹ in der Wirtschaft des Raumes Berlin/Brandenburg* (Berlin 1978); sowie Ludwig Geiger, Vor hundert Jahren: Mitteilungen aus der Geschichte der Juden Berlins, in: *Zeitschrift für die Geschichte der Juden in Deutschland*, 3 (1899). Eine ebenso kurze wie höchst anregende Interpretation der rechtlichen Stellung der Juden liefert Henri Brunschwig, *Enlightenment and Romanticism in Eighteenth-Century Prussia* (Chicago 1974). Meine Interpretation der Art und Weise, in der die Politik des Staates die Aktivitäten jüdischer wie nichtjüdischer Kaufleute einschränkte, ließ sich anregen von: Hugo Rachel und Paul Wallich, *Berliner Großkaufleute und Kapitalisten* (Berlin 1967); W. O. Henderson, *Studies in the Economic Policy of Frederick the Great* (London 1963) und ders., *The Rise of German Industrial Power, 1834–1915* (Berkeley 1975); sowie Karoline Cauer, *Oberhofbankier und Hofbaurat: Aus der Berliner Bankgeschichte des 18. Jahrhunderts* (Frankfurt a. M. 1968).

Das Material zur Ergründung der sozialen Mobilitätsmuster unter der Berliner Intelligenz lieferte mir die Kollektivbiographie, die ich hauptsächlich aus biographischen Wörterbüchern erstellte, insbesondere aus dem ausführlichsten Werk dieser Art: G. C. Hamburger und G. J. Meusel, *Das gelehrte Teutschland* (Lemgo 1796). Besonders hilfreich für die Geschichte des Buchwesens und der Lesegewohnheiten waren: Johann Goldfriedrich, *Geschichte des Deutschen Buchhandels*, Bd. 3 (Aalen 1970); Helmut Hiller, *Zur Sozialgeschichte von Buch und Buchhandel* (Bonn 1966); Rolf Engelsing, *Der Bürger als Leser: Lesergeschichte in Deutschland 1500–1800* (Stuttgart 1974); sowie ders., *Analphabetentum und Lektüre: Zur Sozialgeschichte des Lesens in Deutschland zwischen feudaler und industrieller Gesellschaft* (Stuttgart 1973). Zur Entstehung des freien Schriftstellertums siehe H. J. Haferkorn, Zur Entstehung der bürgerlich-literarischen Intelligenz, in: *Deutsches Bürgertum und literarische Intelligenz*, hrsg. von B. Lutz (Stuttgart 1974). Eine klassische soziologische Übersicht der Rolle der Intelligenz bietet Hans Gerth, *Bürgerliche Intelligenz um 1800* (Göttingen 1976). Über die Beschaffenheit der akademischen Einrichtungen siehe: Adolf Harnack, *Geschichte der königlich preußischen Akademie* (Berlin 1900); H. Rossler und G. Franz, Hrsg., *Universität und Gelehrtenstand 1400–1800* (Limburg/Lahn 1970); sowie W. Roessler, *Die Entstehung des modernen Erziehungswesens in Deutschland* (Stuttgart 1961).

Für Kapitel 4 boten zwei Bücher einen besonders lebendigen Einblick in die Kulturgeschichte: Hans Ostwald, *Kultur- und Sittengeschichte Berlins* (Berlin 1924); Ludwig Geiger, *Berlin 1688–1840: Geschichte des geistigen Lebens der preußischen Hauptstadt* (Berlin 1893–95); Jürgen Habermas' *Strukturwandel der Öffentlichkeit* (Neuwied und Berlin 1974) sowie Norbert Elias' *Die höfische Gesellschaft* (Neuwied und Darmstadt 1975), stellten wichtige begriffliche und historische Interpretationsmodelle bereit. W. H. Brufords *Theatre and Drama in Goethe's Germany* (London 1950) und Rudolf Weil, *Das Berliner Theaterpublikum* (Berlin 1932) behandeln beide die Theatergeschichte jener Zeit. Für die Erörterung der Gelehrtenvereine fand sich keine Standardquelle, hier war das Material naturgemäß weit gestreut; am hilfreichsten waren: Horst Möller, *Aufklärung in Preußen: Der Verleger, Publizist und Geschichtsschreiber Friedrich Nicolai* (Berlin 1974); M. Kayserling, *Die jüdischen Frauen in der Geschichte, Literatur und Kunst* (Leipzig 1879); Hannah Arendt, *Rahel Varnhagen: Lebensgeschichte einer deutschen Jüdin aus der Romantik* (München 1981); Karl August Varnhagen von Ense, *Denkwürdigkeiten des eigenen Lebens* (Berlin 1954); sowie das ideologisch höchst widerwärtige und dennoch nützliche Buch von Wilhelm Grau, *Wilhelm von Humboldt und das Problem des Juden* (Hamburg 1935).

Die Arbeit am Kapitel 5 gab mir die Gelegenheit, einige herausragende neuere Biographien heranzuziehen, so: Paul Sweet, *Wilhelm von Humboldt: A Biography* (Columbus, Ohio 1978); Alexander Altmann, *Moses Mendelssohn: A Biographical Study* (University, Ala. 1973); Joachim Mass, *Kleist: Die Fackel Preußens* (Wien 1957); Jacob Baxa, Friedrich von Gentz (Wien 1965); Günter de Bruyn, *Das Leben des Jean Paul Friedrich Richter* (Frankfurt a. M. 1978); sowie Klaus Günzel, *König der Romantik: Das Leben des Dichters Ludwig Tieck* (Tübingen 1981). Genannt seien auch einige nützliche ältere Werke, nämlich: Reinhold Steig, *Achim von Arnim und die ihm nahestanden*, 3 Bände (Stuttgart und Berlin 1904); Jakob Fromer, *Salomon Maimons Lebensgeschichte* (München 1911); Immanuel Ritter, *Geschichte der jüdischen Reformation: David Friedländer* (Berlin 1861); sowie Immanuel Fichte, *Johann Gottlieb Fichtes Leben* (Leipzig 1862). Als die brauchbarsten Quellenwerke erwiesen sich: Albert Leitzmann, *Wilhelm von Humboldts Briefe an Karl Gustav von Brinkmann* (Leipzig 1939); Felix Eberty, *Jugenderinnerungen eines alten Berliners* (Berlin 1925); Karl August Varnhagen von Ense, *Galerie von Bildnissen aus Rahels Umgang und Briefwechsel* (Leipzig 1836); Alfons Feder Cohn, Hrsg., *Wilhelm von Burgsdorffs Briefe* (Berlin 1907);

sowie Philip Miller, Hrsg., *An Abyss Deep Enough: Letters of Heinrich von Kleist* (New York 1982).

Für Kapitel 6 konnte ich mich im Hinblick auf die weiblichen Intellektuellen im Deutschland des 18. Jahrhunderts vor allem auf folgende Übersichtswerke stützen: G. Jackel und M. Schlösser (Hrsg.): *Das Volk braucht Licht: Frauen aus der Zeit des Aufbruchs 1790–1848 in ihren Briefen* (Darmstadt und Zürich 1970); Christine Touaillon, *Der deutsche Frauenroman des 18. Jahrhunderts* (Wien und Leipzig 1919); Adalbert von Hanstein, *Die Frauen in der Geschichte des deutschen Geisteslebens des 18. und 19. Jahrhunderts*, 2 Bände (Leipzig 1899–1900); Silvia Bovenschen, *Die imaginierte Weiblichkeit: Exemplarische Untersuchungen zu kulturgeschichtlichen und literarischen Präsentationsformen des Weiblichen* (Frankfurt a. M. 1979); Johann Scherr, *Geschichte der deutschen Frauenwelt* (Leipzig 1911); sowie Elise Oelsner, *Die Leistungen der deutschen Frau in den letzten vierhundert Jahren auf wissenschaftlichem Gebiet* (Breslau 1894). Ausgezeichnete Kollektivbiographien fanden sich bei: Georg Christoph Lehms, *Biographien Teutschlands galanten Poetinnen* (Frankfurt a. M. 1715); Carl von Schindel, *Die deutschen Schriftstellerinnen des 19. Jahrhunderts* (Leipzig 1823–25, Repr. New York 1978); sowie Elisabeth Friedrichs, *Die deutschsprachigen Schriftstellerinnen des 18. und 19. Jahrhunderts* (Stuttgart 1981). Eine Reihe von älteren Einzelbiographien erwies sich als noch immer nützlich, so: Christopher Herold, *Mistress to an Age: A Life of Madame de Staël* (London 1959); Elisabeth Hausmann, *Die Karschin* (Frankfurt a. M. 1933); sowie Otto Berdrow, *Rahel Varnhagen* (Stuttgart 1902). Zu nennen sind auch einige ausgezeichnete Studien zum Thema Weiblichkeit und Romantik, nämlich: Helga Meise, *Die Unschuld und die Schrift: Deutsche Frauenromane im 18. Jahrhundert* (Berlin und Marburg 1983); Paul Kluckhohn, *Die Auffassung der Liebe in der Literatur des 18. Jahrhundert und in der deutschen Romantik* (Halle 1931); sowie Georg Steinhausen, *Geschichte des deutschen Briefs* (Berlin 1889). Zum zeitgenössischen Familienleben siehe: Paul Ritterband (Hrsg.): *Modern Jewish Fertility* (Leiden 1981); sowie Heide Rosenbaum, *Formen der Familie* (Frankfurt a. M. 1982).

Für die in Kapitel 7 behandelten Details zur Heiratspraxis jüdischer Frauen sind die besten Quellensammlungen zwei von Jacob Jacobson herausgegebene Werke: *Jüdische Trauungen in Berlin, 1773–1859* (Berlin 1968) und *Die Judenbürgerbücher der Stadt Berlin 1780–1851* (Berlin 1962). Zu den Klassikern der deutsch-jüdischen Geschichtsschreibung jener Periode gehören: Jacob Katz, *Aus dem Ghetto in die bürgerliche Gesellschaft: Jüdische Emanzipation 1770–1870*, (Frankfurt a. M. 1986); Adolf Leschnitzer, *The Magic Background of Modern Antisemitism: An Analysis of the German-Jewish Relationship* (New York 1956); Heinz Moshe Graupe, *Die Entstehung des modernen Judentums* (Hamburg 1969); sowie Alfred Low, *Jews in the Eyes of the Germans* (Philadelphia 1979). Über die spezifisch romantischen Einstellungen gegenüber Frauen habe ich folgende Werke zu Rate gezogen: Marianne Burkhardt (Hrsg.): *Gestaltet und Gestaltend: Frauen in der deutschen Kultur*, Bd. 10 der *Amsterdamer Beiträge zur neueren Germanistik* (Amsterdam 1980); Alfred Schier, *Die Liebe in der Frühromantik* (Marburg 1913); sowie Geneviève Bianquis, *Love in Germany* (London 1964). Zu den Konversionen siehe: N. Samter, *Judentaufen im neunzehnten Jahrhundert* (Berlin 1906); Abraham Menes, The Conversion Movement in Prussia during the First Half of the Nineteenth Century. In: *YIVO Annual of Jewish Social Science*, 6 (1951); Gerhard Kessler, *Judentaufen und judenchristliche Familien in Ostpreußen.* In: *Familiengeschichtliche Blätter/Deutscher Herold*, Jahrgang 36 (Leipzig 1938).

Für die in Kapitel 8 behandelten radikalen Veränderungen des Berliner kulturellen Klimas zog ich einige allgemeine Werke zu Rate, darunter: Max Kohler, *Jewish Rights at the Congresses of Vienna and Aix-La-Chapelle* (New York 1918); Walter Simon, *The Failure of the Prussian Reform Movement, 1807–1819* (Ithaca 1955); sowie Eugene Anderson, *Nationalism and the Cultural Crisis in Prussia, 1806–1815* (New York 1939). Die entscheidende Quelle für die Frage nach dem anti-assimilatorischen Antisemitismus war Karl Wilhelm Grattenauer, *Wider die Juden* (Berlin 1803). Ausführlicher mit dem Hintergrund der antisemitischen Bestrebungen beschäftigen sich: Eleonore Sterling, *Judenhaß: Die Anfänge des politischen Antisemitismus in Deutschland 1815–1850* (Frankfurt a. M. 1969); Jacob Katz, *From Prejudice to Destruction: Anti-semitism, 1700–1933* (Cambridge 1980); Margarete Dierks, *Die preußischen Altkonservativen und die Judenfrage 1810–1847*, Heft 7 der *Rostocker Studien* (Rostock 1939); sowie Philipp Eberhard, *Die politischen Anschauungen der christlich-deutschen Tischgesellschaft* (Erlangen 1937).

Für detaillierteres bibliographisches Material sei der Leser auf den Anmerkungsapparat der amerikanischen Originalausgabe meines Buchs verwiesen.

Literaturverzeichnis

Adler, H. G.: The Jews in Germany from the Enlightenment to National Socialism. Notre Dame 1969.

Altmann, Alexander: Moses Mendelssohn: A Biographical Study. University Ala. 1973.

Anderson, Eugene: Nationalism and the Cultural Crisis in Prussia, 1806–1815. New York 1939.

Anonym: Schattenriss von Berlin. Amsterdam 1788.

Arendt, Hannah: Rahel Varnhagen: Lebensgeschichte einer deutschen Jüdin aus der Romantik. München 1981.

Ascher, Saul: Kabinett berlinischer Charaktere. Berlin 1808.

Atzenbeck, Carl: Pauline Wiesel: Die Geliebte des Prinzen Louis Ferdinand. Leipzig 1925.

Batibfol, Louis: The Great Literary Salons. London 1930.

Baxa, Jacob: Friedrich von Gentz. Wien 1965.

Berdrow, Otto: Rahel Varnhagen. Stuttgart 1902.

Biale, David: Love, Marriage and the Modernization of the Jews. In: Approaches to Modern Judaism. Herausgegeben von Mare Lee Raphael. California 1983.

Bianquis, Geneviève: Love in Germany. London 1964.

Bodek, Evelyn: Salonières and Bluestockings. In: Feminist Studies, 3 (1976), S. 185–199.

Boschwitz, Hermann: Rückblick auf die hundertjährige Geschichte der Gesellschaft der Freunde zu Berlin. Berlin 1892.

Bovenschen, Silvia: Die imaginierte Weiblichkeit: Exemplarische Untersuchungen zu kulturgeschichtlichen und literarischen Präsentationsformen des Weiblichen. Frankfurt a. M. 1979.

Bruford, W. H.: Theatre and Drama in Goethe's Germany. London 1950.

Brunschwig, Henri: Enlightenment and Romanticism in Eighteenth-Century Prussia. Chicago 1974.

Bruyn, Günter de: Das Leben des Jean Paul Friedrich Richter. Frankfurt a. M. 1978.

Burkhardt, Marianne (Hrsg.): Gestaltet und Gestaltend: Frauen in der deutschen Kultur. Amsterdamer Beiträge zur neueren Germanistik, Bd. 10. Amsterdam 1980.

Cauer, Karoline: Oberhofbankier und Hofbaurat: Aus der Berliner Bankgeschichte des 18. Jahrhunderts. Frankfurt a. M. 1968.

Clergue, Helen: The Salon: A Study of French Society and Personalities in the Eighteenth Century. New York 1907.

Dierks, Margarete: Die preußischen Altkonservativen und die Judenfrage 1810–1847. In: Rostocker Studien, Heft 7. Rostock 1939.
Drewitz, Ingeborg: Die preußischen Altkonservativen und die Judenfrage 1810–1847. In: Rostocker Studien, Heft 7. Rostock 1939.
Drewitz, Ingeborg: Berliner Salons: Gesellschaft und Literatur zwischen Aufklärung und Industriezeitalter. Berlin 1965.
Dubnow, S. M.: Die neueste Geschichte des jüdischen Volkes. Berlin 1920.
Eberhard, Philipp: Die politischen Anschauungen der christlich-deutschen Tischgesellschaft. Erlangen 1937.
Eberty, Felix: Jugenderinnerungen eines alten Berliners. Berlin 1925.
Elias, Norbert: Die höfische Gesellschaft. Neuwied und Darmstadt 1975.
Engelsing, Rolf: Analphabetentum und Lektüre: Zur Sozialgeschichte des Lesens in Deutschland zwischen feudaler und industrieller Gesellschaft. Stuttgart 1973.
Engelsing, Rolf: Der Bürger als Leser: Lesergeschichte in Deutschland 1500–1800. Stuttgart 1974.
Eyssenhardt, Frank: Berlin im Jahre 1786. Leipzig 1886.
Feder Cohn, Alfons (Hrsg.): Wilhelm von Burgdorffs Briefe. Berlin 1907.
Fein, Leonard J.: Some Consequences of Jewish Intermarriage. In: Jewish Social Studies, 33 (1971).
Ferves, Kurt: Berliner Salons: Die Geschichte einer großen Verschwörung. München 1940.
Fichte, Immanuel: Johann Gottlieb Fichtes Leben. Leipzig 1862.
Forster, Georg: Sämtliche Schriften. Leipzig 1843.
Freund, Ismar: Die Emanzipation der Juden in Preußen. Berlin 1912.
Friedrichs, Elisabeth: Die deutschsprachigen Schriftstellerinnen des 18. und 19. Jahrhunderts. Stuttgart 1981.
Fromer, Jakob: Salomon Maimons Lebensgeschichte. München 1911.
Geiger, Ludwig: Berlin 1688–1840: Geschichte des geistigen Lebens der preußischen Hauptstadt. Berlin 1893–95.
Geiger, Ludwig: Vor hundert Jahren: Mitteilungen aus der Geschichte der Juden Berlins. In: Zeitschrift für die Geschichte der Juden in Deutschland, 3 (1899).
George, Canvas: Erinnerungen eines Preußen aus der Napoleonischen Zeit. Grimma 1840.
Gerth, Hans: Bürgerliche Intelligenz um 1800. Göttingen 1976.
Götze, Alfred (Hrsg.): Ein Fremder Gast: Frau von Staël in Deutschland 1803–04. Jena 1928.
Goldfriedrich, Johann: Geschichte des Deutschen Buchhandels, Bd. 3. Aalen 1970.
Graetz, Heinrich: History of the Jews. Philadelphia 1894.
Grattenauer, Karl Wilhelm: Wider die Juden. Berlin 1803.

Grau, Wilhelm: Wilhelm von Humboldt und das Problem der Juden. Hamburg 1935.
Graupe, Heinz Moshe: Die Entstehung des modernen Judentums: Geistesgeschichte der deutschen Juden 1650–1942. Hamburg 1969.
Günzel, Klaus: König der Romantik: Das Leben des Dichters Ludwig Tieck in Briefen, Selbstzeugnissen und Berichten. Tübingen 1981.
Habermas, Jürgen: Strukturwandel der Öffentlichkeit. Neuwied und Berlin 1974.
Haferkorn, H. J.: Zur Entstehung der bürgerlich-literarischen Intelligenz. In: Deutsches Bürgertum und literarische Intelligenz. Herausgegeben von B. Lutz. Stuttgart 1974.
Hall, Evelyn: The Women of the Salons. New York 1969.
Hamburger, C. G. und G. J. Meusel: Das gelehrte Teutschland. Lemgo 1796.
Hanauer, W.: Die jüdisch-christlichen Mischehen. In: Allgemeines Statistisches Archiv, 17 (1928).
Hanstein, Adalbert von: Die Frauen in der Geschichte des deutschen Geisteslebens des 18. und 19. Jahrhunderts. 2 Bände. Leipzig 1899–1900.
Hargrave, Mary: Some German Women and Their Salons. London o. J.
Harnack, Adolf: Geschichte der königlich preußischen Akademie. Berlin 1900.
Hausmann, Elisabeth: Die Karschin. Frankfurt a. M. 1933.
Henderson, W. O.: Studies in the Economic Policy of Frederick the Great. London 1963.
Henderson, W. O.: The Rise of German Industrial Power, 1834–1915. Berkeley 1975.
Herold, Christopher: Mistress to an Age: The Life of Madame de Staël. London 1959.
Hiller, Helmut: Zur Sozialgeschichte von Buch und Buchhandel. Bonn 1966.
Jackel, G. und M. Schlösser (Hrsg.): Das Volk braucht Licht: Frauen aus der Zeit des Aufbruchs 1790–1848 in ihren Briefen. Darmstadt und Zürich 1970.
Jacob, Margaret: The Radical Enlightenment: Pantheists, Freemasons and Republicans. London 1981.
Jacobson, Jacob (Hrsg.): Jüdische Trauungen in Berlin, 1773–1859. Berlin 1968.
Jacobson, Jacob (Hrsg.): Die Judenbürgerbücher der Stadt Berlin 1780–1851. Berlin 1962.
Jahrbücher der preußischen Monarchie. o. O. 1800.
Jersch-Wenzel, Stefi: Juden und ›Franzosen‹ in der Wirtschaft des Raumes Berlin/Brandenburg. Berlin 1978.
Kaplan, Marion A.: Tradition and Transition. In: Yearbook of the Leo Baeck Institute, 27 (1981).

Katz, Jacob: From Prejudice to Destruction: Anti-Semitism, 1700–1933. Cambridge 1980.
Katz, Jacob: Aus dem Ghetto in die bürgerliche Gesellschaft: Jüdische Emanzipation 1770–1870. Frankfurt a. M. 1986.
Kayserling, M.: Die jüdischen Frauen in der Geschichte, Literatur und Kunst. Leipzig 1879.
Kessler, Gerhard: Judentaufen und judenchristliche Familien in Ostpreußen. In: Familiengeschichtliche Blätter/Deutscher Herold, Jahrgang 36. Leipzig 1938.
Kluckhohn, Paul: Die Auffassung der Liebe in der Literatur des 18. Jahrhunderts und in der deutschen Romantik. Halle 1931.
Kohler, Max: Jewish Rights at the Congresses of Vienna and Aix-la-Chapelle. New York 1918.
Krüger, Hans Karl: Berliner Romantik und Berliner Judentum. Bonn 1939.
Laqueur, Walter: A History of Zionism. New York 1972.
Lehms, Georg Christoph: Biographien Teutschlands galanten Poetinnen. Frankfurt a. M. 1715.
Leitzmann, Albert (Hrsg.): Wilhelm von Humboldts Briefe an Karl Gustav von Brinkmann. Leipzig 1939.
Leschnitzer, Adolf: The Magic Background of Modern Anti-Semitism: An Analysis of the German-Jewish Relationship. New York 1956.
Lesser, Ludwig: Chronik der Gesellschaft der Freunde in Berlin. Berlin 1842.
Lesser, Ludwig: Die Gesellschaft der Freunde in Berlin. In: Der Orient: Berichte, Studien und Kritiken für die jüdische Geschichte und Literatur. o. O. 1884.
Lougee, Carolyn: Le Paradis des Femmes: Women, Salons, and Social Stratification in Seventeenth-Century France. Princeton 1976.
Loewenstein, Steven: Voluntary and Involuntary Limitation of Fertility in Nineteenth Century Bavarian Jewry. In: Modern Jewish Fertility. Herausgegeben von Paul Ritterband. Leiden 1981.
Low, Alfred: Jews in the Eyes of the Germans. Philadelphia 1979.
Mahler, Raphael: A History of Modern Jewry, 1780–1815. London 1971.
Martiny, Fritz: Die Adelsfrage in Preußen vor 1806. In: Vierteljahreshefte für Sozial- und Wirtschaftsgeschichte, Beiheft 35. Stuttgart 1936.
Mass, Joachim: Kleist: Die Fackel Preußens. Wien 1957.
Meise, Helga: Die Unschuld und die Schrift: Deutsche Frauenromane im 18. Jahrhundert. Berlin und Marburg 1983.
Menes, Abraham: The Conversion Movement in Prussia during the First Half of the Nineteenth Century. In: YIVO Annual of Jewish Social Science, 6 (1951).
Meyer, Bertha: Salon Sketches. New York 1938.

Meyer, Michael: Reform Jewish Thinkers and Their German Intellectual Context. In: Jewish Response to German Culture. Herausgegeben von J. Reinharz und W. Schatzberg. Hannover 1985.
Miller, Philip B. (Hrsg.): An Abyss Deep Enough: Letters of Heinrich von Kleist with a Selection of Essays and Anecdotes. New York 1982.
Milstein, Barney M.: Eight Eighteenth-Century Reading Societies. Frankfurt a. M. 1972.
Möller, Horst: Aufklärung in Preußen: Der Verleger, Publizist und Geschichtsschreiber Friedrich Nicolai. Berlin 1974.
Oelsner, Elise: Die Leistungen der deutschen Frau in den letzten vierhundert Jahren auf wissenschaftlichem Gebiet. Breslau 1894.
Ostwald, Hans: Kultur- und Sittengeschichte Berlins. Berlin 1924.
Parthey, Gustav: Jugenderinnerungen. Berlin 1871.
Pezzl, Johannes: Faustin oder das philosophische Jahrhundert. o. O. 1785.
Quennell, Peter (Hrsg.): Affairs of the Mind: The Salon in Europe and America from the Eighteenth to the Twentieth Century. Washington, D. C. 1980.
Pinson, Koppel: Modern Germany: Its History and Civilisation. New York 1966.
Prüsener, Marlies: Lesegesellschaften im 18. Jahrhundert. In: Börsenblatt für den deutschen Buchhandel, 28 (1972).
Rachel, Hugo und Paul Wallich: Berliner Großkaufleute und Kapitalisten. Berlin 1967.
Richter, Kurt: Amalie Beer und ihre Söhne. In: Centralverein Zeitung, 11, Beilage 3.
Ritter, Immanuel: Geschichte der jüdischen Reformation: David Friedländer. Berlin 1861.
Ritterband, Paul (Hrsg.): Modern Jewish Fertility. Leiden 1981.
Roessler, W.: Die Entstehung des modernen Erziehungswesens in Deutschland. Stuttgart 1961.
Rosenbaum, Heidi: Formen der Familie. Frankfurt a. M. 1982.
Rosenberg, Hans: Bureaucracy, Aristocracy, Autocracy: The Prussian Experience, 1660–1815. Cambridge, Mass. 1958.
Rossler, H. und G. Franz (Hrsg.): Universität und Gelehrtenstand 1400–1800. Limburg/Lahn 1970.
Rumpf, J. D. F.: Neuester Wegweiser durch die königlichen ostpreußischen Staaten. Berlin 1973.
Ruppin, Arthur: The Jews in the Modern World. London 1934.
Samter, N.: Judentaufen im neunzehnten Jahrhundert. Berlin 1906.
Scherr, Johann: Geschichte der deutschen Frauenwelt. Leipzig 1911.
Schier, Alfred: Die Liebe in der Frühromantik. Marburg 1913.
Schindel, Carl von: Die deutschen Schriftstellerinnen des 19. Jahrhunderts. Leipzig 1823–25. Reprint New York 1978.

Schissler, Hanna: Die Junker. In: Preußen im Rückblick. Herausgegeben von H.-J. Puhle und H.-U. Wehler. Göttingen 1980.
Scurla, Herbert: Rahel Varnhagen. Die große Frauengestalt der deutschen Romantik. Düsseldorf 1978.
Simon, Walter: The Failure of the Prussian Reform Movement, 1807–1819. Ithaca 1955.
Staël, Germaine de: Über Deutschland. Frankfurt a. M. 1985.
Steig, Reinhold: Achim von Arnim und die ihm nahestanden. 3 Bände. Stuttgart und Berlin 1904.
Steinhausen, Georg: Geschichte des deutschen Briefs. Berlin 1889.
Sterling, Eleonore: Judenhaß: Die Anfänge des politischen Antisemitismus in Deutschland 1815–1850. Frankfurt a. M. 1969.
Stern, Moritz: Beiträge zur Geschichte der jüdischen Gemeinde zu Berlin. Berlin 1926.
Stern, Selma: Der Preußische Staat und die Juden. 3 Bände. Tübingen 1971.
Sweet, Paul: Wilhelm von Humboldt: A Biography. Columbus, Ohio 1978.
Tinker, Chauncy: The Salon and English Letters. New York 1915.
Tornius, Valerian: Salons: Pictures of Society through Five Centuries. New York 1920.
Touaillon, Christine: Der deutsche Frauenroman des 18. Jahrhunderts. Wien und Leipzig 1919.
Varnhagen, Rahel: Ein Buch des Andenkens für ihre Freunde. Berlin 1834.
Varnhagen von Ense, Karl August: Denkwürdigkeiten des eigenen Lebens. Herausgegeben von Karl Leutner. Berlin 1954.
Varnhagen von Ense, Karl August (Hrsg.): Galerie von Bildnissen aus Rahels Umgang und Briefwechsel. Leipzig 1836.
Werner, O. H.: The Unmarried Mother in German Literature. New York 1917.
Weil, Rudolf: Das Berliner Theaterpublikum. Berlin 1932.
Wolbe, Eugen: Geschichte der Juden in Berlin und der Mark Brandenburg. Berlin 1937.

Register

Aarberg, Gräfin von 185
Abbé Denina 72
Abrahamson, Familie 130
Abt, Harry 202
Alexander I., Zar 260
Amalia, Prinzessin von Preußen 180
Anna Amalia, Schwester Friedrich des Großen 143
Arendt, Hannah 7, 221, 229f.
Arnim, Achim von 122, 144, 153ff., 220, 254f., 266ff.
Arnim, Bettina von 254f., 265
Arnim, Kunigunde von 265
Arnstein, Fanny von 142, 217
Arnstein, Henriette von 251
Arnstein, Joseph von 214

Bauer (Hofrat) 108
Becker, Sophie 174
Beer, Amalie 11, 15, 129, 193, 206, 217, 264
Beer, Jacob Herz 129, 204
Bendavid, Lazarus 111, 196
Berg, Caroline von 188f., 265
Bernard, Samuel 184, 214
Bernhard, Isaak 165
Bernstorff, Christian von 128, 146
Biester, Johann 138, 174
Bismarck, Otto von 13
Bose, Kriegsrat von 214
Boye, Major von 214
Brentano, Clemens von 122, 183, 266–269
Brinker-Gabler, Gisela 7
Brinkmann, Gustav von 71, 93, 121, 138, 140, 148, 151, 155, 157f., 171, 188, 190, 192, 215, 222, 226, 250ff., 255, 265
Brumbey, K. W. 93
Buchholz, Friedrich 72f., 268, 270
Burgsdorff, Wilhelm von 140, 148–151, 157, 191
Burke, Edmund 142

Cagliostro, Alessandro 174
Casa-Valencia, Graf 146
Chamisso, Adalbert von 153ff., 167, 176
Chézy, Anton von 181
Chézy, Helmina von 178ff.
Chodowiecki, Daniel 83
Cohen, Ephraim 123f., 201, 204ff., 252
Cohen, Philippine (s. a. Zülz) 15, 122f., 193, 205, 213, 215, 264
Cotta, Johann Friedrich 181

Dacheröden, Caroline 111, 140, 188, 253
Davidssohn, Wolf 109
Devidel, Marianne 130, 214, 220
Dohm, Christian Wilhelm 137, 156, 161
Dohna, Alexander Graf von 119, 140, 148
Domeier, Wilhelm 184
Drewitz, Ingeborg 18

Eberty, Hermann (Ephraim) 166f.
Eckenberg, J. C. 100
Egloffstein, Karl von 185, 215
Eigensatz, Christel 193
Eisenmenger, Johann 255
Engstrom, von 251
Ephraim, Adele 202f., 215
Ephraim, Benjamin 130f., 198, 201f.
Ephraim, Blümchen 211
Ephraim, David 206
Ephraim, Rebecca 206, 211
Ephraim, Veitel Heine 130f., 201, 211
Eskeles, Cäcelie von 142

Fessler, Ignatius 202
Fichte, Johann Gottlieb 73, 82, 123, 160–163, 179, 197, 213, 261, 268
Finckenstein, Graf Karl von 146, 148–151, 190f.
Fischer, Professor 155
Fliess, Isaac Beer 214
Forster, Georg 40, 155
Fouqué, Caroline de la Motte 176f.
Fouqué, Friedrich de la Motte 153, 155, 177
Franz II., Kaiser 128

Friedländer, David 111f., 116, 129, 138, 165f., 197f., 201, 221, 242, 252
Friedländer, Moses 129, 185, 201, 204, 213
Friedländer, Rebecca geb. Solomon 129, 184ff., 264
Friedrich der Große 13, 41, 43, 49f., 54, 59f., 66, 75, 82, 93f., 97, 99ff., 125, 131, 139, 180, 196, 201, 211, 260
Friedrich I., König in Preußen 96, 98
Friedrich Wilhelm I. 59, 75, 96f., 99
Friedrich Wilhelm II. 48, 57, 97f., 114f., 131, 142, 147, 155, 178, 180, 190, 211
Friedrich Wilhelm III. 99, 101, 178, 259f., 262, 266, 270
Friedrich Wilhelm, Kurfürst 96
Frohberg, Regina (pseud. Rebecca Friedländer) 186, 213f.
Fromm, Henriette 148

Gad, Esther 178, 184, 214
Garve, Christian 71
Genelli, Hans 267
Genlis, Félicité de 142, 177ff., 181, 184
Gentz, Friedrich 71, 73, 93, 140, 142, 156ff., 163, 188, 193, 220, 251, 253, 255, 264
George, Canvas 247
Gessler, Graf 128
Gleim, Johann 179
Goethe, Johann Wolfgang von 29, 121, 128, 141, 152, 161, 163, 222
Gooch, G.P. 7, 18
Gottsched, Johann 176
Graetz, Heinrich 19, 214, 227
Grattenauer, Karl Wilhelm 255–258
Grench, Charles 8
Grotthuss, Baron von 128, 217, 219
Grotthuss, Sara von geb. Meyer 127f., 192, 219
Grünthal, Julchen 175f.
Gualtieri, Peter von 146f., 192
Gumpert, Aaron 196

Hamberger, C.G. 77
Hardenberg, Karl August Freiherr von 260, 262f., 266
Hastfer, Carl Freiherr von 180
Haydn, Joseph 122
Hempel, Caroline geb. Karsch 180
Herder, Johann Gottfried von 73, 128, 163
Herz, Henriette geb. de Lemos 111f., 115, 117ff., 120f., 124ff., 131ff., 137–141, 147, 163, 169, 183f., 189, 197, 201f., 204f., 207, 215ff., 250, 264
Herz, Markus 15, 82, 111f., 113, 115, 118f., 120, 137ff., 141, 165f., 198, 201, 204, 215
Heyse, Karl 214f., 218
Heyse, Paul 185
Hitzig, Edward Julius 167, 181, 198, 268
Holbach, Baron d' 29
Houdetôt, Friedrich d' 185f.
Humboldt, Alexander von 14, 115, 119, 139, 141, 148, 150, 153, 155
Humboldt, Caroline von 149, 157, 188f., 264
Humboldt, Wilhelm von 14, 71f., 84, 93, 111, 115, 119, 139ff., 149, 153, 155, 157, 166f., 189, 192, 206f., 221, 226, 260–253, 255, 273, 264

Iffland, August Wilhelm 121
Isaac, Moses 201, 206, 211f.
Itzig, Daniel 142, 201
Itzig, Miriam 201
Itzig, David 165
Itzig, Familie 116, 122
Itzig, Issak Daniel 113f., 121, 130, 211, 268
Itzig, Julius 166f.
Itzig, Moses 254f.
Itzig, Rebecca 201
Itzig, Sara 204

Jacobson, Israel 130
Jean Paul (Richter) 123, 125, 141, 162f., 180, 184, 188, 225

Kant, Immanuel 71, 73, 82, 118, 125, 142, 160f., 165, 197
Karsch, Anna Louise 179f.
Katz, Jakob 229
Kedar, Benjamin 228

Kleist, Heinrich von 153f., 252, 265–268
Kleist, Ulrike von 252
Köckritz, von 72
Koreff, David 166, 181, 198
Kottwitz, Baron von 179
Kunth, Gottlob 119, 139
Kurland, Dorothea Herzogin von 99, 116, 119, 124, 133, 163, 171, 173, 189ff.
Kurland, Elizia von 124f.
Kurland, Herzog von 125

La Roche, Karl 111, 140
La Roche, Sophie 111, 140
Laqueur, Walter 20
Lehndorff, Graf von 40
Leibniz, Gottfried Wilhelm 96
Lemos, Benjamin 118, 165
Lemos, Henriette de (s. a. Herz) 15, 143
Lessing, Gotthold Ephraim 73, 101, 127, 166
Lessing, Karl 116
Leuchsenring, Franz von 215
Levin, Markus 116
Levin, Rahel (s. a. Varnhagen) 17, 19, 21, 37, 53, 120f., 124, 127, 129, 131ff., 138, 140ff., 147ff., 151, 155, 157f., 161, 171, 176, 185f., 189–193, 196, 202, 206, 214ff., 218ff., 222, 250, 252ff., 264
Levy, Sara geb. Itzig 15, 121f., 124, 144, 193, 206, 217, 221, 251, 254, 264
Levy, Solomon 113, 122, 204, 221
Liebmann, Fradchen (s. a. Liman) 206
Ligne, Fürst von 142, 151ff., 188, 191
Liman, Friederike und August (s. a. Liebmann) 191, 206
Lipmann, Amalie 204
Lougee, Carolyn 27
Louis Ferdinand, Prinz 71, 142, 147f., 151f., 157, 192, 265
Ludwig XIV. 28, 96, 178
Luise von Mecklenburg, Königin von Preußen 99, 125, 188

Maria Theresia, Kaiserin 43
Medem, Elisabeth und Dorothea von 174
Meinert, Joseph 192
Mendelssohn, Dorothea (Brendel) 13ff., 204
Mendelssohn, Joseph 155
Mendelssohn, Moses 13f., 59, 73, 82f., 105, 111, 115–118, 122, 125, 138, 142, 155, 165, 174, 182, 196, 198, 201f., 215
Mendelssohn-Bartholdy, Felix 215
Menes, Abraham 227f.
Meusel, G.J. 77
Meyer, Familie 116
Meyer, Marianne 15, 142, 191, 193, 213ff., 219
Meyer, Sara 15, 142, 191, 193, 213, 217
Meyerbeer, Jacob 129
Miltitz, Freiherr von 160
Mirabeau, Graf Honoré de 119, 139
Molière, Jean Baptiste 28
Moritz, Karl Philipp 138, 160
Moses, Blümchen 214
Mozart, Wolfgang Amadeus 122
Müller, Adam 266f.
Müller, Johannes 156

Napoleon I. 17, 148, 178, 259–262, 266, 269
Neumann, Wilhelm 123, 153, 167
Nicolai, Friedrich 115ff., 125, 138, 141, 150, 166, 174
Novalis (Friedrich von Hardenberg) 153

Pachta, Josephine von 121, 191f.
Parthey, Daniel 116, 124, 174
Parthey, Gustav 116
Pascal, Jean Marc 102
Pflanze, Otto 7f.

Radziwill, Anton Fürst 148, 265
Recke, Elisabeth von der 116, 173ff., 181, 177
Reeve, Henry 99f., 103
Reichert, Johann 138
Reimer, Andreas 130
Reuss, Fürst Heinrich von 128, 146, 191, 214f., 219

Reuss, Marianne Fürstin von geb. Meyer 127f.
Robert, Ludwig (Levin) 161, 166f., 196, 198, 254, 268
Rousseau, Jean-Jacques 28, 175, 197

Saaling, Julie 214f., 218
Sander, Johann 268
Savigny, Friedrich von 265
Schadow, Gottfried 130, 214
Schadow, Johann 220
Schiller, Friedrich 149, 161
Schlabrendorf, Caroline Gräfin von 138, 190f.
Schlabrendorf, Gustav Graf von 190
Schlegel, August Wilhelm 73, 82, 91, 269
Schlegel, Caraoline 127
Schlegel, Friedrich 14f., 69, 73, 123, 126f., 140f., 156, 158, 181ff., 191, 205, 214f., 218f., 225, 269
Schleiermacher, Friedrich 117f., 124, 127, 135, 140f., 148, 155, 183, 191, 216, 225, 242f., 250, 269
Schmidt, Andreas Johannes (s.a. Ephraim, David) 206
Schochat, Ezriel 228
Scholten, General 108
Schütz, Christian Gottfried 116
Schuwitz, Madame 93
Smith, Adam 270
Solomon, Rebecca 15, 201, 204
Sophie Charlotte, Königin 96
Spalding, Johann 174
Stägemann, Elisabeth von 188
Stägemann, Friedrich von 156, 265, 267
Staël, Germaine (Madame) de 16, 137, 171f.
Starre, von (Offizier) 214
Steiglitz, Israel 198, 251
Steiglitz, Jente 206
Stein, Heinrich Friedrich Karl Freiherr vom und zum 260, 262f., 266
Stern, Carola 7
Stieglitz, Israel 166f.
Sulzer, Johann 179

Teller, David 242
Teller, Wilhelm 138
Tieck, Ludwig 125, 141, 149f., 160, 162, 179, 183, 213, 225, 269
Tilly, Graf Alexander von 142, 151
Treitschke, Heinrich von 20f.

Uhden, Johann 122
Unger, Helene 130, 175ff.
Unger, J.H. 130, 175
Unzelmann, Friederike von 193
Urquijo, Raphael d' 146

Varnhagen von Ense, Karl August 19, 121–124, 153, 156, 158, 167, 176, 185, 205, 214f., 222, 253, 268
Varnhagen, Rahel geb. Levin (s.a. dort) 7, 13–15, 17
Veit, David 120, 197, 213
Veit, Dorothea 111f., 125ff., 132, 178, 181, 189, 191, 201, 204f., 217, 219
Veit, Simon 112, 126f., 182f., 204f., 215
Voltaire 197
Voss, Julie von 188, 251f., 265

Wiesel, Pauline 148, 192
Wilhelm II., dt. Kaiser 13
Wulff, Jacob 128

Zantorp, Susanne 7
Zelter, Karl 266f.
Zülz, Pessel 204, 213f.